Breve história do mundo

CHRISTOPHER LASCELLES

BREVE HISTÓRIA DO MUNDO

Tradução de
Marina Vargas

RIO DE JANEIRO
2017

A SHORT HISTORY OF THE WORLD © Christopher Lascelles, incl. mapas

Editor
José Luiz Alquéres

Coordenação editorial
Dênis Rubra

Projeto gráfico e capa
Estúdio Insólito

CIP-BRASIL. CATALOGAÇÃO NA PUBLICAÇÃO
SINDICATO NACIONAL DOS EDITORES DE LIVROS, RJ

L353b

    Lascelles, Christopher
    Breve história do mundo/Christopher Lascelles; tradução Marina Vargas. – 1. ed. – Rio de Janeiro: Edições de Janeiro, 2017.
    248 p.: il.; 23 cm.

    Tradução de: A short history of the world
    Inclui mapas
    ISBN 978-85-9473-010-7

    1. Civilização–História. I. Vargas, Marina. II. Título.

17-41352
                                                                                                 CDD: 901
                                                                               CDU: 94(100)

Todos os direitos reservados e protegidos pela Lei 9.610, de 19.2.1998.
É proibida a reprodução total ou parcial sem a expressa anuência da editora.
Este livro foi revisado segundo o Acordo Ortográfico da Língua Portuguesa de 1990, em vigor no Brasil desde 2009.

EDIÇÕES DE JANEIRO
Rua da Glória, 344/ 103
20241-180 Rio de Janeiro-RJ
Tel.:(21) 3988-0060
contato@edicoesdejaneiro.com.br
www.edicoesdejaneiro.com.br

"*História*, n. um relato, quase sempre falso, de fatos, quase sempre sem importância, provocados por governantes, quase sempre patifes, ou por soldados, quase sempre idiotas."
AMBROSE BIERCE, *THE DEVIL'S DICTIONARY*

"Ignorar o que aconteceu antes do nosso nascimento é permanecer para sempre criança."
MARCO TÚLIO CÍCERO, ORADOR ROMANO

"Quem controla o passado, controla o futuro; quem controla o presente, controla o passado."
GEORGE ORWELL, ESCRITOR

"Às vezes é difícil reprimir a ideia de que a história é quase tão instrutiva quanto um matadouro."
SEAMUS HEANEY, POETA

SUMÁRIO

Lista de mapas	8
Prefácio	11
I PRÉ-HISTÓRIA	15
II O MUNDO ANTIGO	23
III ALTA IDADE MÉDIA	65
IV BAIXA IDADE MÉDIA	84
V A ASCENSÃO DO OCIDENTE	106
VI O PERÍODO MODERNO	162
VII O SÉCULO XX	198
O que vem em seguida?	**244**
Leituras recomendadas	**246**

LISTA DE MAPAS

1. A Migração do *Homo sapiens* 19
2. O Crescente Fértil 24
3. As Primeiras Civilizações Hidráulicas 27
4. Os Povos do Mar (c. 1200 a.C.) 31
5. Israel, Judá e Filístia (c. 900 a.C.) 33
6. Rotas de Comércio Fenícias (c. 600 a.C.) 35
7. O Império Assírio (c. 700 a.C.) 37
8. O Império Persa (Aquemênida) (c. 500 a.C.) 38
9. Grécia Antiga (c. 450 a.C.) 41
10. O Império de Alexandre e os Reinos Sucessores (c. 280 a.C.) 47
11. O Império Cartaginês e a Rota de Aníbal para a Itália (início do século III a.C.) 50
12. O Império Romano (c. 117) 56
13. As Migrações Bárbaras (376-476) 62
14. O Império Bizantino à Época da Morte de Justiniano (c. 565) ... 67
15. O Império Abássida Islâmico (c. 750) 75
16. O Império Franco de Carlos Magno (c. 800) 78
17. O Sacro Império Romano (c. 1250) 79
18. Invasões Vikings (séculos VIII-XII) 81

19.	A Primeira Cruzada (1096-1099)	88
20.	Rotas de Invasão e Impérios Mongóis (século XIII)	93
21.	As Ilhas das Especiarias (Molucas)	110
22.	Rotas Comerciais no Oceano Índico (século XV)	115
23.	O Tratado de Tordesilhas (1494)	117
24.	As Rotas dos Exploradores (1487-1497)	120
25.	A Casa de Habsburgo (c. 1516)	125
26.	Os Impérios Asteca e Inca (c. 1515)	127
27.	O Império Otomano (c. 1670)	129
28.	As Rotas do Comércio Triangular (séculos XVII-XIX)	143
29.	A Expansão da Rússia (1462-1796)	152
30.	Território Britânico na América (1750 *versus* 1763)	155
31.	Independência da América do Sul	175
32.	A Guerra Civil Americana (1861-1865)	186
33.	A Expansão da América (1783-1867)	189
34.	A Colonização da África (1914)	193
35.	A Expansão Japonesa (1931-1945)	217
36.	O Mundo Comunista (1946-1989)	231

PREFÁCIO

A História costuma ser ensinada de maneira episódica, fragmentária, deixando os estudantes com uma permanente falta de entendimento a respeito de como cada parte se relaciona com o todo. Aprendemos sobre o Incêndio de Londres, Cristóvão Colombo e a Segunda Guerra Mundial, mas raramente nos apresentam um quadro coerente de como todos eles se encaixam.

Quando eu ainda era um menino, lembro-me de ter tomado a decisão de parar de estudar história, tal era o meu desânimo diante do método de ensino ruim e da proliferação de datas que eu não tinha a menor esperança de decorar. Estava igualmente frustrado por não conseguir visualizar onde ficavam todos os lugares; Napoleão podia muito bem ter sido derrotado em Waterloo, mas onde diabos ficava Waterloo?

Aqueles que desejam ter um melhor conhecimento geral da história mundial, com frequência se deparam com a falta de tempo e o excesso de informação. O resultado é que nem todo mundo tem o tempo ou a concentração necessários para ler um longo livro de história.

Este livro é uma solução para todos esses problemas. Seu objetivo é fornecer uma visão geral breve e sucinta mas ao mesmo tempo abrangente dos principais desenvolvimentos e fatos da história da humanidade de uma forma que seja, espero, esclarecedora e interessante. A inclusão de 36 mapas deve ajudar o leitor a visualizar onde se desenrolaram os acontecimentos e como eles se relacionam uns com os outros.

Não tenho a intenção de acrescentar nenhum novo entendimento nem trazer à luz nenhuma nova informação; há muitos outros historiadores bem mais qualificados do que eu para fazer isso. Meu intuito é apenas condensar a visão amplamente aceita dos fatos em um todo linear simplificado. Embora cada país, cada personagem-chave, cada movimento e cada descoberta mereçam ser objeto de um livro — quando não de uma biblioteca—, mantive este propositalmente tão breve quanto possível, de forma a tornar a informação acessível para o maior número de pessoas.

Espero que você goste e que ele consiga preencher as lacunas.

Christopher Lascelles
Londres, 2012

Para Susie Arnott, Adrian Bignell,
James Cranmer e Bart Kuyper, por terem
tornado este livro possível, e para minha
mulher, Ewa, por ser tão paciente.

I
PRÉ-HISTÓRIA
{O BIG BANG — 3500 A.C.}

O começo

Há um consenso geral entre os membros da comunidade científica de que o universo no qual vivemos passou a existir depois de uma explosão cataclísmica, o "Big Bang" ou "Grande Explosão", 13,7 bilhões de anos atrás. As massas de matéria e energia que resultaram do Big Bang foram unidas por forças eletrostáticas nos bilhões de anos seguintes de forma a dar origem a galáxias, estrelas e planetas, incluindo o planeta onde vivemos.

Distâncias incríveis separam as galáxias. A Terra é um pequeno planeta em uma galáxia que chamamos de Via Láctea. Ninguém sabe exatamente quantas estrelas existem na Via Láctea, mas as estimativas vão de 100 bilhões a 400 bilhões. Além disso, supõe-se que haja pelo menos 100 bilhões de outras galáxias no Universo conhecido. Isso significa muitas estrelas e uma inacreditável quantidade de espaço se considerarmos que a distância média entre duas estrelas é de aproximadamente 48 trilhões de quilômetros.

Cerca de 4,5 bilhões de anos atrás, gases, sólidos e outras matérias se combinaram para formar o planeta Terra. Algumas centenas de milhões de anos depois, imagina-se que um gigantesco objeto, talvez até mesmo um planeta, tenha colidido com a Terra, expelindo matéria suficiente para formar um satélite que acabou se tornando a nossa lua. Depois desse evento que literalmente destroçou o planeta, a Terra levou milhões de anos para esfriar.

Um bombardeio de meteoros pode ter trazido água para o planeta na forma de gelo. Conforme a crosta terrestre foi esfriando, o vapor de água expelido pelos vulcões se condensou e se acumulou na forma de oceanos, uma vez que a chuva da recém-formada atmosfera não mais evaporava ao contato com a superfície quente do planeta.

Vida

Há aproximadamente 3,5 bilhões de anos, organismos unicelulares microscópicos compostos de moléculas orgânicas complexas surgiram nas profundezas desses novos oceanos, em um tempo em que a superfície terrestre ainda era um lugar hostil dominado por vulcões. Esses organismos foram a forma mais avançada de vida no planeta por mais 3 bilhões de anos, até que de repente (relativamente falando, claro), no período de alguns milhões de anos, bactérias no oceano começaram a processar dióxido de carbono, água e a luz solar a fim de produzir oxigênio. Isso permitiu que os micro-organismos unicelulares do mar começassem a se juntar uns aos outros e a formar organismos multicelulares, que evoluíram para dar origem aos animais.

Esses animais começaram a se reproduzir, evoluir e, por fim, quando havia oxigênio suficiente na atmosfera para protegê-los da radiação solar, rastejar para a terra. Anfíbios, insetos, répteis, mamíferos e aves, todos chegaram à superfície terrestre, mais ou menos nessa ordem, nas centenas de milhões de anos seguintes. Pelo menos é a versão dos acontecimentos amplamente aceita, embora os criacionistas ridicularizem essa teoria, argumentando que não seria possível um sapo se transformar em um humano, não importa quanto tempo passasse.

Depois que a vida teve início, ela assumiu uma variedade de formas, a maioria das quais nunca vamos conhecer, pois os geólogos identificam pelo menos cinco episódios na história do nosso planeta durante os quais a vida foi destruída, súbita e extensivamente, com extinções em massa. Não fazemos ideia do que causou essas extinções; as suposições variam da colisão de meteoros a erupções solares e vulcânicas, todos acontecimentos que teriam causado um repentino aquecimento ou resfriamento do planeta, mudanças no nível dos mares ou epidemias.

As duas maiores extinções ocorridas seriam a Extinção em Massa do Permiano (ou extinção do Permiano-Triássico) e a Extinção do Cretáceo-Paleógeno (K-Pg), anteriormente chamada de Extinção K-T.[1] A Extinção em Massa do Permiano, ocorrida há 250 milhões de anos, exterminou algo em torno de 96% das espécies então existentes devido a uma drástica diminuição dos níveis de oxigênio na atmosfera. A Extinção do Cretáceo-Paleógeno, ocorrida há 65 milhões de anos, dizimou os dinossauros, que já habitavam nosso planeta havia cerca de 150 milhões de anos.

Isso nos faz encarar de outra maneira os 6 mil ou 7 mil anos desde o surgimento das primeiras civilizações humanas propriamente ditas. Considerando o período que existimos em relação ao surgimento do nosso planeta, não é difícil imaginar que a vida humana um dia também vá ser extinta — talvez muito antes do que imaginamos — por qualquer uma das razões expostas ou até mesmo por alguma outra razão.

O surgimento do homem e a exploração da Terra

Com base nas poucas evidências que temos,[2] conclui-se, de maneira geral, que os primatas assemelhados aos macacos surgiram nas florestas da África Oriental há aproximadamente 20-30 milhões de anos. As mudanças climáticas podem ter destruído seu hábitat natural, forçando-os a ir para a savana aberta, onde desenvolveram a habilidade de ficar de pé a fim de monitorar os predadores. A vantagem de andar sobre duas pernas permitiu que suas mãos ficassem livres para carregar alimentos e filhotes, o que teria desempenhado um papel considerável no sucesso da sua evolução.

2,5 milhões de anos atrás, uma espécie desses primatas começou a usar ferramentas, conforme demonstram os materiais encontrados com seus

---

1   K-T significa Cretáceo-Terciário, ambos nomes de períodos geológicos.
2   As poucas evidências que temos da evolução do homem giram em torno de um número muito pequeno de fragmentos de crânio e esqueleto encontrados em diferentes partes do mundo.

restos mortais. Em virtude disso, a espécie foi batizada de *Homo habilis*, ou "homem habilidoso", que é em geral considerado o primeiro ancestral direto dos *Homo sapiens*, ou humanos modernos. *Homo ergaster*, *Homo erectus*, *Homo heidelbergensis* e o mais conhecido *Homo neanderthalensis*, ou homem de Neandertal, são categorias de hominídeos criadas a fim de descrever e nomear os fósseis dos nossos primeiros antepassados que, acredita-se, viveram entre o *Homo habilis* e os dias atuais, cada um desenvolvendo uma maior capacidade cerebral com o tempo.

Os vestígios fósseis descobertos até agora sugerem que 1 milhão de anos atrás o *Homo erectus* (Homem de Pé), nosso primeiro ancestral a andar verdadeiramente ereto, tinha se espalhado pelo mundo, migrando para outras áreas, tendo como ponto de partida a África Oriental.[3] Daí derivam duas escolas de pensamento: uma é a Teoria da Evolução Multirregional, segundo a qual os humanos, desse momento em diante, evoluíram separadamente onde quer que tenham escolhido se estabelecer; ao passo que a outra teoria, que é a hipótese mais aceita, sustenta que houve um segundo grande movimento migratório[4] do *Homo sapiens* (Homem sábio), mais uma vez para fora da África, iniciado, aproximadamente, entre 60 mil e 80 mil anos atrás — muito possivelmente perfazendo as mesmas rotas dos movimentos migratórios anteriores —, com o *Homo sapiens* substituindo gradualmente todos os outros tipos de hominídeos. As suposições da teoria "Fora da África" se baseiam em pesquisas que traçam as nossas raízes até um ancestral africano comum ao estudar as diferenças no código genético de pessoas que vivem ao redor do mundo hoje.

Embora o *Homo sapiens* e os Neandertais tenham se originado em diferentes partes do mundo,[5] mesmo assim tiveram contato. Até os dias atuais, há muita discussão a respeito de quão próximas as duas espécies

---

3 Essa teoria é chamada de "Modelo Fora da África".
4 É muito provável que tenha havido outras migrações entre essas duas.
5 O homem de Neandertal surgiu na Europa, ao passo que o *Homo sapiens* é originário da África.

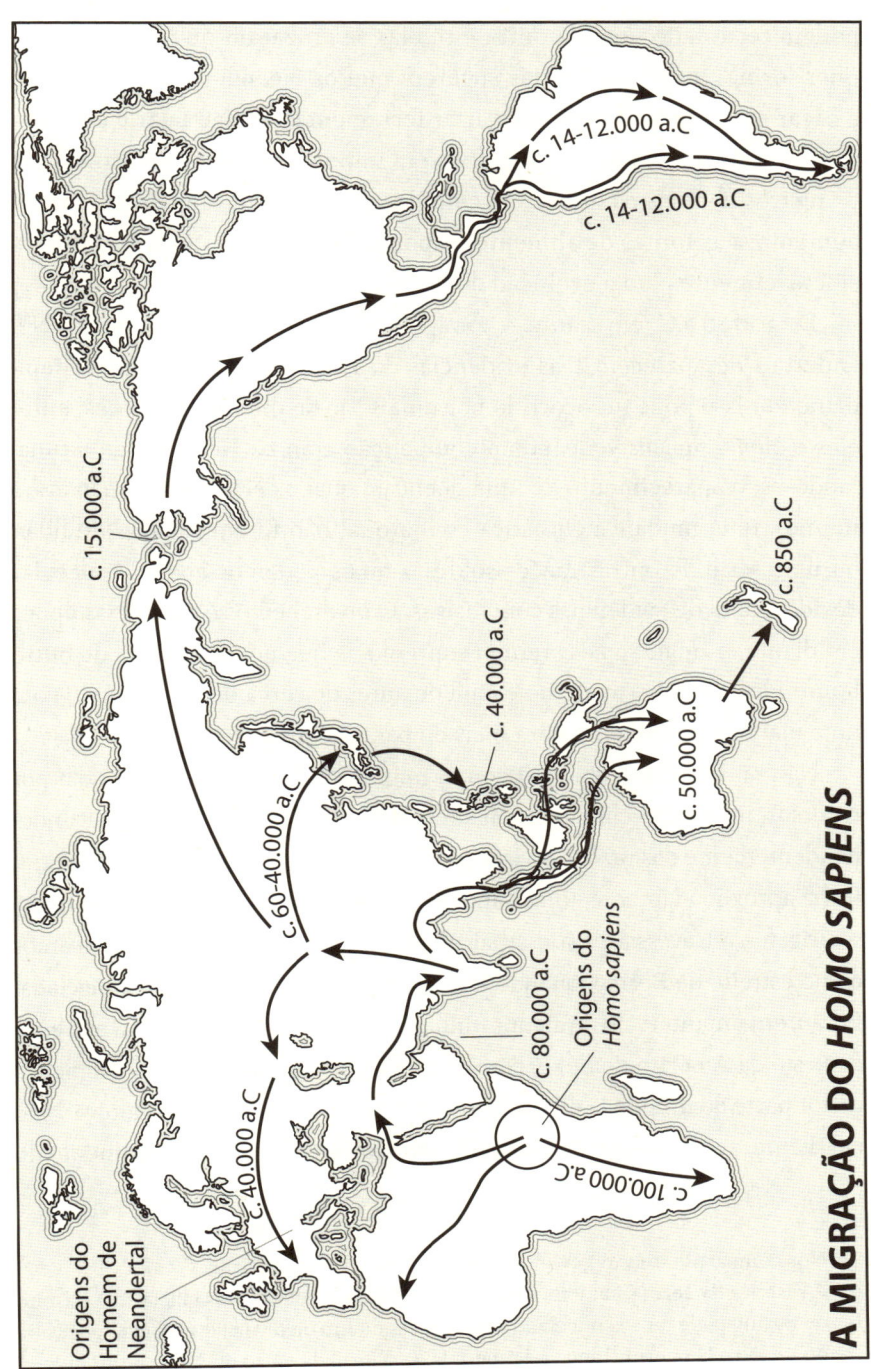

podem ter estado uma da outra e se elas se cruzaram ou não.[6] De qualquer forma, fortes evidências sugerem que os Neandertais aprenderam a caçar em grupos organizados, usar ferramentas e fogo, falar e até mesmo enterrar seus mortos. Fazer fogo era importante porque permitiu aos primeiros homens cozinhar sua comida, o que a tornava mais digerível e aumentava as fontes de alimento disponíveis. Isso teria contribuído consideravelmente para a evolução do homem.

De 30000 a.C. em diante — com poucas exceções —, os traços dos Neandertais desaparecem e as evidências do *Homo sapiens* aumentam rapidamente. Isso pode ter ocorrido por uma série de diferentes fatores, entre eles o *Homo sapiens* vencendo a competição com os Neandertais ou matando-os, o aparecimento de uma doença à qual os Neandertais não eram imunes, uma mudança climática com a qual não foram capazes de lidar, ou uma série de outras razões sobre as quais podemos apenas especular devido à falta de evidências conclusivas. O que sabemos é que, dessa época em diante, o *Homo sapiens* reinou supremo, já que nenhum fóssil de outro hominídeo descoberto até hoje data de antes de cerca de 30000 a.C., com uma margem de mil anos para mais ou para menos.

Não sabemos se o que motivou as migrações humanas foi a disputa por recursos, mudanças climáticas ou simplesmente o desejo de explorar. Independentemente das razões, a visão geral é de que o homem chegou à Austrália há aproximadamente 50 mil anos e que, por volta de 15000 a.C., o *Homo sapiens* fez a travessia para o atual Alasca através do que hoje conhecemos como estreito de Bering, quando era uma faixa de terra firme ou congelada. Então, em um intervalo de alguns milhares de anos, eles chegaram à extremidade sul da América do Sul e, com a exceção de algumas ilhas no Pacífico, a maior parte do mundo já estava colonizada pelos humanos a essa altura.[7] Daí em diante, a vida nas Américas se desenvolveria em completo isolamento do

---

6 Nós compartilhamos 99,5% do nosso DNA com os neandertais.
7 A história da Terra é caracterizada pela sucessão de longas eras glaciais. O estreito de Bering pode ter se congelado pouco antes do fim da última era glacial, por volta de 12000 a.C., permitindo ao homem fazer a jornada entre os dois continentes.

restante do mundo até o início da colonização europeia, em 1492, sem contar uma breve visita dos vikings por volta de 1000 d.C.

Da caça e coleta à agricultura

No princípio, os humanos levavam uma vida de "caçadores-coletores", deslocando-se de área em área, caçando animais e comendo os alimentos digeríveis que conseguissem encontrar, como vegetais, castanhas, bagas e frutas. Em um dado momento, as pessoas passaram a voltar todos os anos para os mesmos lugares mais férteis. Há cerca de 10 mil anos, aparentemente, os humanos aprenderam a cultivar alimentos, uma descoberta que permitiu que passassem da caça e da coleta à agricultura e que teve um efeito tão impactante no desenvolvimento posterior da humanidade que foi batizada de "Revolução Neolítica".[8]

Quando as pessoas passaram a viver perto umas das outras, o aumento da comunicação entre elas levou a uma maior cooperação e à troca de conhecimentos. Ainda assim, a maior oferta de alimento é que foi o fator fundamental para o modo como a humanidade se desenvolveu: mais alimento levou a um aumento das populações, e o aumento das populações levou ao estabelecimento de mais assentamentos. A capacidade de produzir e armazenar comida também fez com que as sociedades por fim fossem capazes de sustentar especialistas não produtores de alimentos, como artesãos, religiosos, burocratas e soldados, além de líderes políticos.

Embora as plantações também fornecessem material para confecção de roupas, outras vestimentas eram feitas da pele de animais como ovelhas, cabras, vacas e porcos, todos animais que os humanos gradualmente domesticaram. Esses animais também eram úteis de outras formas; seu estrume ajudava a fertilizar as lavouras, aumentando a produção, e os próprios animais puxavam arados, o que por sua vez tornava mais terras apropriadas para o cultivo.

---

8 Neolítico significa "Nova Idade da Pedra".

Um ciclo virtuoso produtivo se estabeleceu, mas viver em coletividade em lares permanentes tinha um lado negativo: significava que os humanos agora viviam em meio aos próprios resíduos e excrementos. Isso não favorecia a higiene em um tempo em que os humanos não entendiam os benefícios da limpeza nem sabiam sobre a existência de germes. Viver próximo de animais também significava que as doenças que tinham se desenvolvido nos animais e para as quais os humanos não tinham imunidade agora podiam ser transmitidas aos humanos, infectando-os. Acredita-se que as maiores causas de morte entre humanos ao longo dos séculos — varíola, gripe, tuberculose, malária, sarampo, peste bubônica, cólera e Aids — tenham evoluído originalmente em animais, sendo depois transmitidas para os humanos por pulgas ou outros vetores.

Dando um salto adiante por um momento, a peste negra, no século XIV, a dizimação das populações nativas das Américas na época de Colombo e a gripe de 1918, que se estima que tenha matado cerca de 20 milhões de pessoas — assim como outras epidemias ao longo dos séculos —, podem todas ter se originado dessa forma. O século XXI não é exceção, com a gripe suína e a gripe aviária funcionando como terríveis advertências de que criar animais em confinamento — e de forma desumana — é uma prática que ainda pode se voltar contra nós.

II

O MUNDO ANTIGO
{3500 A.C. - 500 D.C.}

As primeiras civilizações

As evidências mais antigas de sociedades complexas já encontradas vêm da Mesopotâmia — onde hoje ficam o Iraque e a Síria — por volta de 3500 a.C. Os invernos brandos e úmidos e os verões longos, secos e quentes característicos dessa região eram ideais para o crescimento das plantações, e foi lá que as plantas começaram a ser domesticadas. Também foi determinante o fato de que a terra ficava localizada entre dois importantes rios — o Tigre e o Eufrates —, que permitiam fácil acesso à água e, portanto, à irrigação.[1] Quando vista em um mapa, a área tem a forma de um crescente e por essa razão, além da fertilidade da terra, foi batizada de "Crescente Fértil".

A Mesopotâmia ficava localizada no ponto de encontro entre África, Europa e Ásia — uma localização conveniente para as pessoas se encontrarem a fim de negociar mercadorias e compartilhar ideias. A região também tinha poucas fronteiras naturais e era, portanto, difícil de defender. Como resultado, sua história entre 3500 e 400 a.C. é marcada pela ascensão e queda de reinos e contínuas disputas por território. Devido às numerosas mudanças de poder ao longo do tempo e a uma ausência de informações em geral sobre o período, essa história nem sempre é fácil de acompanhar.

---

1   A palavra "Mesopotâmia" vem das palavras gregas *mesos*, meio, e *potamos*, rio, ou seja, terra entre rios.

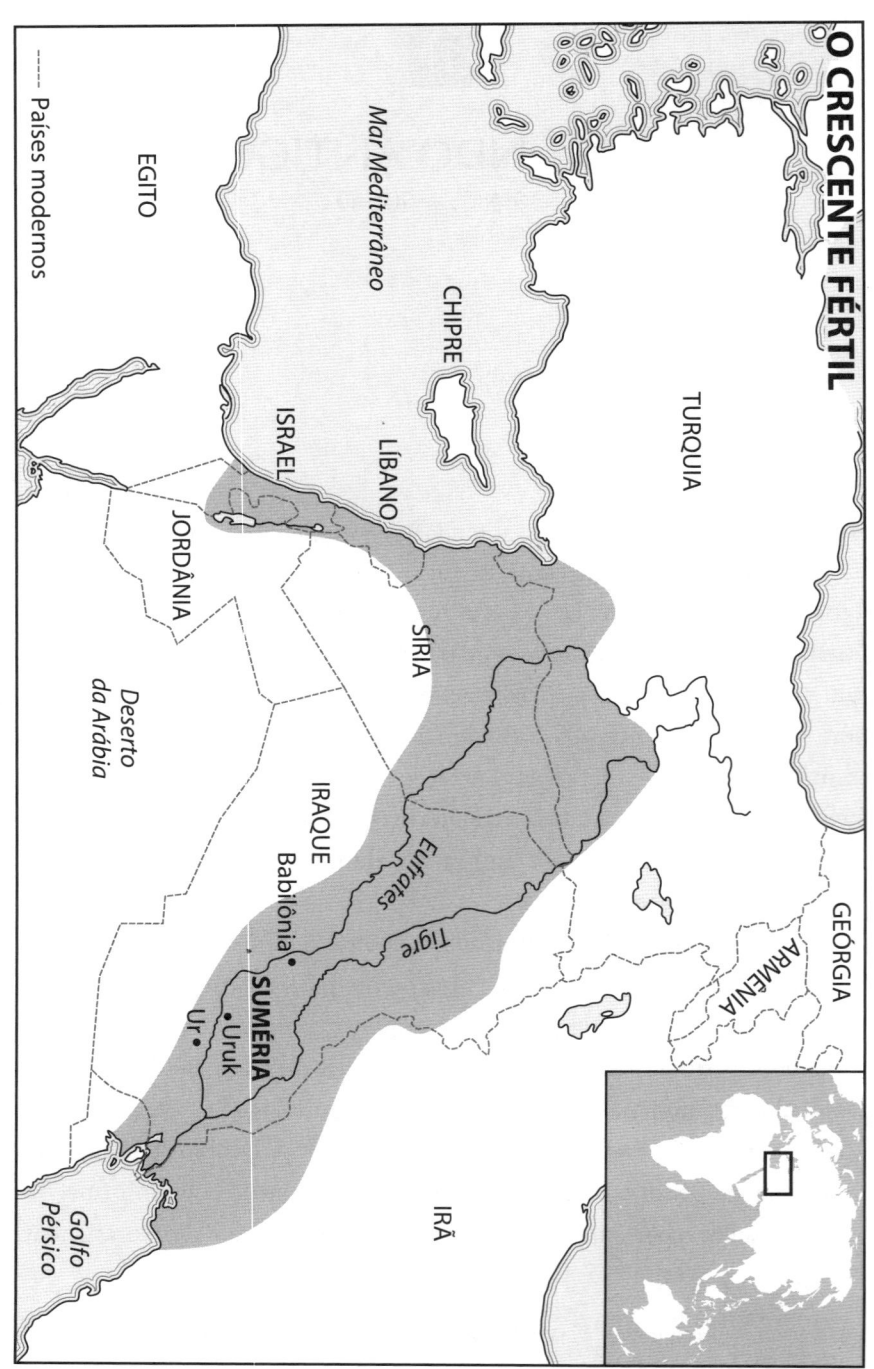

Uma das primeiras civilizações do mundo — a suméria — dominou o sul da Mesopotâmia aproximadamente de 3300 a 2000 a.C. De maneira geral acredita-se que os sumérios foram o primeiro povo a estabelecer verdadeiras cidades de até 50 mil habitantes. A principal cidade dos sumérios, Uruk, pode ter sido a maior cidade do mundo em determinada época, e alguns templos dessa era ainda estão de pé no atual Iraque. Vem também da Suméria um dos primeiros exemplos de um dos desenvolvimentos mais importantes da humanidade: a escrita com pictogramas usada pelos funcionários dos templos para registrar informações básicas sobre colheitas e impostos. Além do que inferimos sobre a história do mundo por meio da arqueologia e da geologia, sabemos muito pouco sobre o que realmente acontecia antes do surgimento da escrita e dos registros escritos como uma linha divisória entre a pré-história e a história.

Egito Antigo: terra dos faraós (3100 a.C.)

Por volta da mesma época, outra civilização surgiu no Egito, próximo das margens do Nilo — um rio cujas cheias anuais forneciam a água necessária para irrigar as plantações. A fertilidade do solo em torno do Nilo contribuiu de maneira significativa para o crescimento do poder egípcio, pois permitiu que os egípcios enriquecessem com o fornecimento de alimentos para outras partes do Mediterrâneo e do Oriente Médio. O deserto atuava como uma barreira defensiva, e a ausência de invasores assegurava a estabilidade política da região.

Por volta de 3100 a.C., essa colcha de retalhos de diferentes reinos foi unificada sob um poderoso rei, ou faraó, chamado Nemes, que construiu a capital, Mênfis, de onde as dinastias egípcias governaram nos próximos mil anos. O Egito se tornou o maior reino do mundo, com cerca de um milhão de súditos governados por aproximadamente trinta dinastias ao longo dos 2.500 anos seguintes. Os faraós eram considerados deuses pela população.

O tempo que os faraós passavam se preparando para a morte explica em parte o empenho com o qual construíram as grandes pirâmides — na verdade gigantescas tumbas — entre 2700 e 2200 a.C. Inacreditavelmente, até os dias atuais, ninguém sabe ao certo como elas foram construídas. O que sabemos é que são estruturas extremamente altas para a época e além; a Grande Pirâmide de Quéops, em Gizé, construída há mais de 4.500 anos, foi a construção mais alta da Terra até que a Catedral de Lincoln (se considerarmos seu pináculo de madeira, claro) foi terminada, em 1311. E isso aconteceu 3 mil anos mais tarde.

Civilizações no Oriente

Além do Egito e da Mesopotâmia, duas outras grandes civilizações independentes surgiram às margens de outros cursos d'água — uma no noroeste da Índia, às margens do rio Indo, atravessando os atuais Paquistão e Afeganistão, e a outra às margens do rio Amarelo, na China.

Fundada por volta da virada do terceiro milênio a.C., a Civilização do Vale do Indo — com frequência chamada, no seu auge, de Civilização Harappeana, por causa de sua mais importante cidade, Harappa — ocupava uma grande área, quase do tamanho da Europa Ocidental. Embora várias questões a respeito dessa sociedade ainda permaneçam sem resposta, em parte devido ao fato de que sua escrita não foi decifrada, sabemos que Harappa e sua cidade-irmã, Mohenjo-Daro, eram importantes conurbações, abrigando populações de mais de 30 mil pessoas comercializando entre si, assim como com a Mesopotâmia. Seu povo era claramente avançado, pois vivia em casas de tijolo e pedra, cultivava trigo e cevada e irrigava os campos. Além disso, ambas as cidades eram organizadas de acordo com um planejamento quadricular e tinham sido construídas de forma semelhante, o que sugeria um governo unificado.

Embora essa civilização tenha florescido entre 2600 e 2000 a.C., suas maiores cidades foram subitamente abandonadas entre 1700 e 1600 a.C., e a civilização inteira deixou de existir por volta de 1300 a.C. Apesar de ninguém ter certeza sobre quais foram as causas exatas, algumas das hipóteses são mudanças climáticas, erosão do solo,

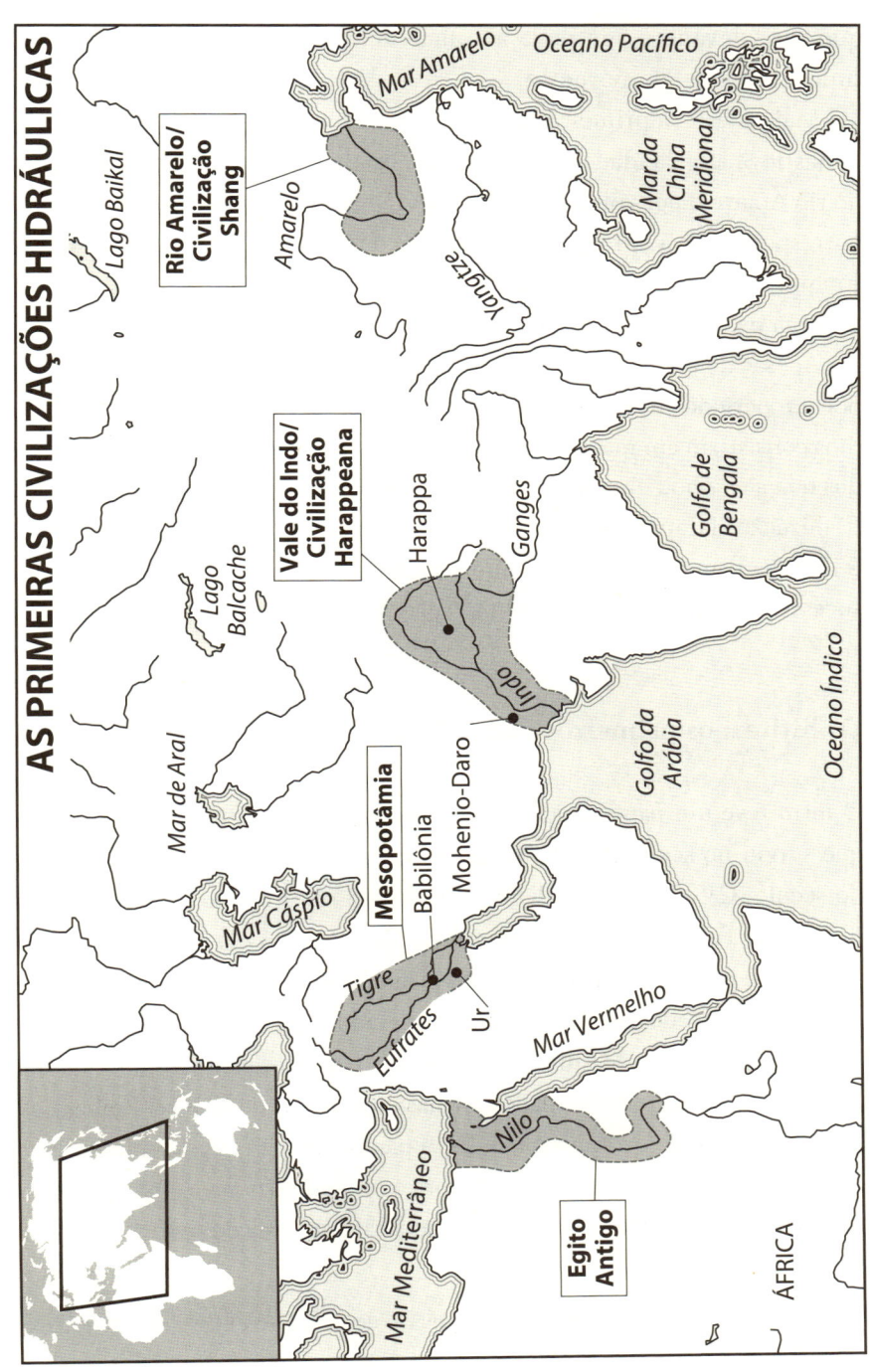

que teria levado o seu povo a rumar mais para o leste, e invasão de indo-europeus[2] do noroeste.

Mais a leste, a primeira dinastia da qual temos evidências escritas é a Dinastia Shang da Idade do Bronze, que estabeleceu um reino às margens do rio Amarelo por volta de 1700 a.C. A Dinastia Shang ocupava uma área correspondente a aproximadamente um décimo da China atual e perdurou por cerca de 700 anos, até ser derrubada pela Dinastia Zhou, que viu a China passar à Idade do Ferro.

Apesar de algumas interrupções bárbaras, os Zhou detiveram o poder por um período similar. Contudo, na maior parte desse tempo, seus domínios consistiam em mais de cem principados praticamente independentes, dos quais os Zhou eram apenas o mais poderoso. No entanto, diferente da Civilização Harappeana na Índia, que desapareceu subitamente, as crenças e leis das primeiras dinastias chinesas formaram as bases sobre as quais sucessivas dinastias governariam a região até bem avançado no século XX.

Os hititas: os primeiros negociantes de ferro (1400-1200 a.C.)

O ferro teve um papel crucial no florescimento de outro grande império que surgiu no segundo milênio a.C. — o império dos hititas. Em meados do século XIV a.C., eles tinham estabelecido um império que compreendia a atual Turquia e partes do que hoje são o Líbano e o Iraque. Foram os hititas que descobriram como fundir o minério de ferro de maneira a produzir ferro, um desenvolvimento considerado extremamente importante, pois os exércitos que possuíam armas de ferro mais resistentes eram capazes de subjugar os exércitos armados apenas com armas de bronze. Embora os hititas vendessem ferramentas de ferro para outros impérios, optaram por não compartilhar o conhecimento sobre como produzi-las, e foi isso que os tornou a principal potência na Ásia Ocidental por cerca de 1400 a 1200 a.C.

---

2   Os indo-europeus eram um povo originário de uma área entre o mar Negro e o mar Cáspio.

AS IDADES DA PEDRA, DO BRONZE E DO FERRO

Antes de 5000 a.C., ferramentas e armas eram feitas predominantemente de pedra, madeira e osso, daí o termo "Idade da Pedra". Quando os humanos descobriram que metais poderiam ser extraídos de minérios submetidos a altas temperaturas, o cobre começou a ser usado para fabricar ferramentas, ainda que de maneira limitada.[3] No entanto, em algum momento por volta de 3300 a.C., descobriu-se que aquecer uma mistura de minério de cobre e estanho a uma proporção de 9 para 1 produzia um metal ainda mais durável — o bronze. Assim começou o período a que nos referimos hoje como a "Idade do Bronze".

As diferentes idades não surgiram ou terminaram simultaneamente em toda parte; as Ilhas Britânicas, por exemplo, só entraram na Idade do Bronze por volta de 800 a.C., e ainda no século XX diversas civilizações da Idade da Pedra seguiam sendo descobertas.

O ferro começou a ser usado em quantidades significativas no Oriente Médio e no sudeste da Europa por volta do século XIII a.C., pouco depois que se descobriu como produzir o calor necessário para extrair o minério de ferro da rocha. Mais resistente e abundante do que o cobre e o estanho, o ferro gradualmente substituiu o bronze como o metal mais utilizado. Assim como a Idade do Bronze, a Idade do Ferro começou em diferentes épocas ao redor do mundo, chegando ao norte da Europa apenas por volta de 600 a.C.

---

3 É muito provável que os egípcios tenham construído suas primeiras pirâmides apenas com utensílios de cobre e pedra, o que faz delas um feito ainda mais extraordinário do que a princípio poderíamos pensar, apesar do sofrimento incalculável dos trabalhadores que deviam estar envolvidos no processo.

Os olmecas da América Central (1400-400 a.C.)

Do outro lado do mundo, uma civilização independente se desenvolveu na América Central: a civilização dos olmecas. Sabemos menos sobre os olmecas do que sobre as principais civilizações que se desenvolveram na Ásia, pois eles deixaram pouquíssimos registros escritos antes que todos os rastros cessassem por volta de 400 a.C., por razões desconhecidas (embora muito provavelmente isso se deva a mudanças ambientais). Sabemos que eles tinham um calendário, esculpiam cabeças de pedra gigantes, construíam grandes estruturas semelhantes a pirâmides e comercializavam consideravelmente. Sangrias e sacrifícios humanos faziam parte de sua vida religiosa, e os rituais e crenças dos olmecas formaram as bases para os rituais e crenças das civilizações que habitariam a região depois deles, incluindo os maias e os astecas.

A invasão dos Povos do Mar (1200 a.C.)

Um momento crucial na história do mundo mediterrâneo antigo aconteceu por volta de 1200 a.C., quando uma confederação formada predominantemente por invasores navegantes do norte e do oeste emigrou para o leste, tomando Creta, tentando invadir o Egito e por fim se estabelecendo em Canaã — uma área que correspondia aproximadamente ao que hoje são Israel, Palestina, Líbano e o sul da Síria. Textos egípcios se referiam a eles como os "Povos do Mar".

O grupo de invasores do norte se estabeleceu na costa do atual Líbano, uma região à qual os gregos mais tarde ser referiram como "Fenícia". O grupo de invasores do sul, os pelestes, que mais tarde ficaram conhecidos como filisteus, foi impedido de entrar no Egito e acabou indo para Canaã. Como outros povos da região, os filisteus sofreram com as pressões dos grandes poderes ao seu redor e desapareceram da história no século VII a.C., deixando apenas seu nome, Filístia (ou Palestina), para designar o território que tinham ocupado.

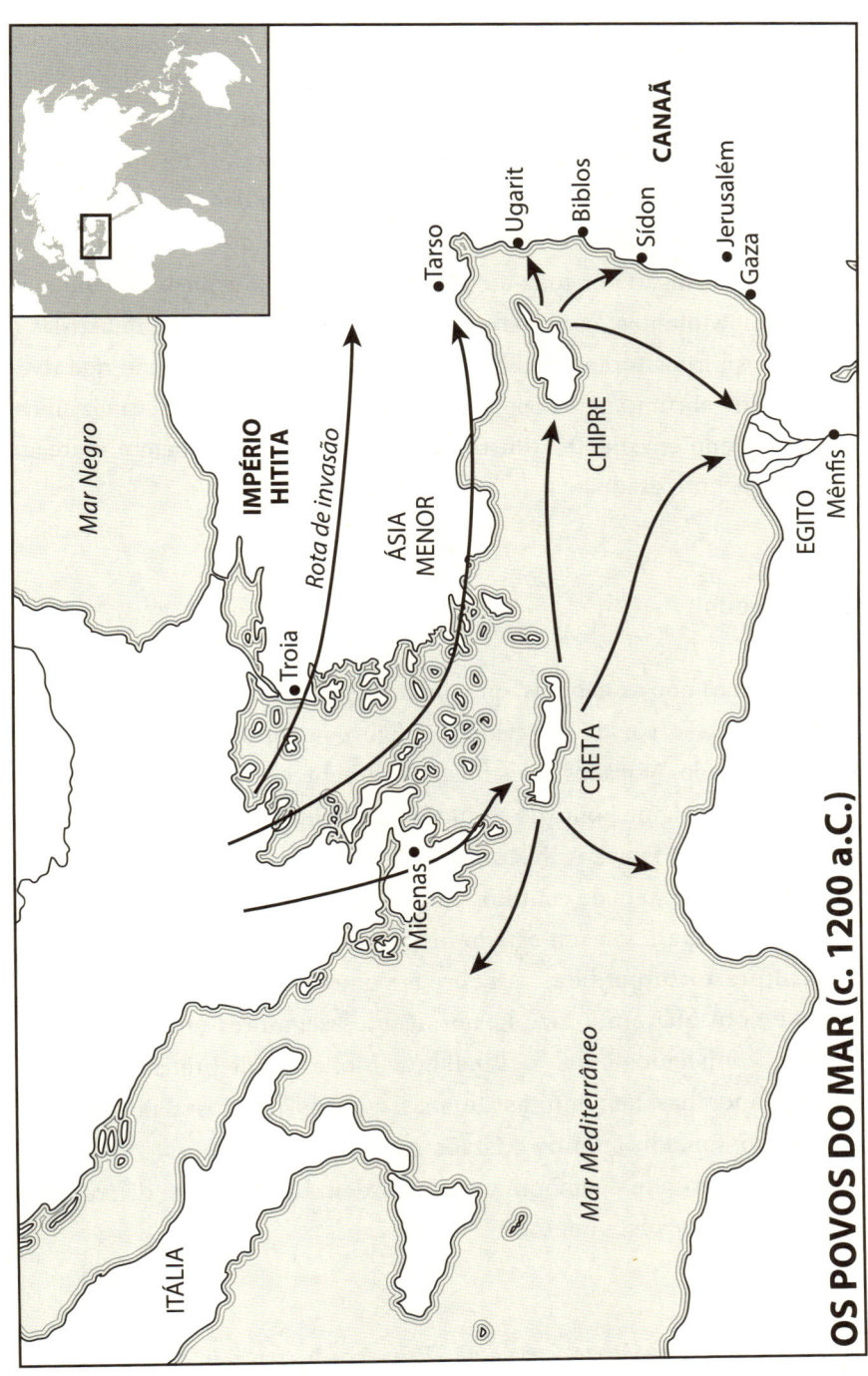

OS POVOS DO MAR (c. 1200 a.C.)

Ainda hoje não está claro quem eram os Povos do Mar, de onde eles vieram originalmente,[4] e mesmo a razão por que vieram. Eles podem ter migrado em consequência de mudanças climáticas drásticas, terremotos ou fome, ou podem ter sido expulsos por invasões de outras tribos do norte. Igualmente, podem ter sido apenas uma das sucessivas ondas de invasores em busca de terras. O que sabemos é que eles semearam o caos e a destruição por toda a costa leste do Mediterrâneo e, depois de conquistas violentas, costumavam incendiar as cidades até reduzi-las a cinzas. Os hititas foram uma das muitas civilizações da região que tiveram um fim abrupto nessa época e nunca mais ameaçaram seus vizinhos. Desse período em diante, a história do Egito antigo também é marcada por um declínio gradual.

Os hebreus

Foi em Canaã que os hebreus, que tinham se estabelecido ali recentemente depois de escapar da escravidão no Egito, procuraram estabelecer seu próprio reinado. Atacados pelos filisteus, os hebreus deixaram de lado suas disputas e, em algum ponto do século X a.C., nomearam Saul o primeiro rei de seu território: Israel. As histórias bíblicas de Sansão, Samuel, Saul, Davi e Golias, todas tratam de conflitos entre hebreus e filisteus.

Como estavam em um estado de guerra permanente e temiam que sua cultura fosse perdida, os hebreus começaram a registrar sua história, e continuaram a fazê-lo nos séculos seguintes em escritos que ficaram conhecidos como o Tanakh, a Bíblia dos hebreus. Cristãos e muçulmanos baseiam muitas de suas crenças religiosas no que está escrito no Tanakh, com os cristãos inclusive tomando as coleções de livros contidas nele — embora em uma ordem ligeiramente diferente — como seu Velho Testamento.

---

4   Já se sugeriu que a Grécia, Creta e até a Itália seriam o seu lugar de origem.

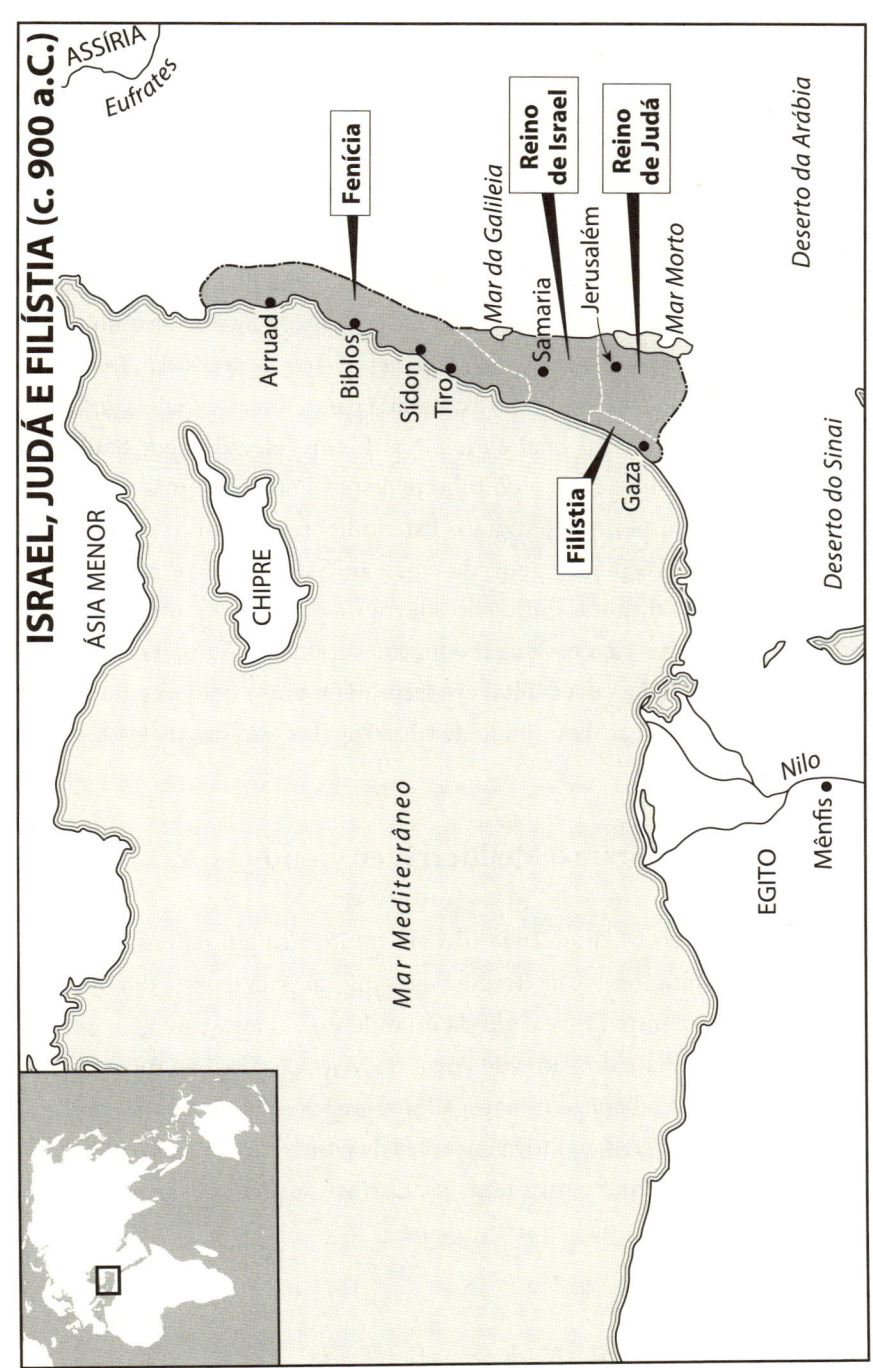

Lemos na Torá, os cinco primeiros livros do Tanakh, que Abraão e seu povo tinham sido expulsos do sul da Mesopotâmia por tribos invasoras mil anos antes, cerca de quatro mil anos atrás. Em algum momento, provavelmente para escapar da fome, se refugiaram no Egito, onde acabaram sendo escravizados pelos egípcios. Em algum ponto dos anos 1200 a.C. — aproximadamente ao mesmo tempo que os Povos do Mar e como é narrado no livro do Êxodo —, o líder hebreu Moisés reuniu seu povo e o conduziu para fora do Egito. Foi então, de acordo com a Torá, que Deus deu a Moisés os Dez Mandamentos no monte Sinai, com a promessa de que, enquanto os hebreus os obedecessem, Deus os favoreceria como seu povo escolhido e os levaria para a terra prometida de Canaã.

O período durante o qual os hebreus foram liderados por Saul[5] e os reinados de seu genro Davi e do filho mais novo dele, Salomão, no século X a.C., foram um ponto alto para o Estado hebreu, durante o qual Israel se tornou rica e próspera. Depois da morte de Salomão, no entanto, os hebreus voltaram a disputar entre si e a terra foi dividida em dois reinos: ao norte, o reino mais rico de Israel, com sua capital em Samaria, e ao sul o reino menor de Judá, cuja capital era Jerusalém. Fraca demais para resistir aos invasores, Israel acabou sendo dominada pelos assírios, do leste.

Os fenícios exploram o Mediterrâneo (1000-500 a.C.)

A área oriental do Mediterrâneo não era muito rica em metais, o que fez com que os habitantes locais tivessem que migrar para o oeste em busca de um novo suprimento. Entre a virada do milênio e o ano 500 a.C., os fenícios, que descendiam do grupo de Povos do Mar do norte que tinha se estabelecido no atual Líbano, e os navegadores gregos estabeleceram povoados em pontos estratégicos ao longo das rotas de comércio por todo o Mediterrâneo. Um dos assentamentos fenícios, Cartago, acabaria desempenhando um importante papel na história romana.

---

5 Como narrado no livro bíblico de Samuel.

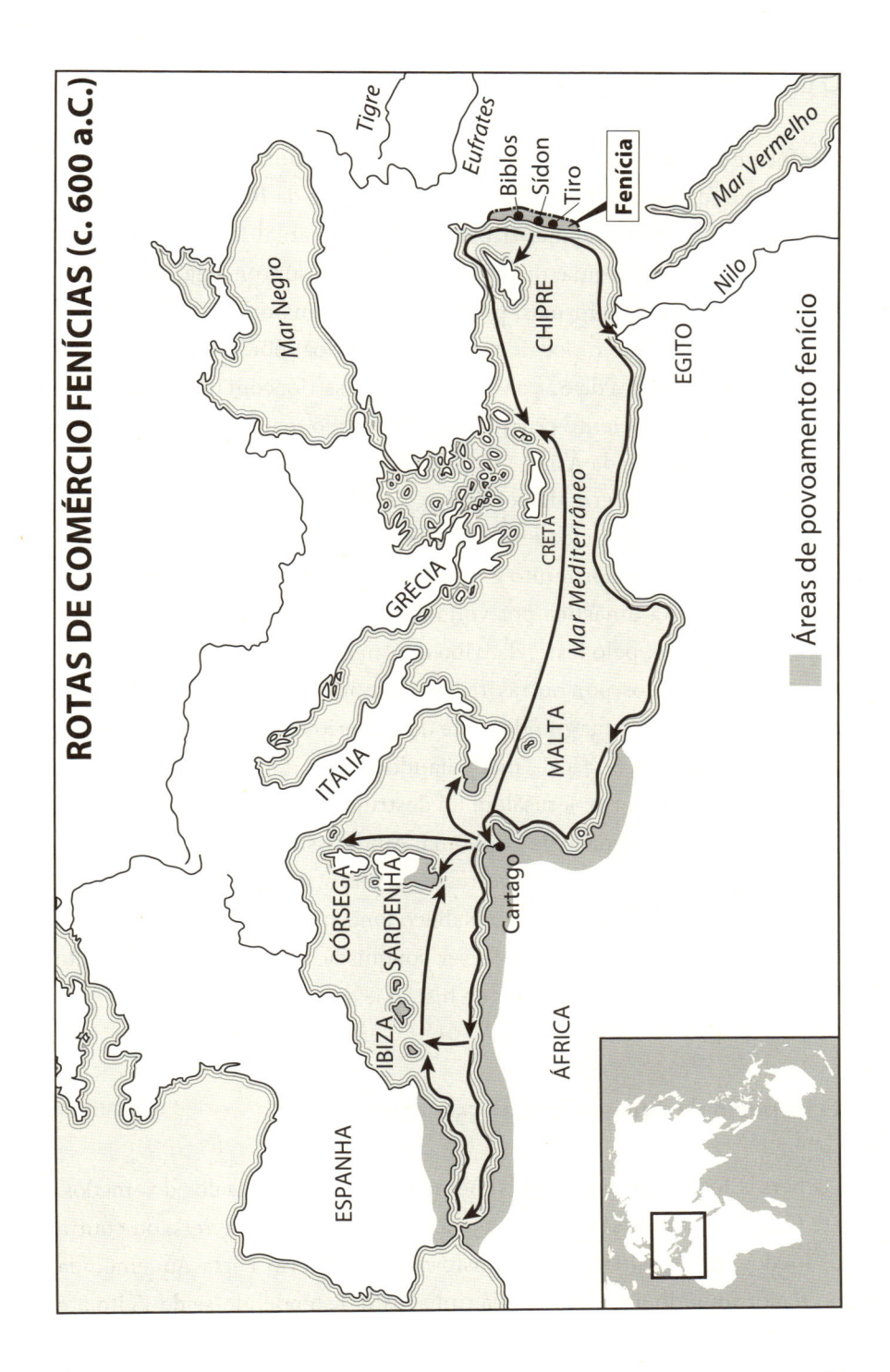

ROTAS DE COMÉRCIO FENÍCIAS (c. 600 a.C.)

■ Áreas de povoamento fenício

O MUNDO ANTIGO 35

O grande Império Assírio

Conforme a civilização suméria na Mesopotâmia morria lentamente, por volta da virada do segundo milênio a.C., os reinos da Babilônia e da Assíria, juntamente com algumas tribos da região do atual Iraque e os hititas da região da atual Turquia, disputavam com ela a supremacia. O reino da Babilônia, de variadas formas, predominou pela maior parte do segundo milênio a.C., até que o poder passou aos assírios, por volta de 910 a.C. Dessa época até cerca de 625 a.C., o Império Assírio, com um exército conhecido por sua eficiente crueldade, tornou-se o maior e mais poderoso império do sudoeste da Ásia.

Travando uma guerra de conquista, os assírios tomaram a Babilônia, destruíram Israel e as cidades fenícias e atacaram o Egito. No entanto, como todos os impérios muito extensos, sua sorte finalmente chegou ao fim. Uma disputa dinástica por volta de 630 a.C. deixou o império vulnerável ao ataque, pelo leste, da tribo dos medos (da região do atual Irã), que foram ajudados por outras tribos do norte e do sul. Entre si, eles conseguiram conquistar grande parte do Império Assírio, que derrotaram completamente em 605 a.C., incendiando sua capital, Nínive.

Durante essa guerra, Jerusalém foi destruída e muitos de seus habitantes aprisionados na cidade de Babilônia. Ainda assim, a civilização babilônica conseguiu apenas um breve ressurgimento sob seu rei Nabopolasar e durante o reinado de seu filho Nabucodonosor II (dos famosos Jardins Suspensos da Babilônia), antes de ser conquistada pelos persas no século VI a.C. e em seguida desaparecer da história.

O império da Antiga Pérsia (550-330 a.C.)

Os persas foram um povo inicialmente composto de vassalos dos medos, até Ciro II se tornar seu rei, em 559 a.C. Foi Ciro quem se rebelou contra os medos, capturou seu rei e transformou o Império Persa Aquemênida no maior império que o mundo já tinha visto. Estendendo-se do Egito até

O IMPÉRIO ASSÍRIO (c. 700 a.C.)

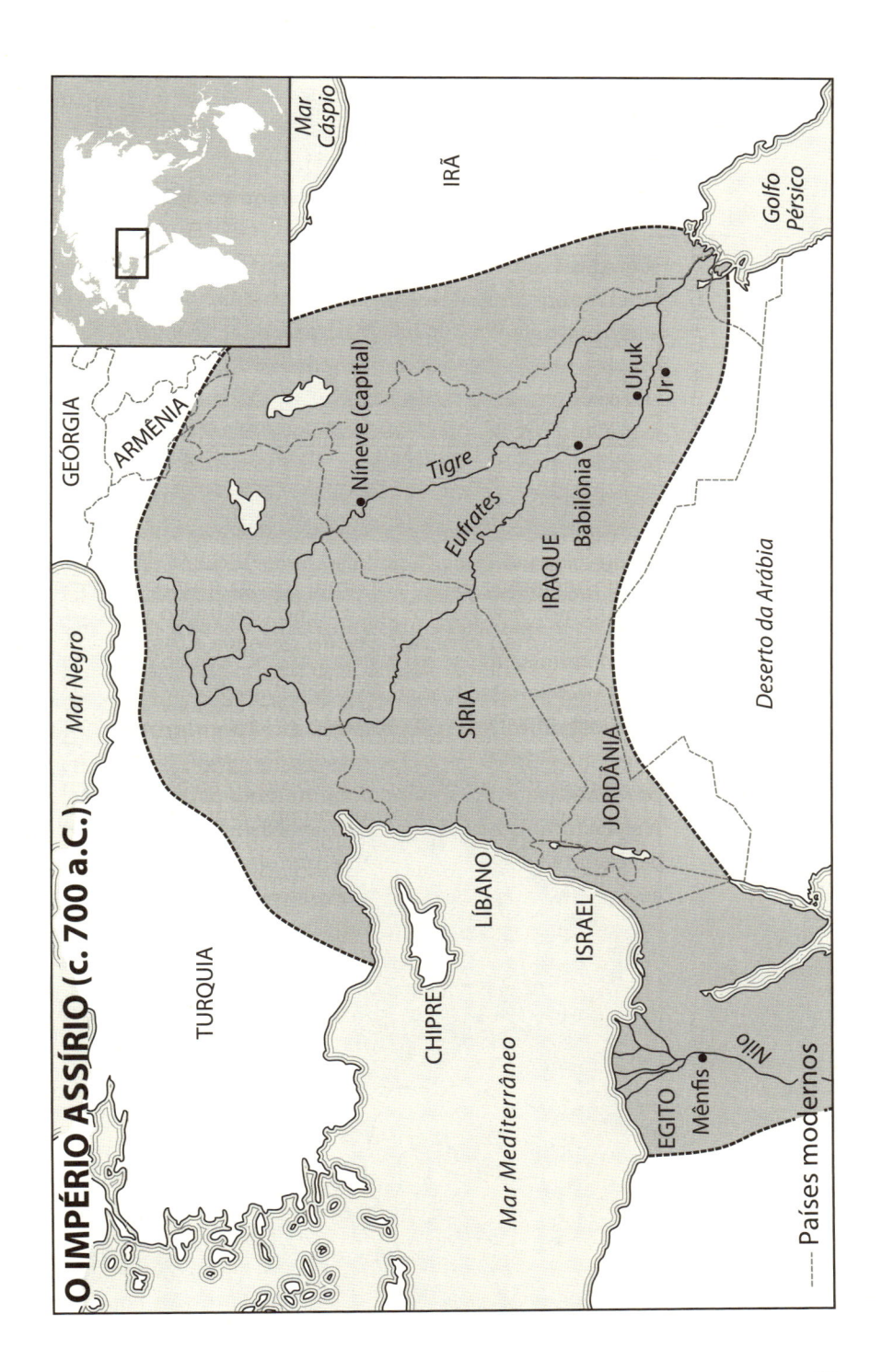

----- Países modernos

O MUNDO ANTIGO

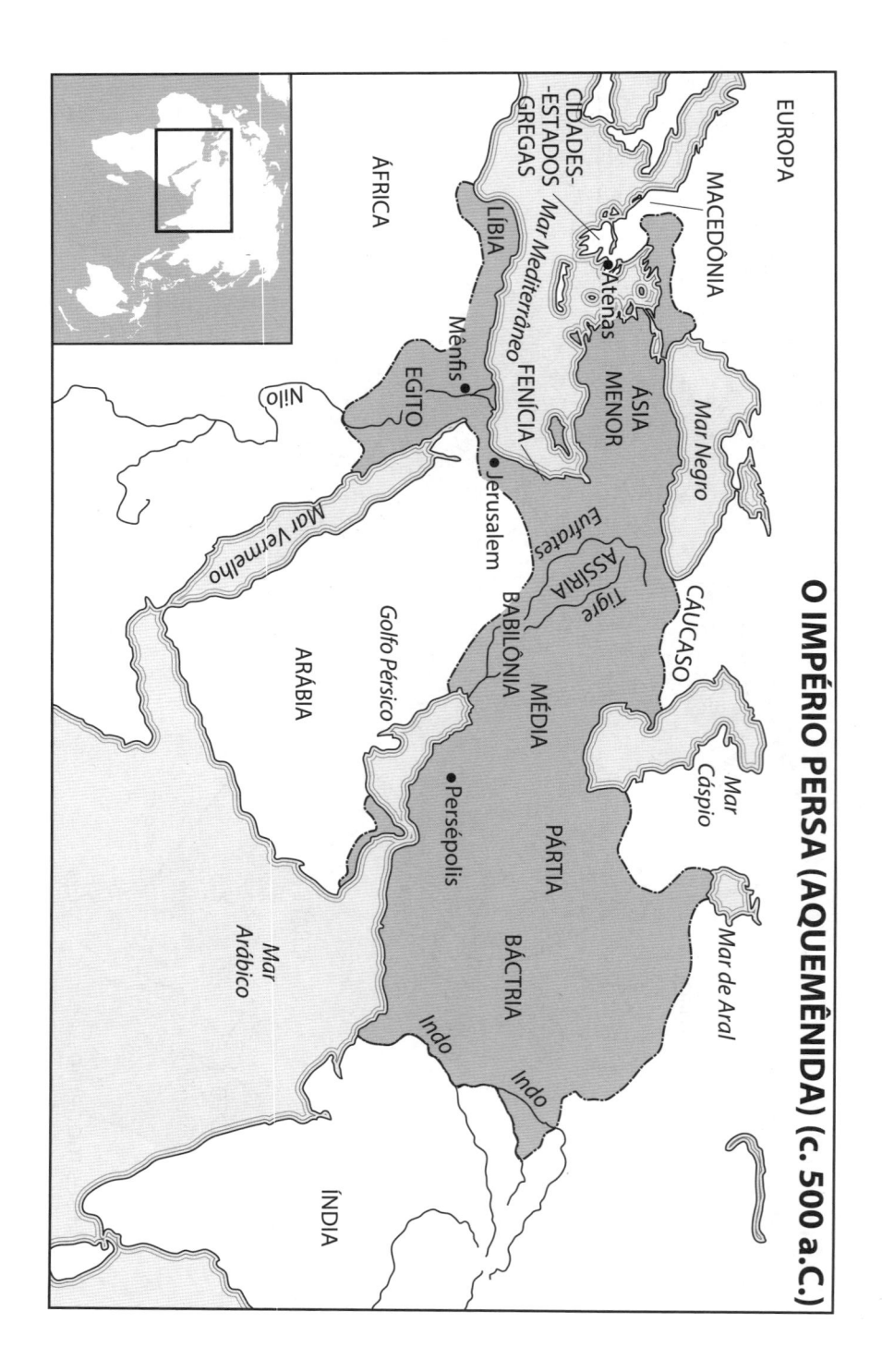

O IMPÉRIO PERSA (AQUEMÊNIDA) (c. 500 a.C.)

o atual Afeganistão, o império foi construído a uma velocidade e em uma escala nunca antes vistas. Quando Ciro e seu exército ocuparam a Babilônia, em 539 a.C., ele libertou os hebreus da escravidão e permitiu que eles voltassem para sua terra natal ancestral, uma ação pela qual foi louvado como um libertador no Livro de Isaías. Conhecido por ser benevolente e tolerante, Ciro também foi responsável pela primeira Carta dos Direitos Humanos conhecida. O Cilindro de Ciro, um cilindro de argila no qual a carta está escrita, agora está no British Museum, em Londres.

Depois que Ciro e seu filho morreram, um nobre de nome Dario reivindicou a descendência de um dos ancestrais de Ciro e ocupou a lacuna de poder resultante por meio de um golpe sem derramamento de sangue. Com a devida modéstia, ele se autodenominou "Reis dos Reis" e fundou a cidade de Persépolis, que se tornou a capital persa. Ele é importante porque suas campanhas e as de seu filho, Xerxes, que procuravam subjugar os rebeldes gregos, são alguns dos episódios da época sobre os quais mais se escreveu e que nos conduziram pela história da Grécia Antiga.

A Grécia Antiga e as cidades-estados gregas (1000-330 a.C.)

Nenhum verdadeiro livro de história existiu até Heródoto, o historiador grego, escrever um, em *circa* 450 a.C., o que significa que sabemos muito pouco sobre os primórdios da Grécia e, aliás, sobre grande parte do mundo antigo antes dela. A *Ilíada* e a *Odisseia*, textos do século IX a.C. escritos pelo poeta grego Homero, nos forneceram muito do que sabemos sobre a Grécia antiga. Entretanto, grande parte desses escritos inclui relatos que são claramente mitos e, portanto, eles não podem ser lidos como textos históricos. A *Ilíada* narra o ataque micênico[6] a Troia (na atual Turquia) liderado por Agamêmnon. A *Odisseia* descreve a jornada de dez anos do herói Odisseu — ou Ulisses, em latim —, que tenta voltar para casa depois da queda de

---

6   Micenas foi uma das primeiras civilizações da atual Grécia, que desapareceu por volta do tempo dos Povos do Mar, em cerca de 1200 a.C.

Troia, e inclui a história de como ele ajudou os gregos a vencer os troianos infiltrando na cidade um pequeno exército escondido dentro de um cavalo de madeira. A *Ilíada* e a *Odisseia* continuam sendo duas das mais lidas e celebradas histórias já contadas.

Sabemos que o século VIII a.C. foi em geral um período de paz e prosperidade para os gregos. Em sua busca por terra arável, motivada pelo fato de viverem em uma área montanhosa cercada de ilhas, estabeleceram assentamentos em todas as ilhas do mar Egeu e por toda a costa da Ásia Menor (atual Turquia) e do mar Negro.

Nessa época, não havia uma Grécia unida, mas sim gregos eólios, dórios e jônios, e pequenas cidades-estados ferozmente patrióticas como Atenas eram a norma. Geralmente comerciando entre si, mas com frequência em guerra, eles se uniam quando se tratava de se defender contra não gregos, a quem se referiam como "bárbaros", devido aos ininteligíveis sons "bar-bar" que faziam quando falavam.

A partir de 776 a.C., os gregos também passaram a se reunir a cada quatro anos para competir em jogos realizados em Olímpia, no sudoeste da Grécia, período em que as guerras eram interrompidas.[7] Atenas cresceu tanto por meio do comércio e das alianças que em 500 a.C. tinha se tornado o centro econômico, político e cultural da Grécia Antiga e era reconhecida como tal por outras cidades-estados.

Por volta de 500 a.C., os gregos jônios, estabelecidos na costa da atual Turquia, se rebelaram contra as tentativas dos persas de dominá-los. Frustrados pelo apoio ateniense dado aos jônios, os persas, governados por Dario, invadiram a Grécia, desembarcando nas planícies de Maratona, ao norte de Atenas. Os atenienses mandaram um corredor até Esparta, cidade-estado renomada pela força e bravura de seus soldados, a fim de requisitar ajuda.[8] Os espartanos concordaram em ajudar, mas chegaram depois de terminada a batalha. Ainda assim, os gregos jônios conseguiram derrotar o

---

7 Os Jogos Olímpicos.
8 Desde essa época, "maratona" entrou para a linguagem como um empreendimento longo e árduo, incluindo uma longa corrida.

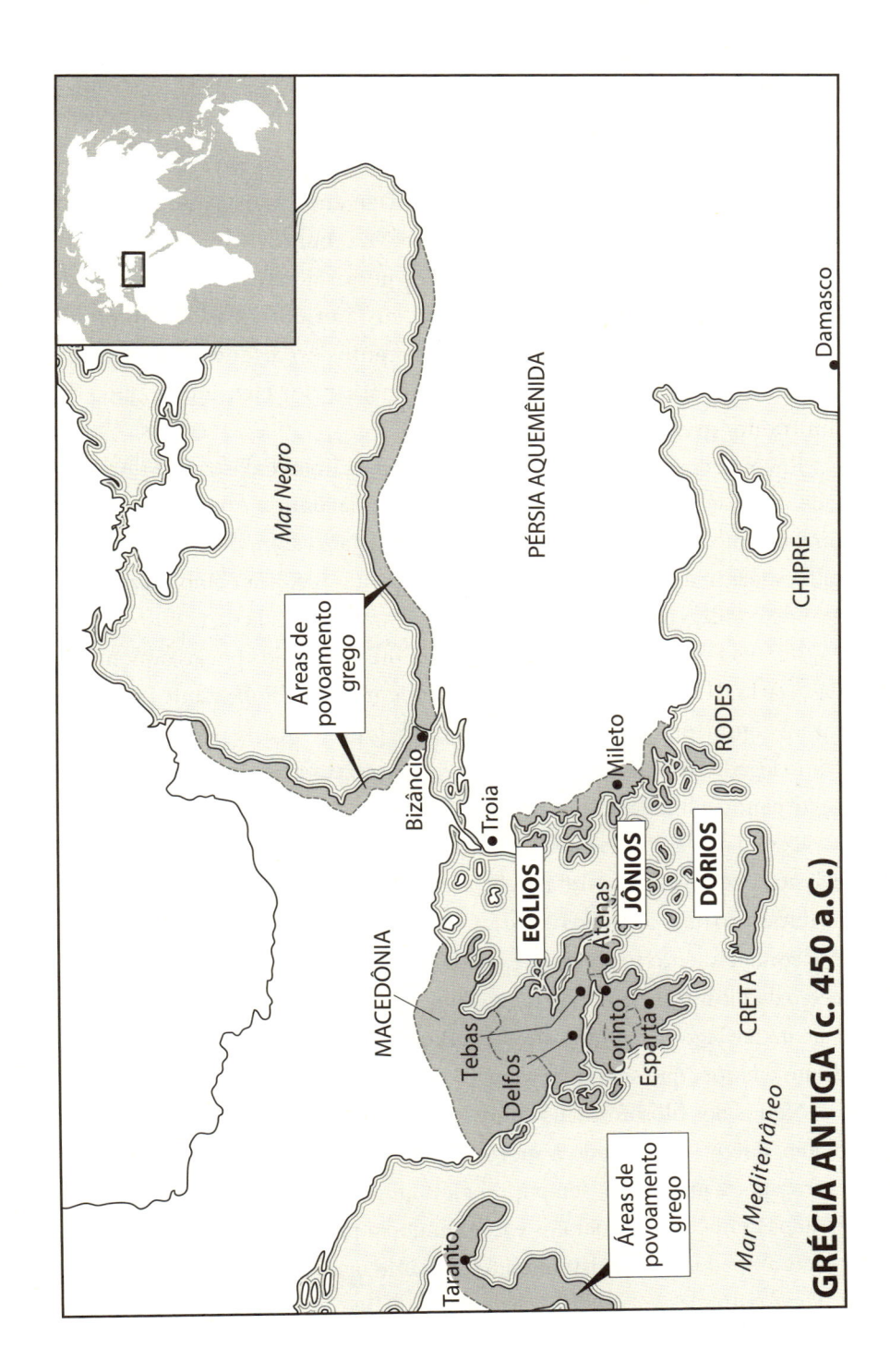

GRÉCIA ANTIGA (c. 450 a.C.)

Áreas de povoamento grego

Mar Negro

PÉRSIA AQUEMÊNIDA

Damasco

CHIPRE

Bizâncio
Troia
Mileto
RODES

MACEDÔNIA

EÓLIOS
JÔNIOS
DÓRIOS

Atenas
Tebas
Delfos
Corinto
Esparta

CRETA

Taranto

Áreas de povoamento grego

Mar Mediterrâneo

O MUNDO ANTIGO 41

exército invasor persa, numericamente superior, em 490 a.C., e as tropas de Dario foram forçadas a voltar para a Ásia Menor.

Dario morreu antes de poder empreender outra invasão, mas sua derrota não foi esquecida pelos persas. Dez anos mais tarde, seu filho Xerxes invadiu a Grécia pela segunda vez, na tentativa de vingar as perdas sofridas em Maratona. Dessa vez os persas alcançaram um estreito desfiladeiro no vale de Termópilas, na costa oriental da Grécia, onde, segundo a lenda, foram contidos por trezentos espartanos comandados por seu rei, Leônidas, e só conseguiram passar por eles com a ajuda de um traidor grego.

Encorajados por seu sucesso, os persas invadiram e destruíram Atenas, cuja população fugiu para a ilha vizinha de Salamina. Apesar de possuir uma marinha amplamente superior, os persas acabaram derrotados na batalha marítima de Salamina, que entrou para a história como o primeiro grande conflito naval, e nunca mais ameaçaram a Grécia de novo.

Xerxes foi assassinado, assim como o último rei dos persas aquemênidas, Dario III, em 330 a.C. Mas a vitória dos gregos foi importante por outra razão: significou que, no fim, foi a cultura grega, e não a persa, que ficou como legado para o mundo, com o grego, junto com o latim, gradualmente se tornando a língua das classes eruditas por todo o Mediterrâneo.

Com a ameaça persa fora do caminho, a Grécia entrou em seu período clássico e testemunhou um florescimento cultural, arquitetônico e filosófico durante o qual os gregos questionaram o mundo ao seu redor. Essa busca por conhecimento fez com que a Grécia Antiga ficasse conhecida como o berço da filosofia e da democracia. Filosofia vem das palavras gregas *philo* e *sophia*, que significam "amor" e "sabedoria", e democracia vem das palavras *demos* e *kratia*, que significam "povo" e "governo".

Alguns dos filósofos mais famosos da história viveram nessa época: Sócrates, que foi condenado à morte por não acreditar nos deuses gregos e corromper a juventude; seu pupilo mais famoso, Platão, por meio de cujos estudos conhecemos Sócrates e que fundou a primeira instituição de educação, a Academia; e Aristóteles, o estudante mais famoso da Academia. O pai de Aristóteles era médico particular de Filipe da Macedônia, e o próprio

Aristóteles foi, pelo menos por um tempo, tutor de Alexandre, o Grande, a quem dava lições de astronomia, física, lógica, política, ética, música, teatro, poesia e uma variedade de outros assuntos.

Ávidos por se vingar e impedir outras incursões persas em território grego, os atenienses persuadiram várias outras cidades-estados gregas a formar uma Liga Naval. Os gregos, porém, não conseguiam pôr fim a seus conflitos internos, e a Liga se desintegrou em meio a guerras entre os Estados que duraram mais de vinte anos. Embora essas guerras acontecessem predominantemente entre espartanos e atenienses, elas ainda assim causaram prejuízos a toda a região, incluindo a Pérsia, que tinha ajudado os espartanos.

O rei da vizinha Macedônia, Filipe II, que sabiamente decidira não se envolver na guerra, sabia reconhecer uma oportunidade quando via uma. Enquanto os Estados gregos lutavam uns contra os outros, ele transformou a Macedônia em um Estado tão poderoso que não apenas conseguiu esmagar uma aliança de Estados gregos, mas em pouco tempo estava confiante o bastante para declarar guerra à Pérsia. Filipe foi assassinado antes de ver seus planos concretizados, mas seu filho, Alexandre, garantiu que eles fossem postos em prática, reunindo o maior exército que já deixou o solo grego.

Alexandre, o Grande (356-323 a.C.)

Alexandre III da Macedônia, mais conhecido como Alexandre, o Grande, uniu as cidades-estados gregas em disputa, conquistou o Egito, derrotou os persas e reuniu vastas regiões da Europa e da Ásia sob o maior império que o mundo já tinha visto, e tudo isso antes de completar 33 anos de idade, o que fez dele um dos líderes mais admirados da Antiguidade. Os exércitos de Alexandre nunca perderam uma batalha e, por causa disso, ele era reconhecido como um gênio militar.

Em seu desejo de unir o Ocidente e o Oriente em um vasto império, Alexandre adotou o vestuário persa, deu ordens para que persas fossem alistados em seu exército e encorajava seus soldados a se casarem com mulheres persas. Ele também permitia que os povos conquistados governassem seu próprio país, contanto que permanecessem leais a ele. Seu contínuo belicismo, porém, acabou tendo um preço. Quando seu exército chegou à Índia, em 326 a.C., suas tropas, exaustas depois de anos de batalhas, se recusaram a ir adiante. Alexandre foi forçado a voltar para casa e acabou morrendo em Babilônia, três anos depois.

O Império Máuria indiano (321-185 a.C.)

Quando Alexandre se retirou da Índia, deixou um vácuo de poder que foi ocupado por Chandragupta, o primeiro imperador do Império Máuria indiano. Chandragupta tornou-se o soberano indiscutível do norte da Índia e, pela primeira vez na história indiana, deu à região alguma unidade política.

Depois de governar por cerca de 25 anos, Chandragupta Máuria, de acordo com várias fontes, tornou-se monge e parou de comer, morrendo de inanição. Seu filho, Bindusara, expandiu seu império, mas foi o filho de Bindusara, Asoka, que, depois de travar uma guerra de expansão brutal contra seus inimigos, ganhou extraordinária fama na Índia por meio de sua conversão ao Budismo — um estilo de vida que tinha ganhado muitos adeptos desde sua introdução, no século VI a.C. Chocado com as consequências de uma importante batalha, Asoka renunciou a toda violência e passou a pregar o Budismo e a paz por todo o seu reino e além dele. Depois de sua morte, em 232 a.C., sua família conseguiu manter o poder por mais ou menos meio século, antes que o último imperador máuria fosse assassinado e a Índia se dividisse mais uma vez. Periodicamente invadido, o norte da Índia só voltaria a se tornar próspero e estável sob o Império Gupta, no século IV a.C.

BUDISMO

O Budismo é uma filosofia[9] ou forma de vida — embora alguns o chamem de religião — originada no século V ou VI a.C. (ainda há divergências sobre quando exatamente o Buda viveu). É atualmente seguido por mais de 300 milhões de pessoas no planeta.

Nascido em uma família real, o fundador do Budismo, Sidarta Gautama, se deu conta de que a riqueza material não era garantia de felicidade e, aos 29 anos, deixou o conforto de seu lar para tentar entender o significado do sofrimento à sua volta. Depois de seis anos de estudos, meditação e abnegação, afirma-se que ele despertou de um sono de ignorância e tornou-se o Buda, ou "o Iluminado".

Nos 45 anos seguintes, ensinou os princípios do Budismo por todo o norte da Índia. Se uma pessoa vivesse uma vida pautada pela moral, fosse consciente de suas ações e desenvolvesse a sabedoria, ele ensinava, era possível afastar a ignorância, se livrar do desejo e atingir o Nirvana, ou um estado de ausência de sofrimento.

Suas tentativas de explicar as injustiças e a desigualdade e seus ensinamentos sobre como evitar o sofrimento foram recebidos por um público receptivo e se espalharam rapidamente pelo mundo. Adotado por Asoka na Índia, no século III a.C., o Budismo se difundiu pelas grandes rotas de comércio para a Ásia central e o sudeste asiático, onde em geral prosperou, embora fosse gradualmente se tornando menos popular na própria Índia.

---

9   O Budismo não está centrado em um deus — daí a discussão sobre ser ou não uma religião —, mas sim na importância do ensinamento, ou Darma. Para seus adeptos, o Budismo vai além da religião e é mais uma filosofia ou modo de vida.

Os reinos dos sucessores de Alexandre

Alexandre não tinha nomeado um herdeiro ou sucessor, e embora uma pessoa tivesse reivindicado o império deixado por ele, seus domínios foram rapidamente divididos entre seus principais generais. O resultado foi uma série de reinos distintos, que com frequência guerreavam entre si. Dos dois maiores a resistir, um foi o Reino Selêucida, fundado por um dos generais de Alexandre, Seleuco, que incluía a maior parte da Ásia Menor, Mesopotâmia e Pérsia.

O outro foi o Reino Ptolomaico, fundado por seu general Ptolomeu e que consistia no Egito. Com exceção de grande parte da Pérsia, a maior parte dessas terras e reinos sucessores foi mais tarde incorporada pela República Romana.

No Egito, Ptolomeu estabeleceu a última dinastia a governar o país com o título de faraó. Durante os dois séculos e meio seguintes, a dinastia ptolomaica dos gregos governaria com sucesso o Egito, misturando as tradições gregas com o legado dos faraós. Ptolomeu e seus descendentes adotaram o aparato real egípcio e uniram a religião egípcia à sua, adorando os deuses e construindo templos em sua homenagem, alguns chegando até mesmo a ser mumificados após a morte. De todos os reinos dos sucessores de Alexandre, o Egito foi o mais longevo e só foi finalmente incorporado ao Império Romano em 30 a.C., após o suicídio de Cleópatra — a última rainha da dinastia ptolomaica.

Um dos muitos legados do reinado de Alexandre, oriundo de um desejo de dominar o Egito, foi a cidade de Alexandria, fundada na costa norte do país no século IV a.C. Com o declínio de Atenas, e Roma ainda não desenvolvida, Alexandria ocupou o lugar de ponto de união entre o Oriente e o Ocidente. Tornou-se uma das mais importantes cidades da Antiguidade, o porto mais movimentado do mundo, um caldeirão cultural de pensamento e comércio grego, romano e egípcio. Por volta de 200 a.C., Eratóstenes, um grego que vivia em Alexandria, deduziu que o mundo era uma esfera e até mesmo calculou seu diâmetro com uma precisão que só seria superada quase 2 mil anos depois. Outro grego, Aristarco, afirmou que a Terra orbitava em torno do Sol entre 1.700 e 1.800 anos antes de Copérnico chegar à mesma conclusão. Alexandria só foi eclipsada em importância no Egito quando a moderna cidade do Cairo foi fundada, no século X.

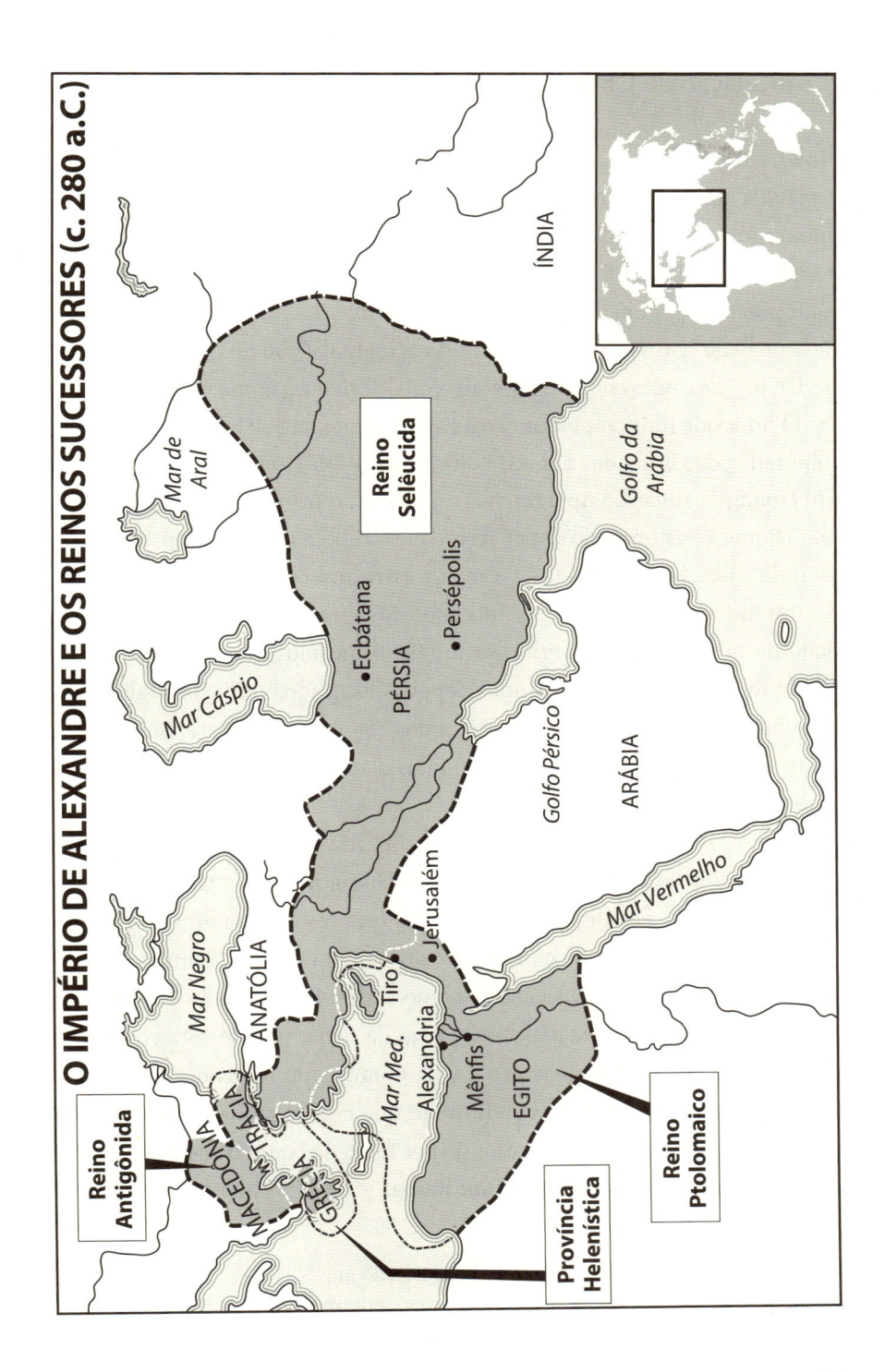

O IMPÉRIO DE ALEXANDRE E OS REINOS SUCESSORES (c. 280 a.C.)

- Reino Antigônida
- Reino Selêucida
- Província Helenística
- Reino Ptolomaico

Mar de Aral, *Mar Cáspio*, *Mar Negro*, *Mar Med.*, *Mar Vermelho*, *Golfo da Arábia*, *Golfo Pérsico*

ÍNDIA, PÉRSIA, ARÁBIA, ANATÓLIA, MACEDÔNIA, TRÁCIA, GRÉCIA, EGITO

Ecbátana, Persépolis, Jerusalém, Tiro, Alexandria, Mênfis

O MUNDO ANTIGO 47

A unificação da China (221 a.C.)

No Oriente, em 400 a.C., um sem-número de Estados independentes na região da atual China tinham sido consolidados em apenas treze, e nos 175 anos seguintes se envolveram em uma prolongada luta que ficou conhecida como "o Período dos Estados Combatentes". O Estado que emergiu como o mais poderoso, em parte graças ao uso de armas de ferro em vez das armas de bronze de seus vizinhos, foi o Estado ocidental Zhou de Qin (pronuncia-se Ch'in), de onde, como alguns sugerem, derivou o nome China.

O líder que unificou todos esses Estados, e de fato se tornou o primeiro imperador da China em 221 a.C., se chamava Shi Huang-Ti. O imperador Shi Huang-Ti angariou uma terrível reputação, reprimindo impiedosamente qualquer resistência ao seu governo. Ele também iniciou a construção da Grande Muralha da China[10] — a maior estrutura construída pelo homem no mundo, com mais de 6.000 quilômetros de extensão —, com a finalidade de proteger seu império dos hunos, o mesmo grupo que atacaria o Ocidente muitas centenas de anos depois. Obcecado com a imortalidade e temendo a vingança dos espíritos de todos aqueles que matara, Shi Huang-Ti fez questão de ser enterrado com mais de 6 mil guerreiros de terracota para protegê-lo na vida após a morte.

Como resultado de sua crueldade, a dinastia Qin foi rapidamente derrubada depois de sua morte, e a dinastia Han governou a China nos 400 anos seguintes.[11] Foi um período de paz, que testemunhou a adoção do Confucionismo — uma filosofia de vida desenvolvida por Confúcio e seus seguidores desde o século VI a.C. — como a filosofia de Estado. Foi durante a dinastia Han que se estabeleceu a Rota da Seda, grande rota comercial por meio da qual a Ásia negociava seda e outros produtos de luxo com a Pérsia e a Índia e com um novo império que estava ganhando terreno no Ocidente — um império que cresceria por meio da conquista e da assimilação até dominar o mundo ocidental: Roma.

---

10 Outros imperadores ampliariam a construção do muro.
11 A Dinastia Han caiu no ano 220 d.C. A China só seria unificada novamente em 581 d.C.

A República Romana (509-27 a.C.)

Roma começou como uma pequena cidade às margens do rio Tibre, no século VIII a.C. Segundo a lenda, a cidade foi fundada em 753 a.C. pelos gêmeos Rômulo (daí Roma) e Remo, salvos da morte por uma loba que os amamentou. A região foi governada por reis etruscos até 509 a.C., quando uma forma mais representativa de governo foi estabelecida sob a República de Roma. A República cresceu rápido, sabiamente incorporando os povos que conquistava como "cidadãos" em vez de "vassalos", uma estratégia que se provou eficiente em reduzir as chances de rebelião.

Mas Roma tinha competição; o poder dominante no Mediterrâneo à época era uma colônia comercial fenícia fundada no século IX a.C. na costa norte da África, na região da atual Tunísia: Cartago. Cartago tornara-se independente depois que os persas conquistaram os fenícios, no século VI a.C. No século III a.C., o Império Cartaginês tinha crescido a ponto de se tornar a maior potência naval do Mediterrâneo, estendendo-se do norte da África e da Sicília até o sul da Península Ibérica, na atual Espanha.

Com o objetivo de expandir sua base de poder além do território continental italiano, Roma interferiu na esfera de influência cartaginesa. Ao longo de 118 anos, de 264 a 146 a.C., os impérios Romano e Cartaginês travaram uma batalha titânica pelo controle do Mediterrâneo ocidental, tanto em terra quanto no mar. Chamadas de Guerras Púnicas, nome que deriva de *Poenici*, a palavra latina para fenícios, elas esgotaram os recursos monetários e militares de ambos os lados. Embora tenham ocorrido três grandes Guerras Púnicas no total, a mais famosa foi sem dúvida a segunda, que envolveu uma invasão em grande escala do território romano, invasão durante a qual os romanos sofreram diversas perdas severas e da qual saíram vitoriosos por pouco.

Aníbal e as Guerras Púnicas (264-146 a.C.)

Em 221 a.C., a liderança das forças cartaginesas na Ibéria passou a um jovem de 25 anos chamado Aníbal, que sucedeu o pai. No outono de 218 a.C.,

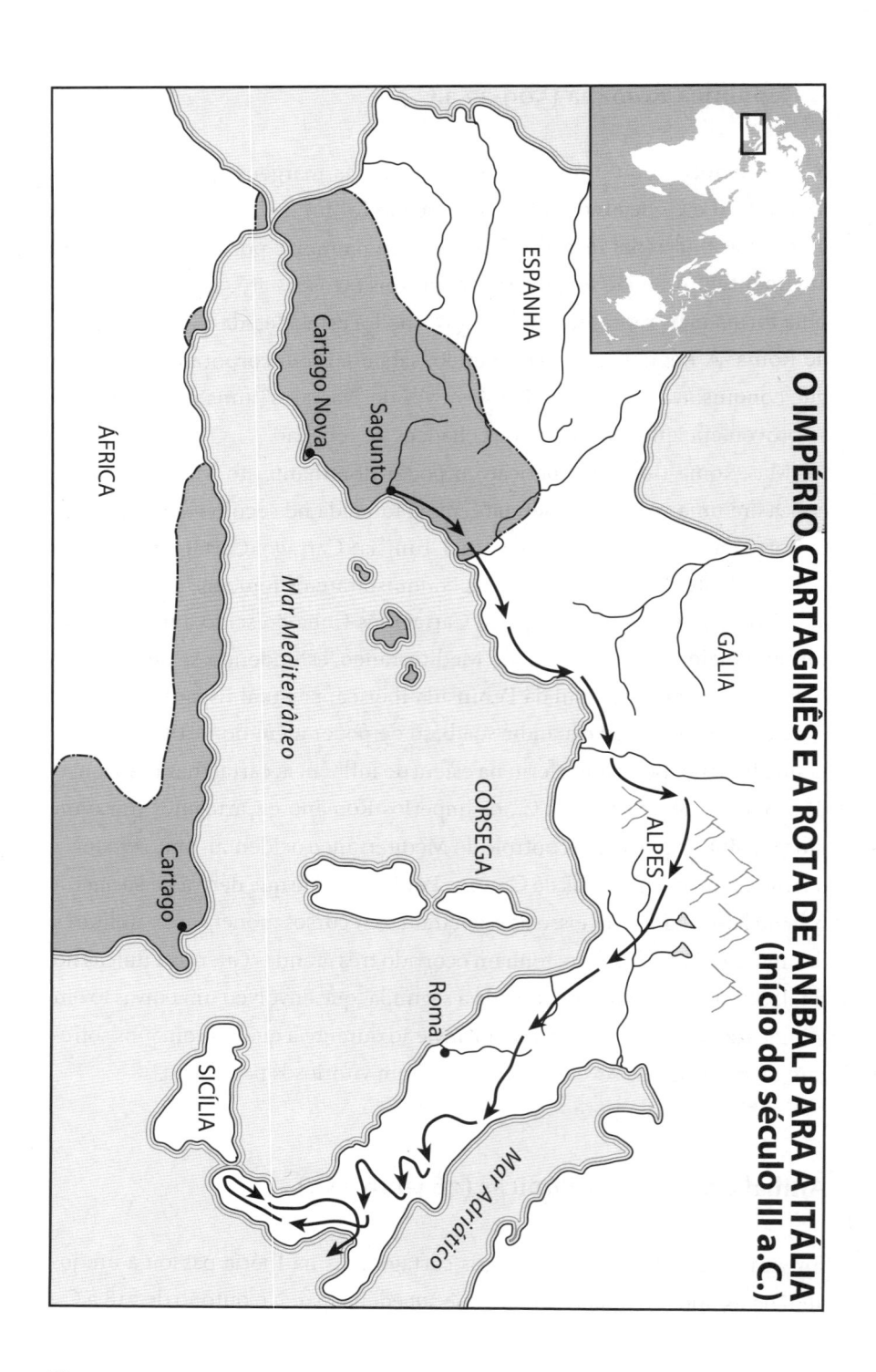

O IMPÉRIO CARTAGINÊS E A ROTA DE ANÍBAL PARA A ITÁLIA (início do século III a.C.)

ESPANHA
Cartago Nova
Sagunto
ÁFRICA
Mar Mediterrâneo
Cartago
GÁLIA
ALPES
CÓRSEGA
Roma
SICÍLIA
Mar Adriático

ele invadiu a Itália pelo norte, cruzando os Alpes no inverno com vários elefantes e dezenas de milhares de homens. Ao chegar à Itália, derrotou repetidamente os exércitos romanos que cruzaram seu caminho, conquistando a maior parte da região norte em dois meses e levando diversas das cidades da República a se rebelarem.

Os romanos retaliaram atacando a Ibéria e colocando grande parte da área sob seu domínio antes de cruzar para a África e levar a guerra diretamente a Cartago. A cidade pediu paz, e Aníbal foi levado ao exílio, onde acabou se matando. Cartago tornou-se um Estado dependente, que acabaria sendo completamente arrasado pelos romanos cinquenta anos mais tarde, em seguida a uma tentativa de se reafirmar.

Roma agora controlava todo o Mediterrâneo ocidental, inclusive o norte da África, e tinha passado de uma potência regional menor a um império internacional. Seu domínio estava assegurado a tal ponto que o Mediterrâneo passou a ser chamado pelos romanos de "Mare Nostrum", ou "Nosso Mar". Outro resultado das Guerras Púnicas foi a ocupação do reino da Macedônia pelos romanos em 168 a.C., como punição pelo apoio que o rei macedônio Filipe V tinha dado aos cartagineses. Depois disso, os outrora poderosos gregos se tornaram meros cidadãos de uma província romana.

Júlio César (100-44 a.C.)

Avancemos um século, para 80 a.C., quando as excepcionais habilidades de oratória de Júlio César tinham chamado a atenção de muitos. Politicamente hábil, César estabeleceu uma aliança com Cneu Pompeu Magno, o maior general de Roma à época, e Marco Licínio Crasso, o homem mais rico de Roma, conhecida como "o Primeiro Triunvirato". Enfrentando pouca oposição, eles dividiram o império em três bases de poder distintas: Crasso ficou com a Síria, Pompeu com a Hispania (a Península Ibérica) e César com o norte da Itália e o sudeste da Europa, o sul da Gália sendo acrescentado mais tarde.

César ficou famoso por suas sucessivas campanhas militares na Gália (que correspondia aproximadamente à atual França) entre 58 e 50 a.C., que colocaram a população local sob o domínio de Roma por meio de uma campanha considerada brutal mesmo para os padrões romanos. Os gauleses se uniram sob a liderança de Vercingetórix — reconhecido hoje como o primeiro herói nacional francês — com o objetivo de repelir os romanos, mas fracassaram. Quando a guerra terminou, de acordo com o historiador grego Plutarco, cerca de um milhão de gauleses tinham morrido e mais um milhão tinham sido escravizados. César também deu início a uma invasão menor das Ilhas Britânicas, mas a Grã-Bretanha ainda levaria cem anos para sentir a força total do Império Romano, sob o imperador Cláudio.

As conquistas de César desestabilizaram o equilíbrio de poder e ameaçaram eclipsar as conquistas de Pompeu. O equilíbrio de poder foi ainda mais desestabilizado com a morte de Crasso, que perdera a vida — junto com 30 mil de seus homens — ao tentar invadir a vizinha Pártia. Os partas eram uma tribo persa que viria a ocupar a lacuna de poder deixada pelo enfraquecimento do Império Selêucida e se tornaram um grande problema para os romanos.

Com César como uma potencial ameaça, Pompeu persuadiu o Senado a ordenar que ele voltasse a Roma. César voltou, mas não como um soldado leal; ele decidiu, em vez disso, declarar guerra a uma Roma ingrata. Marchou da Gália para a Itália com suas legiões e entrou no território romano cruzando, ao norte, o Rubicão, rio que servia de fronteira entre Roma e as províncias. Se um general o cruzasse com seus exércitos sem ser convidado, era um sinal de que tinha adentrado a Itália como inimigo. Desde então a expressão "cruzar o Rubicão" é usada para se referir a qualquer indivíduo que adote um plano de ação arriscado.

A atitude de César deu início a uma guerra civil da qual ele emergiu como o líder incontestável do mundo romano. Em resposta à invasão, Pompeu foi nomeado comandante em chefe do exército romano com ordens de derrotar César, mas acabou assassinado pelos egípcios no Egito, para onde tinha fugido, com César em seu encalço. Antes de voltar a Roma, César foi seduzido por Cleópatra — descendente de Ptolomeu, um dos generais de Alexandre, o Grande — e teve um filho com ela, a quem deu o nome de

Cesarião. Ele também ajudou Cleópatra a derrotar seu irmão, o faraó, com quem tinha sido obrigada a se casar, colocando-a no poder em seu lugar.

Quando retornou a Roma, suas vitórias foram celebradas; ele foi nomeado ditador por dez anos, e o Senado lhe concedeu outras horarias, incluindo o decreto determinando que o mês de julho fosse nomeado em homenagem a ele[12] e a cunhagem de moedas com sua imagem — um tradicional símbolo monárquico e uma decisão que não passou despercebida para os romanos notoriamente antimonárquicos.

César era popular entre o povo como um reformador, mas era igualmente, se não mais, impopular entre um grupo de senadores que estavam ávidos para manter o *status quo* e receosos de perder sua riqueza e seu poder. Foram esses senadores que conspiraram para assassiná-lo, sob o pretexto de que temiam que ele estivesse tentando se tornar rei, uma instituição que Roma tinha abolido em 509 a.C. Conseguiram colocar seu plano em prática em 15 de março de 44 a.C., também conhecido como Idos de Março, enterrando um punhal no coração de César e mergulhando Roma em uma sucessão de guerras civis que terminariam com o colapso da República Romana e levariam ao estabelecimento do Império Romano.

Otávio, Marco Antônio e Cleópatra

Antes de ser assassinado, César tinha nomeado seu sobrinho-neto Caio Otávio, conhecido como Otávio, herdeiro de todo o seu patrimônio, incluindo seu nome. Depois de muito antagonismo entre Otávio e Marco Antônio — antigo homem de confiança de César e um experiente soldado —, os dois uniram forças para se vingar dos assassinos de César.

Entretanto, a desconfiança mútua logo ressurgiu entre eles. A paixão de Marco Antônio pelo Oriente e por Cleópatra, com quem ele teve três filhos, levou à sua ruína final e à sua difamação em Roma. Circulavam rumores de

---

12 O mês de agosto seria batizado em homenagem ao imperador Augusto, que também se declarou um deus.

que ele estava celebrando vitórias em Alexandria em vez de em Roma, de que desejava ser enterrado lá e de que ia deixar em testamento partes do Império Romano para Cleópatra e seus filhos — incluindo Cesarião, um legado que desafiava a posição de Otávio como herdeiro de César.

Descrevendo Marco Antônio como uma marionete do Egito, Otávio declarou guerra a Cleópatra e, consequentemente, ao próprio Marco Antônio. As duas forças se enfrentaram em Áccio, no noroeste da Grécia, em 31 a.C., onde Otávio venceu uma decisiva batalha naval. No ano seguinte, tanto Cleópatra, a última descendente dos Faraós do Egito, quanto Marco Antônio se suicidaram, e o Egito, assim como acontecera antes com a Grécia, se tornou uma província romana.

O Império Romano (27 a.C.-476/1453 d.C.)

O Império Romano, ao contrário da República de Roma, foi fundado em 27 a.C. quando o Senado romano legou a Otávio o nome de Augusto, que significava o elevado ou o sagrado. Naturalmente, Otávio também se tornou *Princeps Senatus* (Príncipe do Senado) ou comandante do Estado, que mais tarde se tornou o título oficial dos imperadores romanos e nos deu a palavra "príncipe". Um de seus muitos títulos, imperador, inicialmente concedido apenas a generais vitoriosos, ficou associado ao governante e foi, mais adiante, associado aos líderes dos impérios (imperador, imperatriz etc.).

O imperador Augusto César governava com poder absoluto. Os receios em relação a isso por parte de republicanos ferrenhos foram compensados pela estabilidade social e política que Augusto conseguiu introduzir depois de décadas de guerra civil. De fato, à exceção de algumas interrupções e guerras sem importância, e ajudado pelo fato de que o maior inimigo potencial de Roma, a Pártia, no leste, estava ocupada com suas próprias perturbações políticas, o Império Romano viveria dois séculos de relativa paz, conhecidos como "Pax Romana". O comércio floresceu. Além da importação de trigo da África, de vinho da Gália e de azeite da Ibéria, especiarias e tecidos eram importados da Arábia, da Índia e da China por intermédio das caravanas asiáticas ao longo da Rota da Seda.

Um imenso território com quase 50 milhões de habitantes, o império era difícil de governar e sua administração era custosa, requerendo regularmente novas fontes de impostos para cobrir seu custo operacional. Augusto teve sorte porque o tesouro estatal recebia um afluxo de riquezas e dinheiro de impostos do recém-ocupado território do Egito, que virou o novo celeiro do Império Romano. Uma importante recuperação econômica resultante de um período de paz e aumento do comércio também aumentou as receitas tributárias. Na verdade, havia dinheiro suficiente nos cofres romanos para permitir que Augusto embarcasse em um grandioso programa de obras públicas e se gabasse: "Eu herdei uma Roma de pedra e a transformei em uma cidade de mármore."[13]

A base tributária podia ter aumentado, mas os impostos ainda precisavam ser recolhidos. Uma das formas de assegurar a receita tributária era realizar um censo que confirmasse quantas pessoas viviam no império e quais delas podiam pagar impostos. De acordo com o Novo Testamento cristão, foi a fim de se registrar nesse censo que José e sua mulher, Maria, foram a Belém, cidade na Judeia, atual Israel, onde ela deu à luz seu filho, Jesus.

Alguns imperadores romanos, bons e maus...

O Império Romano foi governando por uma série de imperadores, alguns melhores que os outros. O imperador Cláudio empreendeu uma grande invasão da Inglaterra, em 43 d.C., e conseguiu impor uma dominação romana no sul da ilha que durou 350 anos. O imperador Nero mandou executar a mãe e a esposa e culpou os cristãos pelo Grande Incêndio de Roma, em 64 d.C., atirando-os prontamente aos leões, antes de acabar cometendo suicídio.[14] O imperador Tito teve que lidar com uma terrível peste e com a erupção do Vesúvio, em 79 d.C., mas ainda assim conseguiu inaugurar o Coliseu, com jogos que duraram cem dias.

---

13 Como foi citado pelo historiador romano Suetônio.
14 Acredita-se que os apóstolos Pedro e Paulo foram mortos nessa época.

O IMPÉRIO ROMANO (c. 117)

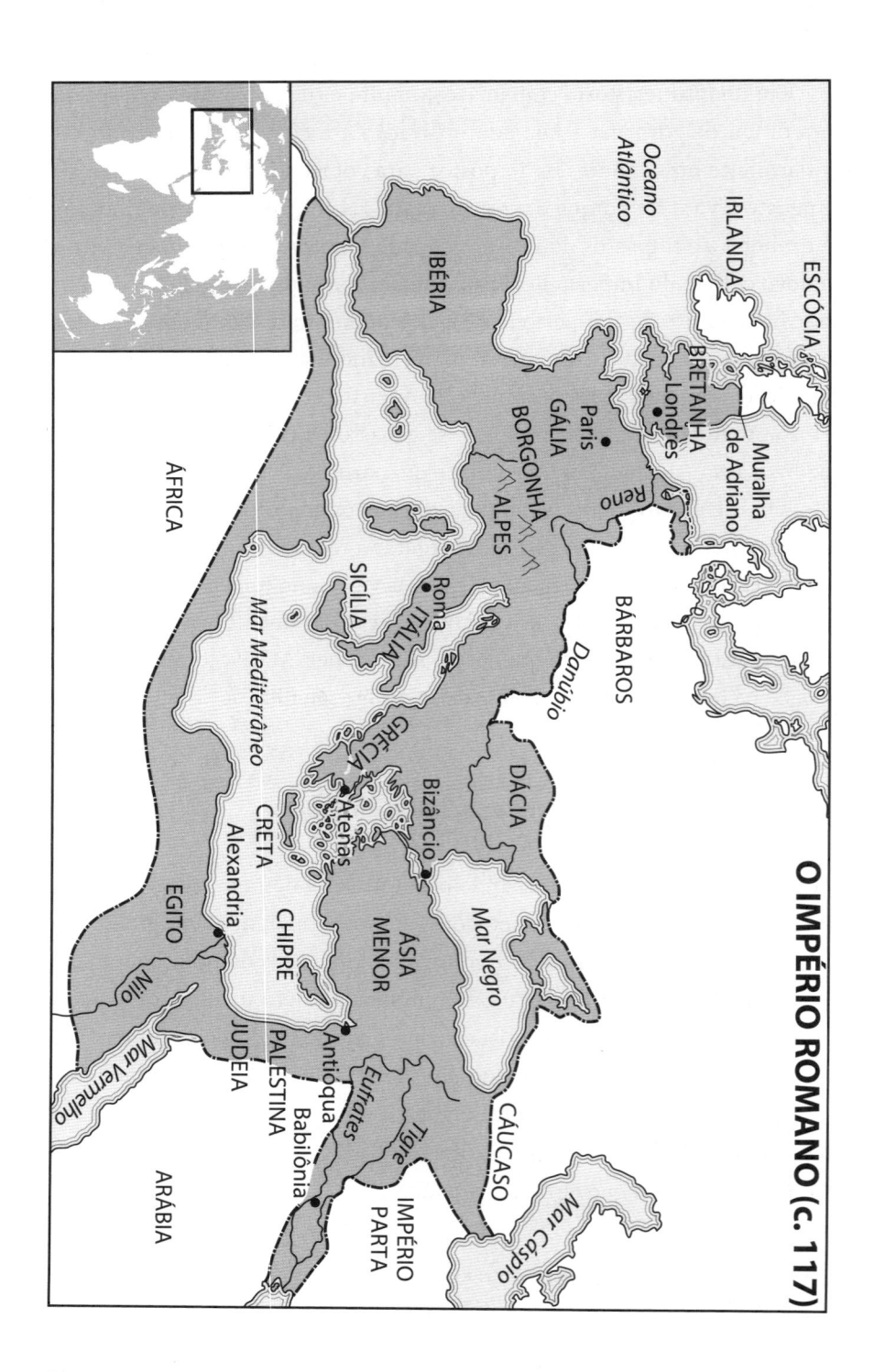

Depois da morte de Tito, em 81 d.C., até o fim do século II d.C., os imperadores passaram a adotar seus sucessores, em vez de a coroa passar a seus descendentes ao longo de linhagens familiares. Isso levou a uma sucessão de imperadores capazes, que evitaram as guerras civis e contribuíram de alguma forma para tornar Roma a potência dominante na Europa. A nomeação do imperador Lúcio Cômodo, em 180 d.C., após a morte de seu pai, Marco Aurélio, foi a primeira vez que um filho sucedeu um pai desde 79 d.C. Seu governo foi um desastre e depois de seu assassinato, em 192 d.C., Roma enfrentou um século de tumulto e anarquia.

JESUS: O NASCIMENTO DO CRISTIANISMO

Jesus nasceu em algum momento entre 6 a.C. e 4 a.C. Sabe-se muito pouco sobre ele até que começou a difundir seus ensinamentos, cerca de trinta anos após seu nascimento. Nessa época, Jesus começou a propagar uma mensagem de amor e paz em um período em que a Judeia estava sob o domínio de um exército romano de ocupação. Ele desafiou e enfureceu os líderes fariseus estabelecidos, que exigiram repetidamente que os romanos o crucificassem por blasfêmia. De acordo com a Bíblia, ele os enfureceu especificamente por suas alegações de que podia perdoar pecados, o que eles acreditavam que apenas Deus era capaz de fazer.[15]

Jesus reuniu um grupo de seguidores judeus, em parte por meio de seus ensinamentos, mas também porque muitos deles acreditavam que ele era o Messias — o grande líder cujo retorno tinha sido profetizado na Torá, alguém que libertaria seu povo e anunciaria um tempo de paz. Sua crucificação, em torno de

---

15 Evangelho de Lucas, 5:21: "Quem é este que diz blasfêmias? Quem pode perdoar pecados, senão apenas Deus?"

28-29 d.C., foi uma catástrofe para seus devotos. Pouco tempo depois de sua morte, no entanto, um grande número deles afirmou que ele teria se levantado dos mortos e aparecido para eles. Sua ressurreição se tornou a base da crença cristã daí em diante.

Na época da crucificação, os seguidores de Jesus não passavam de membros de uma pequena seita judaica, ocasionalmente perseguida pelos romanos. Em 380 d.C., o Cristianismo tinha se tornado a religião oficial de Roma. Hoje, é uma das maiores religiões do mundo e influencia sistemas legais e políticos em todo o planeta, assim como o nosso calendário, que toma como base o nascimento de Cristo.[16]

O declínio de Roma

Durante um período de cinquenta anos, em meados do século III d.C., houve mais de vinte imperadores, que foram quase todos, à exceção de um, mortos em batalha ou assassinados por rivais na luta pelo trono. Dividido pela guerra civil entre exércitos desertores e na ausência de uma liderança forte, Roma foi levada à beira do colapso. Quando parou de se expandir, o fluxo de saques e escravos que tinha alimentado o império por tanto tempo subsequentemente secou, e o exército — que até então consolidava o poderio romano — se tornou um problema dispendioso. Externamente, a guerra civil significava que muitos soldados tiveram de ser removidos das fronteiras a fim de defender o império de rebeliões internas. Isso enfraqueceu a defesa das fronteiras e encorajou os ataques. Roma também ficava cada vez mais ameaçada pela ascensão do império dos persas sassânidas, que percebiam a fraqueza do império vizinho.

---

16 Durante muitos anos, o sistema de numeração dos anos foi organizado em torno da divisão entre a.C. (antes de Cristo) e d.C. (depois de Cristo), mas hoje muitas pessoas se referem aos mesmos períodos como AEC (Antes da Era Comum) e EC (Era Comum).

Dentro do império, comandantes das províncias mais remotas começavam a se comportar cada vez mais como governantes independentes, prestando quase nenhuma atenção a Roma. Foi em resposta a esses problemas que o imperador Valeriano dividiu o império em duas zonas de responsabilidade, uma no Oriente e a outra no Ocidente. Ainda assim, em muitos sentidos, era tarde demais; quando Valeriano marchou para o leste em 260 d.C. para lidar com os sassânidas, que tinham subjugado os partas, foi capturado por seu "Rei dos Reis", Shapur I, e morreu como prisioneiro depois de supostamente ser usado pelo rei persa como um apoio para que ele montasse em seu cavalo.

O custo de todas as guerras civis e conquistas e o subsequente guarnecimento de tropas forçou os imperadores a buscar novas fontes de renda. Eles tentaram recolher novos impostos nas terras que administravam, mas isso serviu apenas para aumentar a revolta local contra a ocupação romana. O fato de Roma ter conseguido se recuperar é atribuído à liderança do imperador Deocleciano, que, depois de matar um rival na disputa pelo trono, foi proclamado imperador por suas próprias tropas em 285 d.C. Deocleciano instituiu reformas que deram fim a terríveis décadas de guerras e distúrbios civis. Seguindo o exemplo de Valeriano, dividiu o império geograficamente entre Oriente e Ocidente, o que resultou em ainda mais estabilidade. O que Deocleciano talvez não esperasse era que a divisão do império em Oriental e Ocidental acabasse contribuindo para a ruína de Roma.

Os planos de Deocleciano de uma sucessão tranquila caíram por terra quando Constantino, filho do Augusto que tinha governado o Ocidente, reclamou o trono para si depois da morte do pai. Em 312 d.C., em mais uma guerra para o império, Constantino invadiu a Itália para lutar contra um rival pelo trono. Depois de derrotar seu oponente na Batalha da Ponte Mílvia, Constantino afirmou ter visto uma cruz no céu antes do confronto com a inscrição "Sob este sinal triunfará". Um ano mais tarde ele assinou o Édito de Milão, que determinava que todas as religiões seriam toleradas no Império Romano, inclusive a da seita religiosa dos cristãos.

Quando mais guerras civis irromperam, Constantino instituiu uma nova capital no leste, no local da antiga cidade grega de Bizâncio, em uma tentativa de manter o controle, e a batizou em homenagem a si mesmo. Localizada entre a Europa e a Ásia, Constantinopla governava a metade oriental do império e foi uma das maiores cidades do mundo nos mil anos seguintes, enquanto Roma definhou e finalmente ruiu.

Bárbaros nos portões

A principal ameaça ao império vinha não dos persas, mas das tribos bárbaras vizinhas, como os godos, os vândalos e os alanos, que começaram a invadir partes do território romano. Tradicionalmente, Roma tentava administrar essas tribos subornando seus líderes — especialmente durante os períodos em que crescia a preocupação com ameaças internas —, negociando com algumas e subjugando outras. Os combatentes bárbaros eram usados com frequência como fonte de efetivos militares[17] para lutar nas batalhas romanas, tanto internas quanto externas. Por exemplo, foi um vândalo que se tornou um general romano e buscou defender o Império Romano dos invasores godos.

O que tornou a situação mais preocupante foi a ascensão dos hunos, pastores nômades da grande estepe eurasiana localizada entre a extremidade oriental da Europa e as fronteiras ocidentais da China. O movimento dos hunos em direção ao oeste foi resultado de três séculos de caos na China entre o fim do século III e o fim do século VI d.C., a que comumente se refere como "Era da Desunião". Invadindo as terras de diversas tribos germânicas, os hunos conquistaram algumas e forçaram outras a buscar abrigo dentro das fronteiras do Império Romano.

Em 376 d.C., um grande grupo de godos fugindo dos hunos chegou em massa ao rio Danúbio e pediu autorização ao imperador romano do Ocidente, Valente, para se mudar para o território romano. Pensando que eles

---

17 Depois de uma derrota, era costumeiro que os inimigos de Roma fornecessem força de trabalho e comida, além de oferecer uma quantidade de homens jovens para o exército romano.

poderiam servir como um valioso contingente militar em sua guerra contra os persas e ao mesmo tempo como uma defesa contra os novos invasores do leste, Valente deu permissão para que se estabelecessem em terras próximas do Danúbio. O problema que ele enfrentou, no entanto, foi que as guarnições romanas vizinhas, despreparadas para um número tão grande de imigrantes, não estavam dispostas a dividir sua valiosa comida e seus suprimentos, nem podiam fazê-lo. Isso resultou na presença em território romano de uma massa de tropas bárbaras cada vez mais faminta e exausta, que acabou se rebelando dois anos depois.

Quando acompanhou suas tropas a Adrianópolis, não muito longe de Constantinopla, para reinstaurar a ordem, o imperador Valente conduziu seu exército em uma das maiores derrotas já sofridas pelo Império Romano, e foi morto durante o combate. A derrota do exército romano e a morte do imperador na batalha contra os godos removeram a aura de invencibilidade do exército romano e encorajaram outras tribos mais temerosas de bárbaros germanos a ganhar confiança.

O imperador Teodósio, que sucedeu Valente, tentou pacificar os godos, em seguida ao fiasco em Adrianópolis, dando-lhes terras na região que hoje corresponde à Bulgária. Entretanto, ao usá-los como bucha de canhão em suas batalhas, acabou inflamando ainda mais a situação. Sob o comando de seu líder, Alarico, os godos se rebelaram na primeira parte do século V e marcharam sobre a Itália, saqueando Roma — o coração do mundo ocidental — em 410 d.C.[18]

Os hunos também não deram descanso e, encorajados por seu novo líder, Átila, continuaram a marcha para o Ocidente, recuando apenas em 451 d.C., quando foram derrotados no interior da Gália por um exército misto de romanos e godos. Átila morreu alguns anos mais tarde e uma luta pela sucessão destruiu o Império Huno, que gradualmente se extinguiu.

---

18 Inicialmente, Alarico ameaçou saquear Roma em 408 d.C., e a cidade se salvou apenas quando se comprometeu a entregar 2.300 quilos de ouro. Quando os romanos se recusaram a pagar, os godos saquearam a cidade.

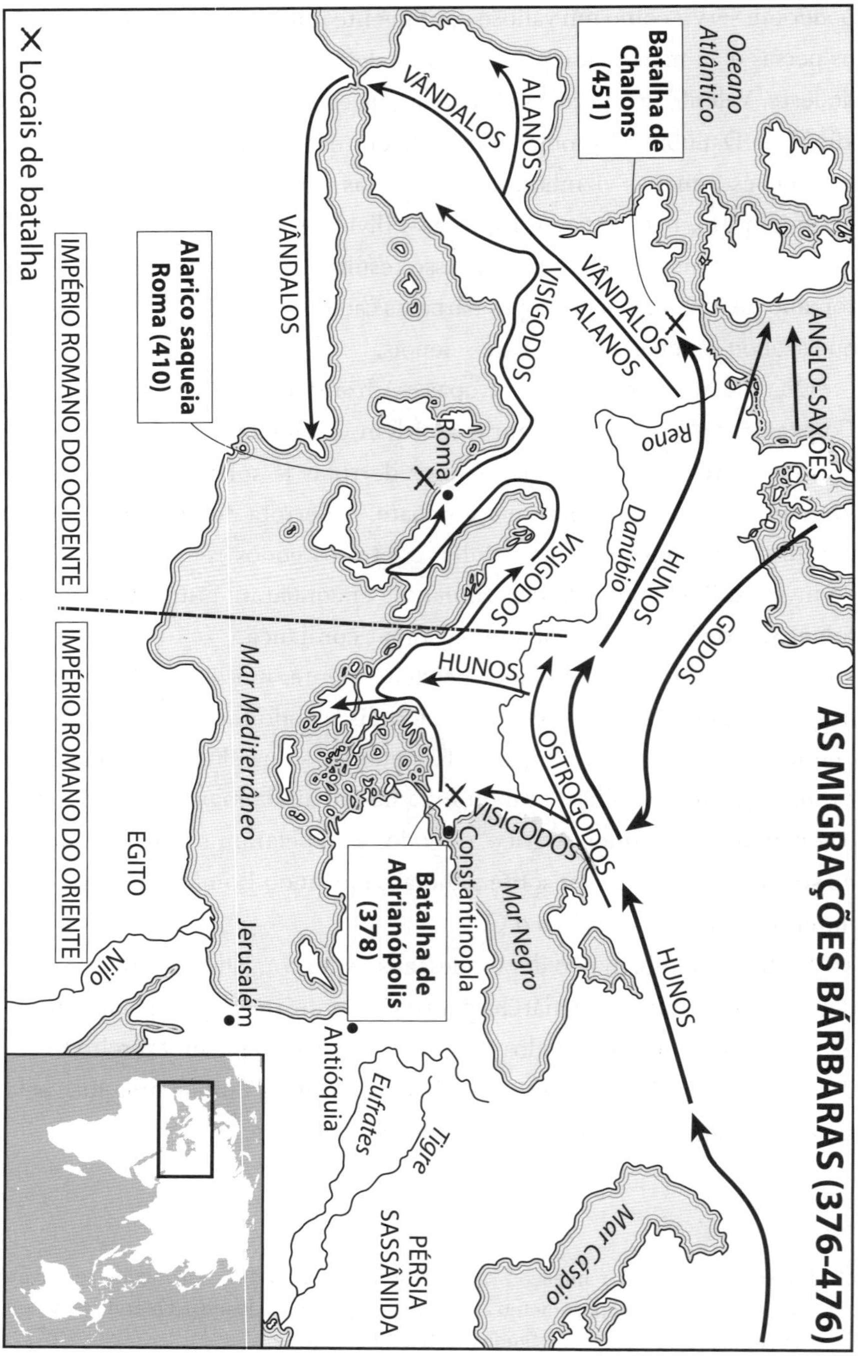
AS MIGRAÇÕES BÁRBARAS (376-476)
Oceano Atlântico
Batalha de Chalons (451)
ANGLO-SAXÕES
VÂNDALOS
ALANOS
VÂNDALOS ALANOS
VISIGODOS
Reno
Danúbio
HUNOS
GODOS
VÂNDALOS
Alarico saqueia Roma (410)
Roma
VISIGODOS
HUNOS
OSTROGODOS
VISIGODOS
Mar Negro
Constantinopla
Batalha de Adrianópolis (378)
HUNOS
Mar Cáspio
Mar Mediterrâneo
EGITO
Nilo
Jerusalém
Antióquia
Eufrates
Tigre
PÉRSIA SASSÂNIDA
IMPÉRIO ROMANO DO OCIDENTE
IMPÉRIO ROMANO DO ORIENTE
Locais de batalha

O fim do Império Romano do Ocidente (476 d.C.)

O Império Romano do Ocidente continuou cambaleando até 476 d.C., quando tropas germanas na Itália se amotinaram e elegeram um comandante godo, Odoacro, como seu rei. Odoacro prontamente depôs o imperador Rômulo Augusto e se autoproclamou rei da Itália. E assim, com algo que se assemelhou mais a uma lamúria do que a um estrondo, o Império Romano do Ocidente chegou ao fim. O Império Romano do Oriente — que compreendia as atuais Grécia e Turquia, o norte do Egito e partes do Oriente Médio — durou mais mil anos, diminuindo gradualmente até que Constantinopla por fim sucumbiu aos invasores turcos em 1453 d.C.

O Império Ocidental entrou em colapso por diversas razões. Como era extenso demais, não possuía tropas suficientes para proteger suas longas fronteiras, e onde havia tropas, havia dificuldade com os suprimentos, os soldos e a comunicação, pois o meio de transporte mais eficiente do mundo à época era o cavalo. O influxo de bárbaros do leste e a correspondente tomada de terras privaram o império da base tributária que usava para custear seus exércitos. Tropas à parte, como alguém consegue administrar um território tão extenso e política e culturalmente tão diverso? Por fim, a ausência de líderes fortes levou a uma série de guerras civis, mais notadamente no século III, que debilitaram o império e enfraqueceram suas fronteiras.

O Império do Oriente conseguiu continuar não apenas porque tinha fronteiras menores para defender, mas também porque compreendia mais habitantes e mais riquezas. Junto com o contínuo comércio com o Oriente, isso permitiu que Constantinopla elevasse os impostos e arrecadasse dinheiro para pagar um exército e os funcionários públicos necessários para administrar o império.

Em seu auge, o Império Romano foi o maior que o mundo já vira. Os romanos eram implacáveis em sua busca pela vitória, e os prisioneiros costumavam ser massacrados ou treinados como gladiadores para o entretenimento de seus cidadãos. Os prisioneiros que não morriam eram escravizados, e os escravos constituíam uma considerável parcela da população.

Mas Roma também levou paz e ordem a um mundo caótico, construindo estradas para o deslocamento das tropas e aquedutos que levavam água fresca até a população e abasteciam os banhos públicos, entre outras coisas. Suas tradições legais e administrativas formaram a base de todos os governos do Ocidente que se seguiram.

A Civilização Maia da América Central (300-900 d.C.)

Quando o Império Romano do Ocidente estava chegando ao fim, sua população ignorava completamente que do outro lado do mundo, na América Central, outra grande civilização estava prestes a entrar em sua era de ouro: os maias.

Tomando como base a arruinada civilização olmeca, os maias se tornaram a civilização mais avançada da América Central por grande parte do primeiro milênio d.C. Embora nunca tenham se unificado sob um único líder, eles ainda assim ergueram grandes construções de pedra e templos no formato de pirâmides que constituíam o centro de muitas cidades-estados, com populações que iam de algumas centenas a dezenas de milhares de habitantes. Sua maior cidade, Tikal, pode ter chegado a abrigar até 100 mil habitantes. Eles travavam guerras contra seus vizinhos, torturando e sacrificando os prisioneiros a fim de apaziguar e satisfazer os deuses, incluindo os do sol, da lua e da chuva.

Os maias desenvolveram diversos calendários incrivelmente precisos sem o uso de nenhum instrumento científico. Obcecados com a contagem do tempo, eram capazes até mesmo de prever eclipses solares. Um desses calendários profetizava que o juízo final, ou fim do mundo, seria no dia 21 de dezembro de 2012, o que felizmente não aconteceu. Um apocalipse particular se deu por volta de 900 d.C., quando, devido à superpopulação, ao desmatamento, à seca e à guerra, a sociedade maia entrou em rápido declínio e as cidades foram abandonadas, engolidas pela floresta tropical.

III

ALTA IDADE MÉDIA
{500 - 1000 D.C.}

A Idade das Trevas (500-800 d.C.)

Na Europa, os séculos que sucederam a queda de Roma foram caracterizados por caos, guerras, disputas sangrentas, doenças, ignorância e superstições — não muito diferente do que a China tinha vivido no fim do século III. A perda de conhecimento, a falta de uma história escrita e a barbaridade geral da época levou algumas pessoas, para um efeito dramático, a se referir a esse período na Europa como Idade das Trevas. Os historiadores costumam se referir a ele como Alta Idade Média.

O conhecimento clássico que conseguiu sobreviver deveu sua existência primariamente à Igreja, que era financiada por contribuições e pelo arrendamento de terras. O Cristianismo tinha se tornado não apenas a religião oficial de Roma em 380 d.C., mas muitas das tribos germânicas também tinham se tornado cristãs, mesmo que apenas na teoria, atraídas pelas promessas de paz da religião.

No início do século V, enquanto Alarico estava atacando Roma, tribos britânicas se insurgiram contra a ocupação romana, expulsando os romanos da Inglaterra depois de mais de três séculos de dominação estrangeira. Com os romanos fora da jogada, a ilha foi tomada por saxões, anglos, jutos e outras tribos do norte da Alemanha e da Dinamarca. Essas tribos substituíram os povos nativos como a elite social dominante e subsequentemente se tornaram os anglo-saxões. As línguas que levaram com eles se fundiram e deram origem ao inglês.

Na Europa continental, as tribos germânicas, originalmente compostas de unidades autônomas pequenas e dispersas em vez de grupos grandes, acabaram crescendo até ficarem grandes e fortes o suficiente para administrar uma grande área e conquistar seus vizinhos. Em 500 d.C., havia uma série de reinos sucessores no lugar do Império Romano do Ocidente. Os vândalos tinham construído um reino no norte da África, antes ocupado pelos romanos; os visigodos tinham dominado o sudoeste da Gália e a maior parte da Península Ibérica; os burgúndios tinham se estabelecido por todo o sudeste da Gália; os francos tinham se instalado no norte da Gália; os anglo-saxões na Bretanha; os alamanos no leste da Europa; os ostrogodos na Itália.

Foram os francos, no entanto, que desenvolveram o mais próspero reino a suceder o Império Romano do Ocidente nos primórdios da Europa ocidental medieval, unindo a maior parte da Gália sob seu rei, Clóvis, depois de terem derrotado o último governante romano do território gaulês. Os francos também empurraram os visigodos para o sul dos Pirineus e deram início a uma nova linhagem dinástica – a dinastia dos Merovíngios. Quando Clóvis morreu, em 511 d.C., as tribos bárbaras na Gália tinham se fundido em uma superpotência franca.

Bizâncio: O Império Oriental

Com a desintegração do Império do Ocidente, Constantinopla tornou-se o centro do mundo civilizado e, depois de séculos de liderança, Roma deixou de ter tanto poder fora da Itália. O imperador no Oriente se autointitulava o Imperador Romano, apesar do fato de que a principal língua de sua corte era o grego, e não o latim, e os cidadãos de Constantinopla ainda se referiam a si mesmos como romanos. No entanto, o Império do Oriente se desenvolveu separadamente da Europa Ocidental, e sua cultura era uma mistura das culturas de Roma e da Grécia, com influências da Pérsia e da Arábia. Com o tempo, sua igreja se recusou a reconhecer a autoridade de Roma, reconhecendo, em vez disso, o Patriarcado de Constantinopla,

ALTA IDADE MÉDIA   67

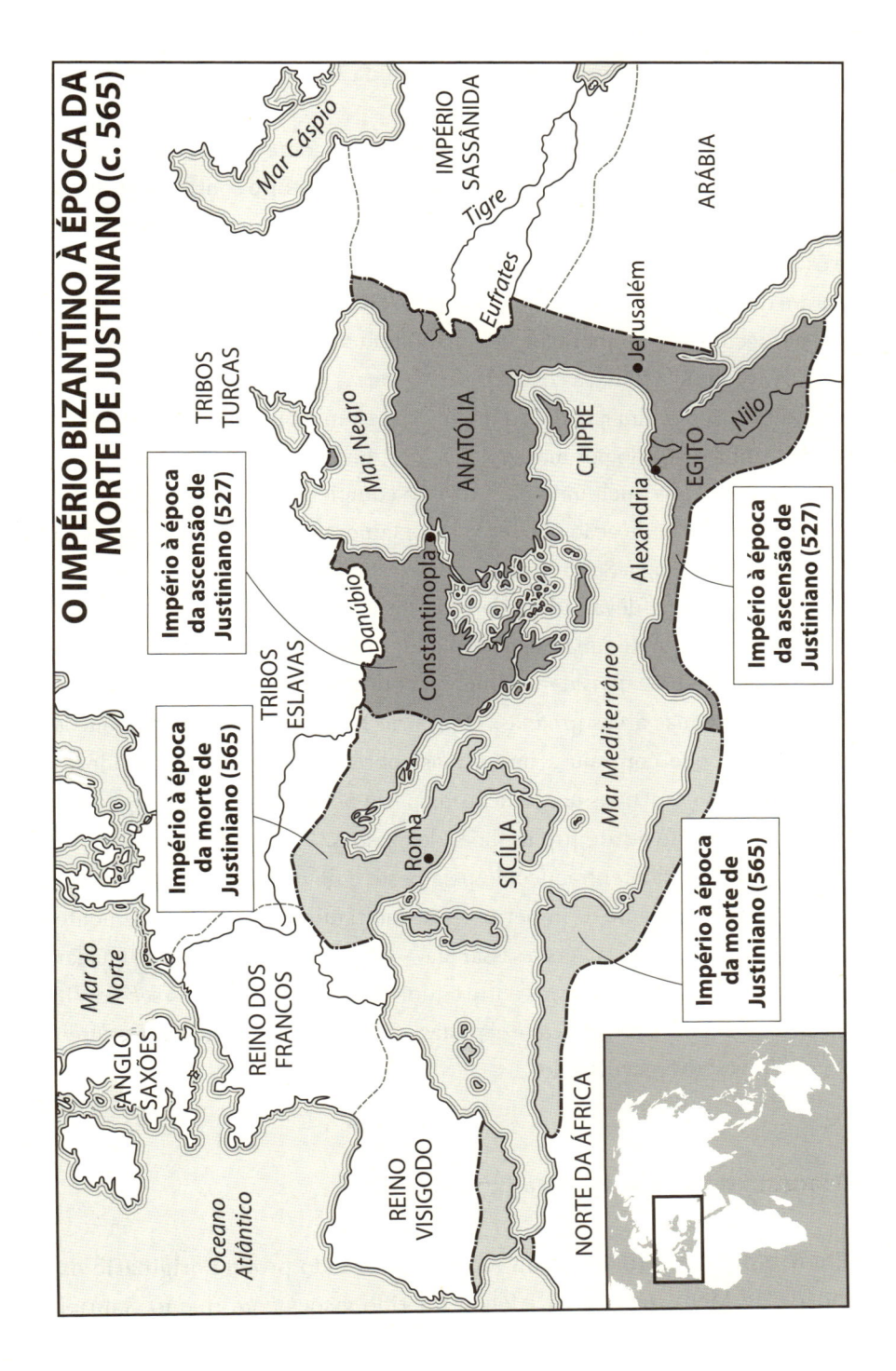

até finalmente se divorciar por completo da Igreja Ocidental em 1054, dando origem à Igreja Ortodoxa Grega.

Chamado de "Império Bizantino" pelos historiadores apenas nos séculos XVI e XVII, o Império do Oriente controlava um território considerável pelos próximos séculos. Enquanto no Ocidente as populações urbanas declinaram e os aquedutos e construções maravilhosos erguidos pelos romanos se degradaram e careciam de material, o Império no Oriente na verdade se expandiu.

No século VI, o imperador Justiniano tentou ressuscitar o Império Romano invadindo a Itália, a costa africana e várias partes da Espanha, e obteve muito sucesso. Em 542 d.C. o império se estendia por uma região maior do que tinha ocupado por mais dois séculos. Justiniano também introduziu reformas judiciais, incluindo uma revisão completa da legislação Romana, e programas de edificação que incluíam a famosa igreja, depois mesquita e hoje museu de Hagia Sophia, na moderna Istambul.

Uma epidemia devastadora de peste bubônica no início dos anos 540 d.C. marcou o fim de uma era de esplendor e fez com que a população do império diminuísse consideravelmente, com a morte de até 50% da população em algumas áreas urbanas. O próprio Justiniano foi um dos poucos afortunados que contraiu a peste, mas sobreviveu. Alguns historiadores acreditam que repetidas ocorrências da peste nos duzentos anos seguintes causaram a morte de até 100 milhões de pessoas.

Além de ter sido enfraquecido pela peste e de ter se estendido em demasia para o Ocidente, o Império Bizantino também era constantemente ameaçado, no leste, pela Pérsia sassânida — o único império capaz de igualar sua força. Uma série de guerras entre os dois impérios no início do século VII exauriram os dois lados. Fracas e expostas, as duas potências não foram páreo para os invasores muçulmanos.

Maomé: o Último Profeta (570-632 d.C.)

Em 610 d.C., aos 40 anos, um mercador tornado profeta originário da cidade de Meca, na Arábia, alegou ter tido visões com o anjo Gabriel enquanto dormia em uma caverna. Segundo ele, Gabriel disse-lhe para pregar o monoteísmo para as tribos politeístas do deserto árabe. As religiões já existentes do Cristianismo e do Judaísmo, com as quais Maomé tinha entrado em contato como mercador, também pregavam o monoteísmo — a adoração de um só deus.

A mensagem simples de Maomé sobre a unicidade de Deus, a justiça social, a caridade, as boas ações e igualdade de todos perante Deus ecoaram entre os pobres. No entanto, provocaram a ira da poderosa classe mercantil de Meca, que rejeitou seus ensinamentos e se tornou ativamente hostil, uma vez que grande parte do seu lucro dependia do santuário pagão da cidade, a Caaba. Um ataque à religião politeísta árabe existente significava um ataque à prosperidade de Meca.

Em 622 d.C., Maomé foi forçado a deixar Meca, o que levou a um êxodo de seus seguidores para a cidade de Medina, que aceitou seus ensinamentos. Esse movimento mais tarde ficou conhecido como a Hégira, ou fuga, que pode ser comparada ao Êxodo das tribos hebreias do Egito sob o comando de Moisés como um momento decisivo na história da religião islâmica. Oito anos depois, Maomé marchou sobre Meca e a dominou, e um grande número de tribos árabes do deserto se converteram à nova religião que chamaram de Islã, ou "submissão à vontade de Deus".

Quando Maomé morreu, em 632 d.C., deixou como legado a religião nascente entre algumas tribos do deserto árabe. Dentro de cem anos, exércitos muçulmanos controlavam um território que ia da Espanha no oeste e da África, no sul, à Pérsia, no leste, e tinham conseguido subjugar impérios inteiros. Explicações comuns para o sucesso dos exércitos muçulmanos incluem a peste e a guerra. A mesma peste que devastou tanto a Pérsia sassânida quanto o Império Bizantino no século VI parece ter passado ao largo da maior parte da Arábia, possivelmente graças a seus desertos e carência de cidades, o que resultava em menos possibilidades de contágio. Maomé também tinha introduzido reformas higiênicas em larga escala. No que se refere à guerra, a Pérsia e o Império Bizantino estavam tão enfraquecidos devido às incessantes batalhas um contra o outro que eram incapazes de resistir aos exércitos conquistadores, movidos por um fervor religioso e atraídos pela promessa de uma participação nos espólios da guerra. Por fim, muitas comunidades estavam fartas da corrupção e dos impostos dos regimes existentes e, consequentemente, recebiam os invasores de braços abertos.

A velocidade do sucesso islâmico, entretanto, escondia problemas subjacentes na comunidade: o fracasso de Maomé em apontar um sucessor ou estabelecer um procedimento por meio do qual um novo líder pudesse ser escolhido resultou em divergências de opinião a respeito de quem deveria sucedê-lo. O genro de Maomé, Ali, foi posto de lado em favor de um dos amigos mais próximos de Maomé, Abu Bakr, em parte porque considerava-se que Ali era novo demais para assumir o posto. Essa decisão iria se revelar mais tarde uma grande fonte de divisão dentro da comunidade islâmica; um grupo virou Ahl Al-Sunna, aqueles que seguiam a Suna, ou os ensinamentos do Profeta, enquanto os seguidores de Ali deram origem ao Shi'at'Ali, ou partido de Ali, mais tarde conhecidos como xiitas.

Depois da morte de Maomé, Abu Bakr se tornou califa, ou herdeiro por direito, e determinou que todos os árabes na Península Arábica deveriam reconhecer a liderança da comunidade muçulmana, mesmo que isso tivesse que ser imposto pela força. Ele atingiu seus objetivos no período incrivelmente rápido de dois anos. Depois de unir as tribos, ele as direcionou contra os inimigos de fora, e assim começou uma vigorosa série de campanhas da Dar al-Islam, ou "Casa do Islã", na Dar al-Harb, ou "Casa da Guerra".

Os exércitos árabes ofereciam condições comparativamente fáceis para aqueles que derrotavam, em especial judeus e cristãos, que eles chamavam de "povos do Livro" e a quem permitiam professar livremente sua fé. Eles também não exigiam que as pessoas se convertessem ao Islã; os muçulmanos não eram obrigados a pagar impostos, então isso significava que um número maior de convertidos equivalia a menos dinheiro de impostos, não mais. Essencialmente, enquanto aceitassem a soberania dos árabes e pagassem impostos, os outros povos podiam continuar a se autogovernar. Muitos dos povos conquistados também tinham sido oprimidos por seus governantes anteriores, o que significava que em diversos casos os exércitos invasores foram muito bem recebidos.

Quando o terceiro califa, Otman, foi assassinado, 22 anos depois da morte de Maomé, os seguidores de Ali viram aí uma chance de proclamar Ali como califa. Entretanto, Ali foi assassinado, e seu filho, Hasan, foi convencido pela linhagem dos Omíadas existente a renunciar a suas pretensões de liderança. Depois de fazê-lo, Hasan foi envenenado. Seu irmão, Hussein, lançou-se em busca do poder — ato que subsequentemente resultou em seu assassinato e no massacre de seus seguidores, e exacerbou a divisão entre sunitas e xiitas.

Nos cerca de cem anos seguintes, Damasco, na atual Síria, tornou-se a capital do mundo islâmico, governada pelo clã Omíada, sob cuja liderança os muçulmanos conquistaram vastas extensões de terras. No Oriente, os exércitos muçulmanos invadiram com sucesso a Pérsia sassânida e a Ásia Central, e foram gradualmente reunindo seguidores até a Índia. No Ocidente, em 711 d.C., um pequeno exército de berberes do norte da África, liderados pelos árabes e motivados pela promessa de espólios, invadiu o território visigodo da Espanha e conquistou a maior parte da Península Ibérica na década seguinte. Desse momento em diante, a Espanha passou a ser conhecida como Al-Andalus — um peculiar híbrido das culturas bárbara, cristã, judaica e islâmica. O rochedo de Gibraltar, conhecido na época por seu nome latino, Mons Calpe, foi rebatizado, em homenagem ao general mouro Tariq, de "Jabl Tariq" (o monte de Tariq), que mais tarde deu origem ao nome Gibraltar. Seriam necessários sete séculos para que os muçulmanos fossem expulsos da península por completo.

Por muitos anos, os exércitos islâmicos pareceram invencíveis. Uma reviravolta em sua expansão para o noroeste da Europa ocorreu apenas em 732 d.C., quando o rei dos francos, Carlos Martel, também conhecido como "Carlos, o Martelo", e uma coalizão de tropas sob sua liderança, derrotaram um exército invasor omíada perto de Poitiers, na França. Embora haja divergências quanto ao tamanho desse exército invasor, a história mundial poderia ter desdobramentos realmente muito diferentes se ele não tivesse sido derrotado.

A Queda da Dinastia Omíada (750 d.C.)

Por volta dessa época, as coisas também não estavam indo muito bem para os omíadas em Damasco. Com as riquezas que o Império Omíada gerava por meio do comércio e das conquistas, veio um estilo de vida decadente que alienava a vasta maioria de seus súditos e fomentava uma crescente oposição. Começaram a circular queixas de que o espólio de guerra estava sendo mantido em Damasco em vez de ser distribuído entre os homens que de fato lutavam nas batalhas. Por fim, a Dinastia Omíada era dominada por árabes enquanto havia demanda por um governo islâmico no qual todos os muçulmanos fossem igualmente representados.

Essa inquietação ofereceu uma excelente oportunidade para os dissidentes xiitas e muçulmanos não árabes encorajarem uma revolta. Foram os esforços dos omíadas para reprimir essa revolta que acabaram por levar a sua queda. Liderados por Abu l'Abbas al-Saffah, trineto do tio do Profeta, os dissidentes se rebelaram, proclamando Abu l'Abbas califa, e, em 750 d.C., depois de convidar os membros da Dinastia Omíada para um banquete, mataram todos eles, menos um, Abd ar-Rahman ou Abderramão, neto de um antigo califa. Abderramão fugiu pela África com destino à Espanha, onde derrotou o governante de Al-Andalus, um apoiador de l'Abbas, e estabeleceu um emirado independente com base em Córdoba.

Os Primeiros Impérios Africanos

Do século VII em diante, os muçulmanos também exploraram grande parte da África, muitos séculos antes de os europeus parcelarem o continente entre si. Nosso conhecimento sobre a história desse continente é dificultado pela ausência de registros escritos. A falta de uma grande infraestrutura de transporte, como as desenvolvidas pelos romanos e pelos chineses, torna sua história muito discrepante, o que não é minimizado pela falta de evidências arqueológicas. Sabemos, no entanto, que o crescimento de Cartago estimulou o comércio através do deserto, e que esse comércio cresceu ainda mais sob o domínio romano, que batizaram o continente de África por causa da tribo dos afris, povos que viviam perto de Cartago.

Foram os muçulmanos que introduziram o camelo em quantidades significativas, o que ajudou a desenvolver ainda mais o comércio e ajudou indiretamente no crescimento de poderes regionais como grandes impérios da África Ocidental como Gana,[1] Mali e Songai, entre os séculos VII e XVI. Grande parte do que sabemos sobre os Estados africanos no século XIV vem dos escritos de Abu Abdalla Ibn Battuta, o famoso explorador que passou quase trinta anos viajando pelo mundo islâmico, incluindo o norte da África, a Índia e a Ásia Central, a China e o Oriente Médio.

O Século Chinês (650-750)

Enquanto a Europa estava mergulhada na escuridão, a China estava bem na dianteira da civilização no planeta. Depois do colapso da Dinastia Han, em 220 d.C., grande parte da China foi unida novamente apenas em 581 d.C., sob a Dinastia Sui. Embora essa dinastia tenha durado pouco, ela estabeleceu as bases para um dos impérios mais duradouros da história da China e possivelmente o maior império do mundo medieval — a Dinastia Tang (618-907).

Com líderes esclarecidos e exércitos poderosos e manejados com eficiência que subjugaram os inimigos no norte e no noroeste, a China prosperou. As culturas e religiões da Pérsia, do Oriente Médio e da Ásia Central foram absorvidas pela corte e o turismo e o comércio fluíram para a capital, Chang'an (moderna Xangai), que rapidamente se tornou a maior cidade do mundo. Os avanços na arte, na literatura e na poesia foram tais que o início do século VIII na China é tradicionalmente considerado a Era de Ouro da história chinesa. Foi também nesse período que o chá se estabeleceu como a bebida nacional da China.

---

1 Na área que hoje compreende o Senegal e a Mauritânia, e não o atual Gana, como o nome pode sugerir.

A Dinastia Tang foi assolada por uma série de desastres naturais e, como a Dinastia Sui, que a precedeu, acabou se tornando menos tolerante e mais dividida. Descambou em anarquia e terminou sucumbindo por completo.

A Era de Ouro Islâmica (séculos VIII-XI)

No Oriente Médio, a nova dinastia islâmica passou a ser conhecida como Califado Abássida e tornou-se sinônimo da era de ouro do Islã. Os abássidas mudaram a capital de Damasco para Bagdá e, por meio do comércio com o Oriente e de sua riqueza agrícola, a cidade logo se tornou uma das mais ricas do mundo. Permaneceu como a capital política e cultural do mundo islâmico dessa época até a invasão mongol, em 1258.

A grande riqueza dos abássidas encorajou-os a apoiar o saber e as artes; sob uma sucessão de grandes califas nos séculos VIII e IX — principalmente sob os califas al-Mansur, al-Rashid e al-Mamoun —, importantes esforços foram feitos no sentido de reunir conhecimento de todas as partes do mundo. Isso criou as condições para o grande florescimento da cultura e das realizações intelectuais muçulmana no califado entre os séculos IX e XI.

Durante esse período as terras muçulmanas foram mais abertas, cultas, sofisticadas e ricas do que qualquer reino no Ocidente, onde havia uma persistente suspeita em relação ao saber que não era religioso em sua essência.

Como William Bernstein descreve em *A Splendid Exchange*, "os árabes, fortalecidos por suas conquistas, vivenciaram um renascimento cultural que se estendeu para muitos campos; as maiores realizações da literatura, da arte, da matemática e da astronomia da época não se deram em Roma, Constantinopla ou Paris, mas em Damasco, Bagdá e Córdoba."[2]

Os abássidas fomentaram um grande interesse pelos escritos do mundo grego antigo. O califa al-Mamoun inaugurou a Bayt al-Hikmah, ou "Casa do Conhecimento", onde eruditos de diferentes origens se reuniam

---

2 William Bernstein, *A Splendid Exchange*. Londres: Atlantic Books, 2008 [ed. bras.: *Uma mudança extraordinária*. Rio de Janeiro: Campus, 2008].

O IMPÉRIO ABÁSSIDA ISLÂMICO (c. 750)

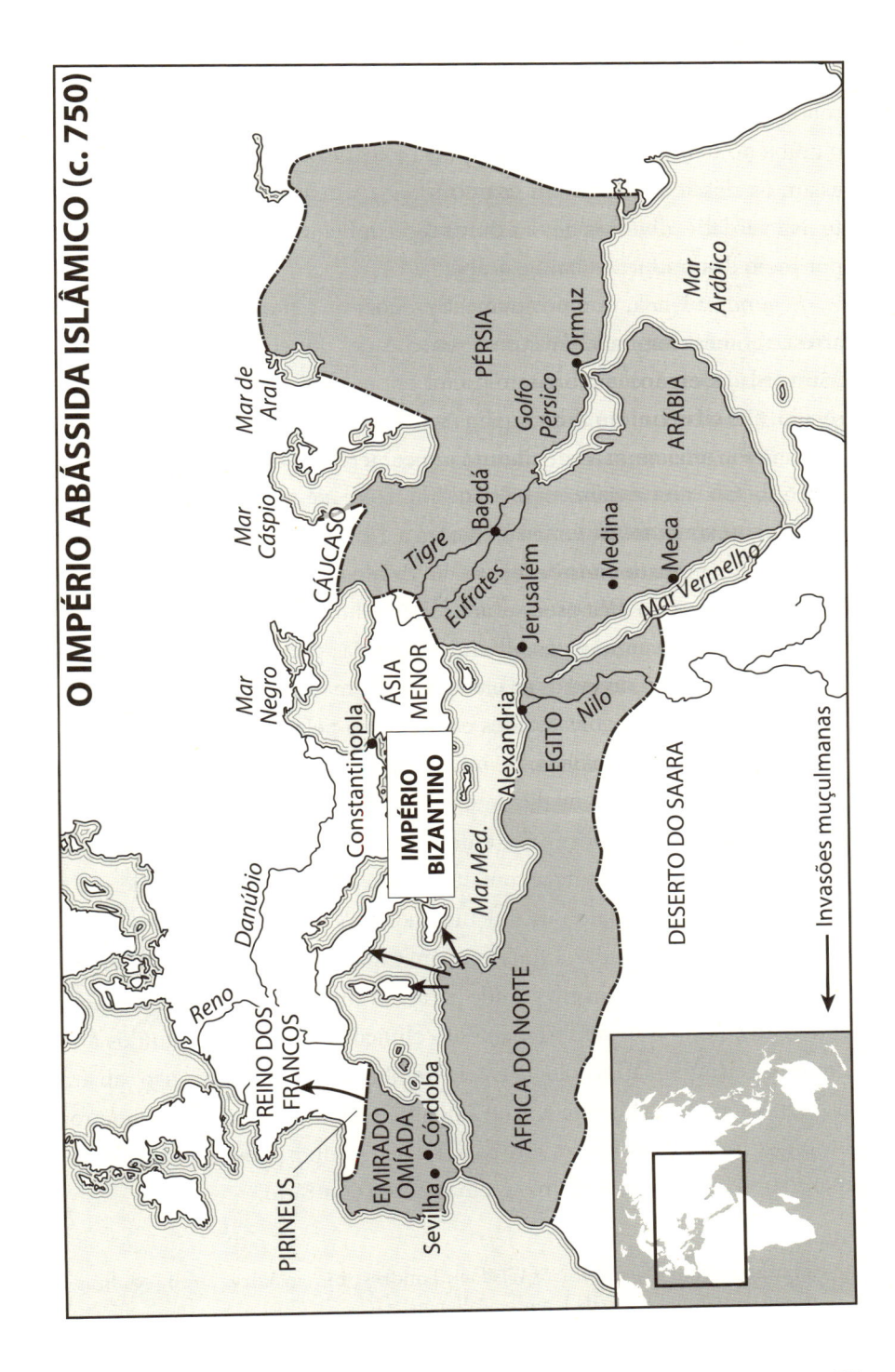

Mar de Aral · Mar Cáspio · CÁUCASO · PÉRSIA · Ormuz · Mar Arábico · Tigre · Bagdá · Golfo Pérsico · Eufrates · Jerusalém · Medina · Meca · ARÁBIA · Mar Vermelho · Mar Negro · ÁSIA MENOR · Constantinopla · **IMPÉRIO BIZANTINO** · Alexandria · Nilo · EGITO · Mar Med. · ÁFRICA DO NORTE · DESERTO DO SAARA · Danúbio · Reno · REINO DOS FRANCOS · PIRINEUS · EMIRADO OMÍADA · Sevilha · Córdoba

→ Invasões muçulmanas

ALTA IDADE MÉDIA

e estudavam. Livros sobre matemática, meteorologia, mecânica, astronomia, filosofia, medicina e muitos outros assuntos foram traduzidos para o árabe do hebraico, do grego, do persa e de outras línguas, preservando assim os clássicos antigos que não interessavam aos bárbaros do Ocidente. Na verdade, diversas dessas obras são conhecidas por nós hoje apenas por meio das traduções para o árabe.

Segundo a lenda, os muçulmanos aprenderam a produzir papel com um artesão chinês capturado em batalha em meados do século VIII. Se isso é ou não verdade, o papel claramente estava em uso em terras muçulmanas no século VIII e isso serviu apenas para ajudar na rápida difusão de ideias e conhecimento. Eles tinham até mesmo um comércio livreiro enquanto muitos europeus ainda escreviam em peles de animais e até mesmo casca de árvore.

Os mandamentos do Corão ajudaram a estimular muitas invenções. Por exemplo, os muçulmanos devem rezar virados para Meca cinco vezes ao dia. Para fazer isso eles precisavam saber a hora e a direção na qual rezar — informações que só poderiam ser obtidas por meio da investigação científica. Aperfeiçoamentos na elaboração de mapas e na navegação foram apenas dois dos muitos resultados estimulados pelas exigências do Corão. Como Jonathan Lyons explica, "as injunções corânicas para curar os doentes estimularam avanços na medicina e a criação de hospitais avançados".[3] Os cristãos consideravam doenças e enfermidades como a peste uma punição divina que deveria ser curada com atos como a perseguição aos judeus e o flagelo do corpo, enquanto os muçulmanos procuravam por causas físicas que pudessem ser tratadas. Lyons também explica que "as noções ocidentais da medicina se baseavam em grande parte em superstições e exorcismo, em contraste com o avançado treinamento clínico e o conhecimento dos árabes sobre cirurgia, farmacologia e epidemiologia. Os ocidentais não sabiam nada a respeito de 'higiene' e saneamento". Como resultado, os primeiros hospitais foram construídos em Bagdá e seu conhecimento subsequentemente transmitido para a Europa, em vez de o contrário.

---

3 Jonathan Lyons, *The House of Wisdom*. Londres: Bloomsbury, 2009 [ed. bras.: *A casa da sabedoria*. Rio de Janeiro: Zahar, 2011].

No século XI, Ibn Sina, escritor persa conhecido no Ocidente como Avicena, escreveu um vasto tratado de medicina, reunindo todo o conhecimento médico dos gregos antigos e do mundo islâmico disponível à época. Sua obra era amplamente usada como referência nos serviços médicos da Europa cristã até o século XVII.

A cultura islâmica que se desenvolveu em Al-Andalus era dramaticamente diferente daquela que se formou em torno do Califado Abássida. Para não ser superada, depois de 900 d.C., o emirado omíada atraiu eruditos do Ocidente em uma tentativa deliberada de competir com os abássidas, dando início assim a sua própria era de ouro em Córdoba. "Em seu auge, o Emirado Muçulmano de Al-Andalus, com sua capital em Córdoba, tornou-se o estado mais próspero, estável, rico e civilizado da Europa."[4] De fato, grande parte do conhecimento oriundo do mundo muçulmano foi transmitido ao restante da Europa através da atual Espanha.

Carlos Magno (742-814 d.C.)

Enquanto isso, na Europa ocidental, o reino franco atingiu seu apogeu sob o comando do neto de Carlos Martel, Carolus Magnus, mais conhecido por seu nome gaulês, Carlos Magno. Coroado rei único dos francos em 771 d.C., aos 29 anos, ele é com frequência identificado como o maior rei da Alta Idade Média europeia, e por boas razões: ele uniu as tribos e os reinos francos do Ocidente no maior império europeu desde Roma, império que incluía grande parte do que hoje são França, Alemanha, Países Baixos, Bélgica, Suíça, Áustria, Polônia e Itália.

Carlos Magno foi recompensado por seu bom relacionamento com o papa, a quem os francos ajudaram em mais de uma ocasião, ao ser coroado imperador romano na Basílica de São Pedro, em Roma, no dia de Natal de 800 d.C. Embora Carlos Magno tenha reinado por 46 anos, seu império teve

---

4 Anthony Pagden, *Worlds at War*. Oxford: Oxford University Press, 2008 [ed. bras.: *Mundos em guerra*. São Paulo: Novo Século, 2010].

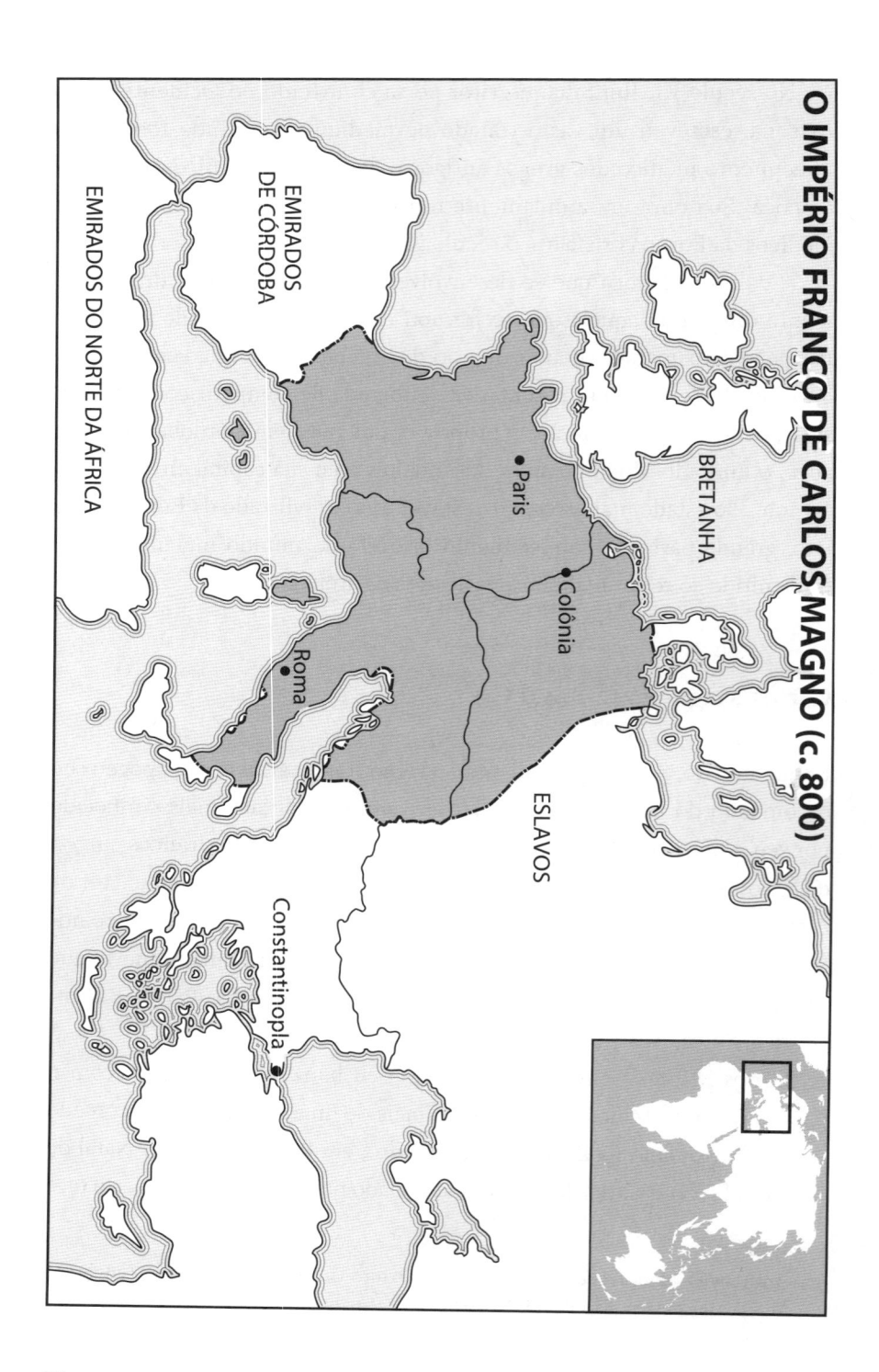

O IMPÉRIO FRANCO DE CARLOS MAGNO (c. 800)

- EMIRADOS DE CÓRDOBA
- EMIRADOS DO NORTE DA ÁFRICA
- BRETANHA
- Paris
- Colônia
- Roma
- ESLAVOS
- Constantinopla

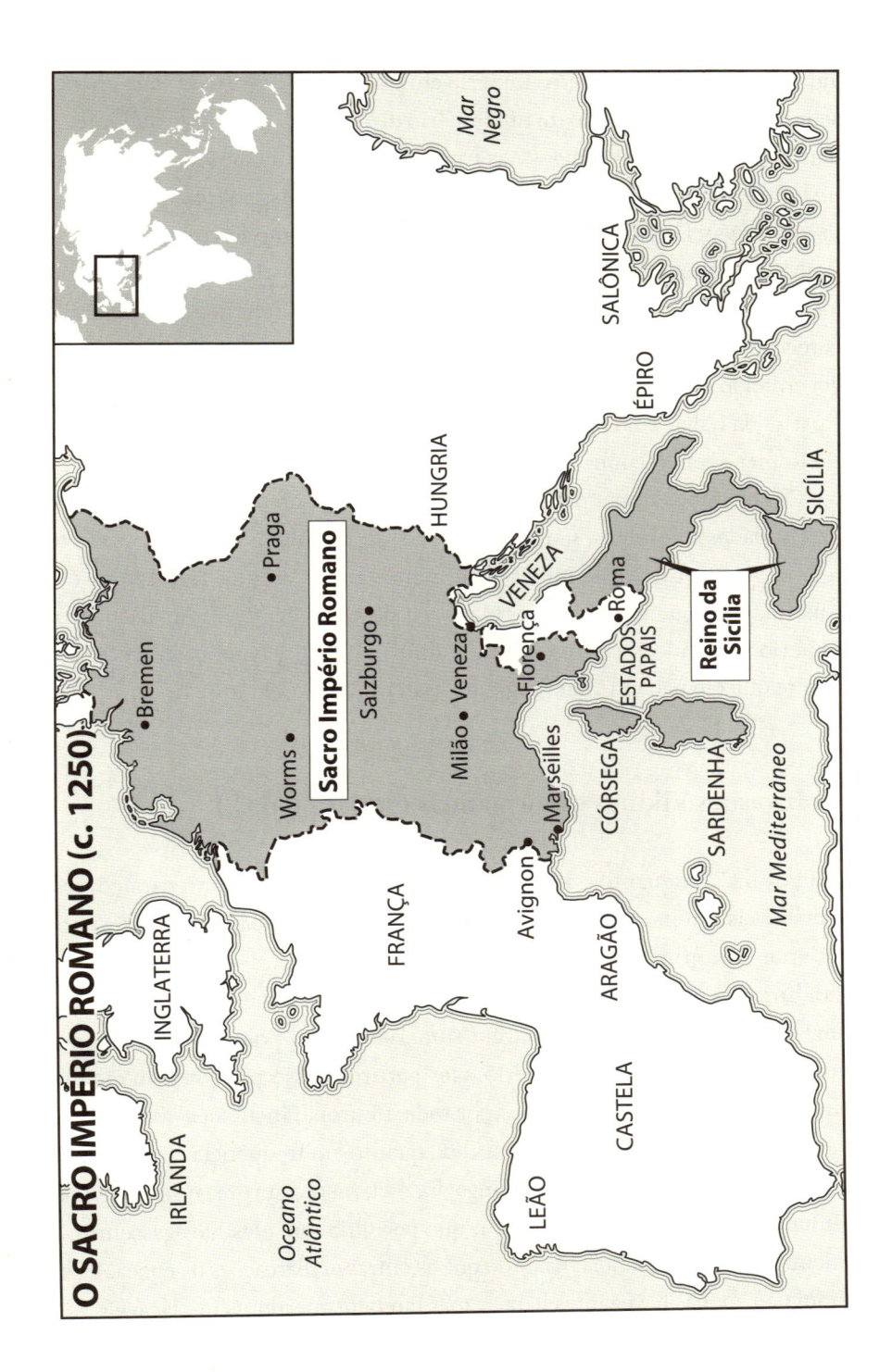

O SACRO IMPÉRIO ROMANO (c. 1250)

- Bremen
- Praga
- Worms
- Salzburgo
- Milão
- Veneza
- Florença
- Roma
- Marseilles
- Avignon

Sacro Império Romano

Reino da Sicília

ESTADOS PAPAIS

CÓRSEGA
SARDENHA
SICÍLIA
ÉPIRO
SALÔNICA
HUNGRIA
VENEZA
IRLANDA
INGLATERRA
FRANÇA
ARAGÃO
CASTELA
LEÃO

Oceano Atlântico
Mar Mediterrâneo
Mar Negro

ALTA IDADE MÉDIA

vida curta; seu filho dividiu o império em três partes — um para cada um de seus filhos — e o resultado foi um império dividido em diversos Estados feudais e ameaçado por inimigos nas fronteiras — muçulmanos ao sul, eslavos no leste e vikings no norte. Um dos feitos de Carlos Magno foi trazer de volta à consciência pública a ideia de um Império Romano novo e revigorado. Embora seus sucessores imediatos não tenham conseguido fazer jus ao título, a coração do rei germano Oto I pelo papa João XII em 962 a.C. marca o começo de uma linha ininterrupta de imperadores que durou oito séculos, governando nominalmente um território que compreendia a atual Alemanha e partes da Itália. Em 1157, Frederico I acrescentou a palavra "Sacro" a "Império Romano" em reconhecimento a seu papel como defensor da fé.

Os soberanos romanos que governavam uma confederação de centenas de entidades diferentes, grandes e pequenas, detinham esse título todo o tempo. A maior dessas famílias governantes era a Casa dos Habsburgo, da Áustria, com quem o título permaneceu de 1452 até 1806. Analisando o império no século XVIII, o filósofo iluminista Voltaire comentou acertadamente que ele não era "nem sagrado, nem romano, nem império".

As Invasões Vikings e Normandas (793-1066 d.C.)

Em 793 d.C., enquanto Carlos Magno se esforçava ao máximo para governar seu vasto reino na Europa e enquanto o Califado Abássida florescia no Oriente, um grupo de guerreiros do mar — ou vikings —, vindos da Escandinávia, desembarcou na pequena ilha de Lindisfarne, na costa leste da Inglaterra. Depois de assassinarem sumariamente a população local e de roubar os tesouros do monastério, eles partiram. Isso marcou o início de um grande número de incursões por toda a Europa, incursões que cresceram gradualmente tanto em magnitude quanto em frequência.

A principal vantagem dos vikings era o elemento surpresa; seus navios tinham quilhas pouco profundas, o que permitia que eles navegassem rio adentro por uma distância maior do que as outras embarcações da época. Eles eram não apenas navegantes hábeis, mas também guerreiros implacáveis.

INVASÕES VIKINGS (séculos VIII-XII)

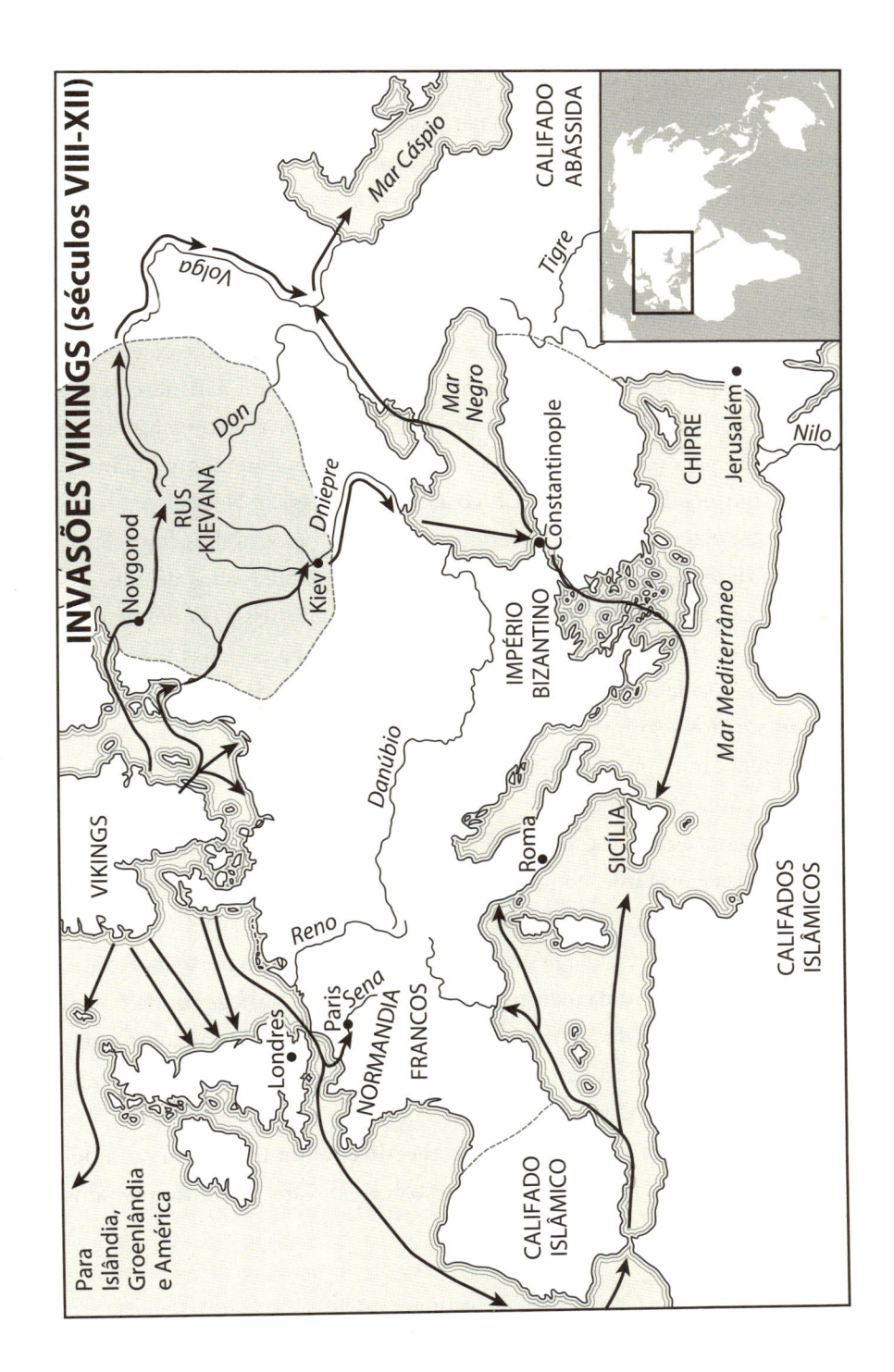

Os vikings também eram exploradores, negociantes e colonos e, em sua paixão por explorar, eles viajaram para mais longe de casa do que quaisquer outros povos europeus, descobrindo a Groenlândia e a Islândia e até mesmo estabelecendo uma povoação temporária na costa nordeste da América por volta do ano 1000 d.C. Isso significa que foram os vikings, e não Colombo, os primeiros europeus a desembarcar no continente americano. Em geral, aqueles que viajavam para o oeste — de territórios que hoje fazem parte da Dinamarca e da Noruega — o faziam com o intuito de saquear e conquistar, enquanto aqueles que viajavam para o sul — geralmente partindo do que hoje é a Suécia — eram movidos predominantemente pelo comércio, se deslocando para o sul pelos grandes rios que convenientemente fluíam na direção norte-sul e ligavam o Báltico aos mares Cáspio e Negro.

Os que viajavam para o sul eram conhecidos pelos árabes como "rus" e foram determinantes no estabelecimento dos principados de Kiev, na atual Ucrânia, e de Novgorod, a Grande, na atual Rússia. O desenvolvimento do comércio no entorno dessas cidades estabeleceu as bases da nação russa. A cidade de Kiev dominou o Estado da Rússia Kievana durante os dois séculos seguintes, e suas ligações comerciais com Constantinopla desempenharam um papel importante em levar a religião ortodoxa oriental para a área em 988 d.C.

Vikings da Noruega estabeleceram um reino nórdico na Irlanda e, algumas décadas mais tarde, conquistadores dinamarqueses se fixaram no leste da Inglaterra. Os ataques à França foram tais que, em 911 d.C., um líder viking chamado Rollo, que já tinha conquistado partes do norte da França, foi subornado com ainda mais terras para proteger os francos contra outras incursões vikings. Esse território mais tarde se tornou a Normandia e serviu como ponto de partida para a invasão da Inglaterra pelo tataraneto de Rollo, Guilherme, o Conquistador, em 1066.

Apesar dos valorosos esforços do rei Alfredo[5] da Inglaterra para defender a ilha no século IX, os anglo-saxões estavam tão enfraquecidos

---

5   O rei Alfredo foi o único dos reis da Inglaterra a receber o epíteto "o Grande".

que o rei dinamarquês Canuto conseguiu unir as coroas da Dinamarca, da Noruega e da Inglaterra e criar um grande império setentrional durante a primeira parte do século XI; entretanto, assim como aconteceu com a maioria dos impérios que se estendiam por um território grande demais, o império de Canuto ficou muito grande para ser administrado. Quando uma força invasora viking tentou invadir o norte da Inglaterra depois da morte do rei Eduardo em 1066, foi derrotada na Batalha de Stamford Bridge e expulsa.

O problema para os ingleses foi que a Batalha de Stamford Bridge contra os invasores vikings no norte aconteceu no mesmo mês que os normandos atacaram o sul da Inglaterra. Guilherme, o duque da Normandia, tinha ido reclamar seu direto ao trono inglês. Depois de derrotar os dinamarqueses, o sucessor de Eduardo, rei Haroldo, teve de se lançar 300 quilômetros ao sul a fim de defender a ilha contra os normandos na Batalha de Hastings. Se as duas batalhas não tivessem ocorrido com o intervalo de um mês entre uma e outra, os ingleses poderiam contar com um exército mais forte e menos exaurido, aumentando assim suas chances de repelir os normandos. Mas eles não conseguiram. Haroldo foi atingido no olho por uma flecha, os ingleses foram derrotados e uma batalha que envolveu apenas alguns milhares de homens mudou o curso da história da Inglaterra, dando a Guilherme da Normandia o epíteto de "Guilherme, o Conquistador". É importante observar que 1066 foi o último ano em que os ingleses travaram uma batalha em seu próprio solo contra um inimigo europeu.

A Inglaterra passou a ser governada pelos normandos, que construíram pelo país uma rede de castelos de onde reinavam. Eles não eram populares; afinal de contas, falavam francês, seguiam os costumes francos e vikings e reservavam grandes extensões de terra útil para caça. No continente, entretanto, suas famosas habilidades em combate faziam com que fossem estimados por qualquer governante em busca de ajuda mercenária. Em uma ocasião eles foram convocados pelo papa para libertar a Sicília e o sul da Itália da dominação islâmica e acabaram governando a Sicília como um reino normando por várias gerações.

IV

BAIXA IDADE MÉDIA
{1000 - 1500 D.C.}

Ameaças ao Califado

A era de ouro do Califado Abássida não durou muito. Sua corte extravagante e a adoção do Islamismo sunita provocaram muitas desavenças; os abássidas tinham, afinal, conquistado o poder com o apoio de muitos muçulmanos xiitas. Isso alienou muitos dos que deveriam ser fiéis seguidores e levou ao surgimento de diversos centros regionais de poder islâmico que acabaram ameaçando a autoridade central do califado.

O príncipe omíada que tinha fugido para a Espanha depois do massacre de sua família representava apenas uma das partes descontentes. Muitos xiitas, acreditando que os abássidas eram usurpadores, partiram para o norte da África, onde estabeleceram reinos rivais. O mais famoso deles foi o dos fatímidas, que declaravam ser descendentes da filha de Maomé, Fátima. Depois de proclamar um califado rival em 910 d.C., eles conquistaram o Egito em 969 d.C. e fundaram a cidade do Cairo como sua capital, de onde governavam a maior parte do norte da África.

No século XI, os fatímidas já detinham mais poder do que os abássidas em Bagdá, mas seu gradual avanço pela Palestina e pela Síria os colocou em conflito direto tanto com os turcos seljúcidas quanto com os cruzados europeus invasores, o que acabou por levar a sua ruína.

Os turcos seljúcidas migraram para a Pérsia através da estepe euroasiática no século XI e em seguida se estabeleceram em terras abássidas e se converteram ao Islamismo sunita. Percebendo a fraqueza dos abássidas, eles assumiram o controle de Bagdá em 1055 e em vinte anos tinham conquistado a maior parte da Ásia Menor, então sob o controle dos bizantinos, batizando-o de Sultanato Independente de Rum,[1] a palavra árabe para Roma. Essa se tornou a primeira povoação permanente de turcos na Ásia Menor e é em geral considerada o começo do Islã na Turquia — a terra dos turcos.[2]

O Cisma Religioso Europeu (1054 d.C.)

Enquanto os seljúcidas estavam conquistando a Ásia Menor, a Europa sofria com sua própria ruptura religiosa. Durante grande parte da alta Idade Média houvera um contato reduzido entre o papado em Roma e o patriarcado em Constantinopla, cada um dos quais era administrado de maneira independente. Várias divergências menores, como a aparentemente desimportante discordância sobre se os sacerdotes deveriam ou não usar barba, tinham surgido ao longo dos anos, afastando ligeiramente as igrejas, mas duas questões provocaram uma separação mais significativa entre elas. Uma foi a supremacia do papa em Roma sobre todos os outros bispos da Igreja Católica, que foi contestada pela Igreja Ortodoxa no Oriente; a outra estava relacionada com a importância e a posição do Espírito Santo na Trindade Cristã formada por Deus, Jesus e o Espírito Santo.

Os crescentes desentendimentos e a alienação entre os dois grupos foram intensificados pelas diferenças culturais e linguísticas. A situação se tornou incontornável em 1054, quando o papa em Roma e o patriarca em Constantinopla excomungaram um ao outro. Daí em diante as igrejas permaneceram divididas em Igreja Católica Romana, no Ocidente, e Igreja Ortodoxa, no Oriente. Embora tentativas de reconciliação tenham sido feitas em diversas ocasiões — especificamente durante os avanços dos turcos nos séculos XIV e XV —, elas não obtiveram sucesso.

---

1 O líder seljúcida recebeu o título de sultão do Califado Abássida, tornando-se o primeiro governante muçulmano a ostentar o título.
2 Os seljúcidas também conquistaram a Síria e a Palestina dos fatímidas xiitas.

No Ocidente, a Igreja tinha seus próprios problemas; logo ficou evidente para os novos reis da Europa que controlá-la lhes daria acesso a suas riquezas. Além disso, em um mundo supersticioso, a Igreja rivalizava com governantes seculares, de forma que se tornou uma base de poder que os soberanos da Europa Ocidental gostariam de controlar. Quando os imperadores do recém-fundado e predominantemente germânico Império Romano começaram a fazer nomeações para os principais cargos clericais, a resposta da Igreja foi deixar claro que apenas o papa tinha o poder de nomear bispos e abades.

Como punição por ter ousado desafiá-lo, o papa excomungou o imperador germânico, Henrique IV. Seguiu-se um período bizarro na história quando Henrique elegeu outro papa, e os inimigos de Henrique elegeram outro imperador. No processo, Henrique tomou Roma de assalto e o papa pediu ajuda aos normandos, que acabaram eles mesmos saqueando Roma! O imperador e o papa só se reconciliaram em 1122, quando finalmente se determinou que, apesar de não poder nomear bispos, o imperador podia, ainda assim, deter o direito de lhes conceder terras. O episódio ficou conhecido como "Controvérsia das Investiduras".

As Cruzadas (1096-1291 d.C.)

O avanço dos turcos seljúcidas do leste e a ameaça subsequente, não apenas ao acesso dos peregrinos aos locais sagrados, mas também à própria cristandade, tornou-se uma preocupação cada vez maior na Europa em meados do século XI. De fato, os imperadores em Constantinopla tinham implorado ao papa, em diversas ocasiões, que os ajudasse em sua luta contra os pagãos do leste. A Igreja de Roma viu nisso não apenas uma oportunidade de demonstrar seu poder, que estava sendo cada vez mais ameaçado, mas também de pôr fim à desavença entre a cristandade romana e a ortodoxa.

E assim, em 1095, o papa Urbano II convocou uma "cruzada" para libertar Jerusalém dos infiéis, prometendo até mesmo o perdão dos pecados em uma tentativa de encorajar as pessoas a participarem. Dezenas de milhares de pessoas, de plebeus preocupados com a própria salvação a nobres europeus ávidos por aventura, riqueza e terras (e também preocupados com a própria salvação), pegaram em armas e partiram rumo ao Oriente.

Um grande exército de camponeses foi o primeiro a partir, saqueando a Europa central e assassinando milhares de judeus em seu caminho, ato que foi motivo de grande vergonha para eles. Apenas alguns poucos chegaram a Niceia, onde foram massacrados pelos turcos. No mesmo ano, entretanto, grupos mais organizados, liderados por nobres proeminentes e soldados profissionais chegaram a Constantinopla e saquearam as cidades seljúcidas de Niceia e Antióquia a caminho de Jerusalém.

Quando tomaram conhecimento da queda de Antióquia, os fatímidas do Egito invadiram a Palestina e capturaram Belém. Felizmente para os cruzados, os seljúcidas e os fatímidas eram inimigos confessos, o que significava que eles passavam mais tempo lutando um contra o outro do que se preparando para defender Jerusalém. E assim, em 1099, não muito tempo depois que os cruzados entraram em Belém, Jerusalém foi dominada pelo exército invasor de cavaleiros franceses e normandos. A maior parte da população, independentemente da religião, foi aniquilada sem clemência.

Nos anos seguintes, os cruzados fundaram quatro Estados Cruzados no coração de "Dar al-Islam" e construíram diversos fortes para se proteger, alguns dos quais estão de pé até hoje. Esses reinos ficaram conhecidos coletivamente como "Outremer", da palavra francesa para "ultramar", já que a maioria dos cavaleiros que tomaram parte na primeira cruzada eram franceses ou normandos. Muitos dos cruzados voltaram para casa depois de terem cumprido suas promessas, deixando os Estados Cruzados relativamente desprotegidos. Isso foi resolvido em parte com a criação da Ordem dos Templários, uma ordem militar com a finalidade de proteger os Estados Cruzados e os peregrinos que desejassem visitar Jerusalém, agora que a cidade voltara para as mãos dos cristãos. Apesar de todo o seu empenho, entretanto, eles não conseguiram proteger um dos Estados Cruzados (Edessa), que foi tomado pelos turcos em 1144. Isso levou a uma desastrosa cruzada para retomar o reino, dessa vez liderada pelo rei Luís VII da França e pelo rei Conrado III da Alemanha.

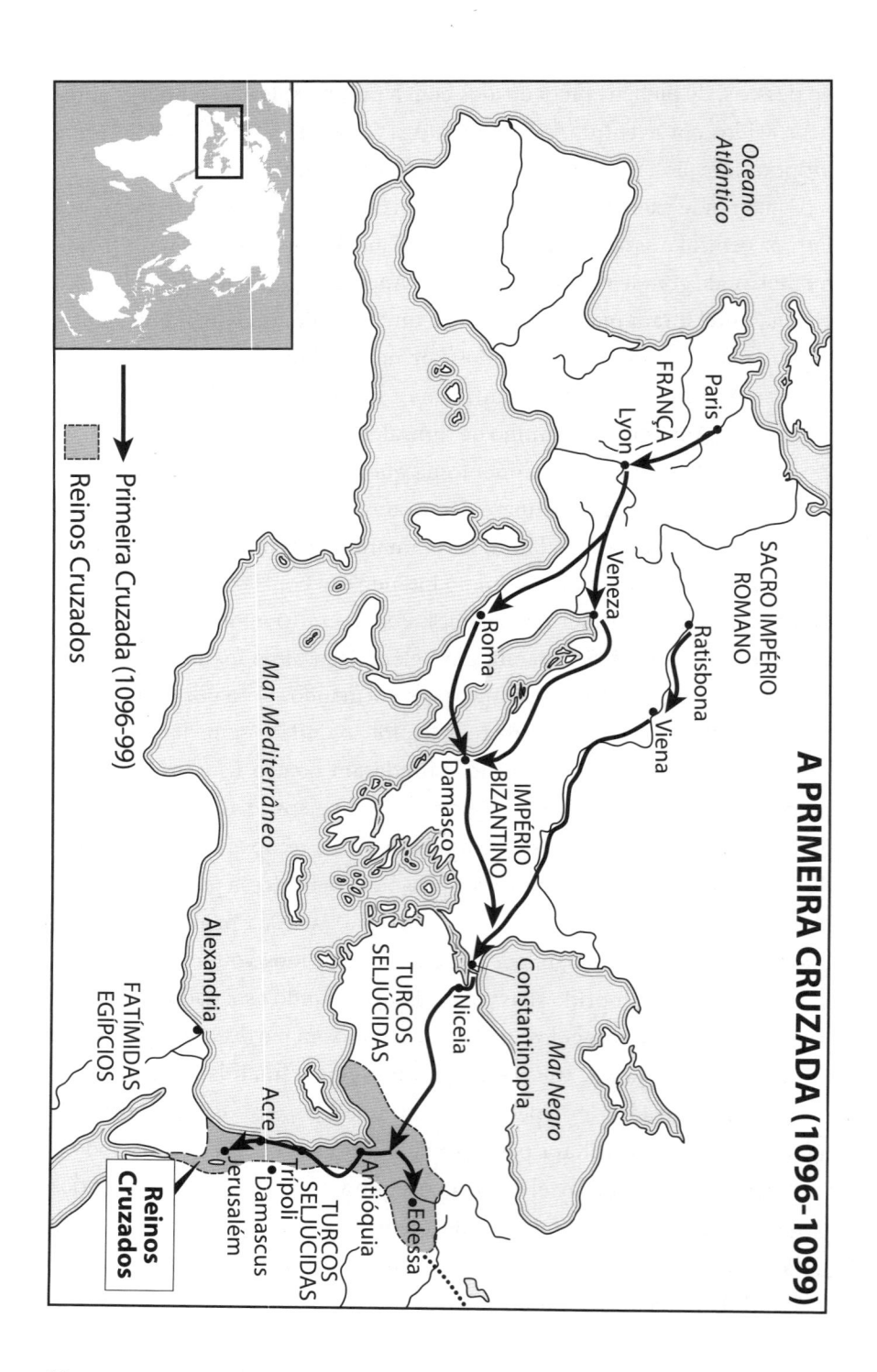

A PRIMEIRA CRUZADA (1096-1099)

Mapa:
- Primeira Cruzada (1096-99)
- Reinos Cruzados

Locais indicados: Oceano Atlântico, Paris, Lyon, FRANÇA, SACRO IMPÉRIO ROMANO, Ratisbona, Viena, Veneza, Roma, Mar Mediterrâneo, IMPÉRIO BIZANTINO, Damasco, Constantinopla, Mar Negro, Niceia, TURCOS SELJÚCIDAS, Antióquia, Edessa, Tripoli, Damascus, Acre, Jerusalém, Alexandria, FATÍMIDAS EGÍPCIOS, Reinos Cruzados

88 BREVE HISTÓRIA DO MUNDO

As coisas ficaram ainda piores para os cruzados por volta do fim do século XII, quando o mundo muçulmano do Egito, da Síria e da maior parte do norte da África se uniu sob a liderança do muçulmano sunita Yusuf ibn Ayyub, que ficaria conhecido como Salah al-Din (Saladino), ou Retificador da Fé. Saladino fundou sua própria dinastia, a Dinastia dos Aiúbidas.[3] Com o objetivo de libertar a Terra Santa do domínio cruzado, Saladino e seus exércitos varreram os Estados Cruzados, tomando cidade após cidade até que a própria Jerusalém voltou às mãos dos muçulmanos, em 1187. Durante seu cerco a Jerusalém, Saladino ganhou fama por poupar os habitantes, em nítido contraste com a forma como os cristãos tinham agido cerca de noventa anos antes.

Com a Europa em choque, o papa Gregório VIII rapidamente convocou uma terceira cruzada — convocação recebida com entusiasmo pelo imperador Frederico Barba-ruiva, da Alemanha, pelo rei Ricardo I, da Inglaterra[4], e pelo rei Filipe II, da França. Essa cruzada foi arruinada por desentendimentos e falta de sorte; Frederico Barba-ruiva morreu afogado em um rio e a maior parte do seu exército voltou para casa após sua morte; Filipe II voltou para casa com suas tropas depois de um desentendimento, e Ricardo I chegou às muralhas de Jerusalém apenas para ser alertado pelos Templários de que, mesmo que conseguisse capturar a cidade, não teria homens suficientes para mantê-la.

Esses acontecimentos estimularam Ricardo a voltar para a Inglaterra para lidar com uma ameaça do irmão, João, em cujas mãos tinha deixado o trono durante a cruzada.[5] Antes de deixar a Terra Santa, porém, Ricardo assinou um acordo de paz com Saladino por meio do qual os Estados Cruzados puderam manter grande parte de seu território. Os peregrinos

---

3 A Dinastia dos Fatímidas chegou ao fim sob o domínio de Saladino.
4 A bravura de Ricardo durante a Terceira Cruzada lhe valeu o epíteto de "Coração de Leão".
5 O reinado impopular de João após a morte de Ricardo em 1199 acabou por forçá-lo a assinar a Magna Carta em 1215. A Magna Carta foi um documento, assinado pelo rei, concordando que sua vontade não era arbitrária. Ela se tornou a base para os direitos dos cidadãos.

cristãos também poderiam ter acesso a Jerusalém, mas a cidade em si permaneceria sob controle muçulmano.

Em mais uma cruzada para libertar Jerusalém, em 1203-1204, os cruzados voltaram a ser motivo de vergonha. A caminho de Jerusalém, o filho do imperador bizantino deposto lhes ofereceu dinheiro para que o ajudassem a retomar seu trono em Constantinopla. Quando ele se negou a fazer o pagamento, os cruzados furiosos assaltaram Constantinopla, saqueando a cidade e trucidaram sua população, um ato que acabou com qualquer esperança de reconciliação entre as igrejas Romana e Ortodoxa.

Houve mais cruzadas nos séculos seguintes, uma das quais resultou na ocupação de Jerusalém por um período de quinze anos, mas a paciência com os exércitos cruzados acabou se esgotando. Em 1261, o imperador bizantino os expulsou de Constantinopla. A essa altura, porém, o Império Bizantino correspondia a apenas uma fração de seu tamanho original, ocupando apenas partes da Grécia e a parte noroeste do que hoje é a Turquia. Os cruzados originais se detiveram na Síria e na Palestina, nos fortes que tinham construído para se proteger, até sua última fortaleza ser tomada por um exército invasor mameluco em 1291.

OS MAMELUCOS: REINO DE ESCRAVOS (1250-1517)

Os mamelucos, do árabe "mamluk", que significa "escravizados", surgiram no Califado Abássida. Incertos a respeito da lealdade dos que os cercavam e temerosos do Império Bizantino, com o qual faziam fronteira, em um período em que seu poder estava em declínio, os abássidas criaram, no século IX, um exército leal apenas a eles mesmos. Eles conseguiram isso pegando os filhos das famílias de escravos não muçulmanos, criando-os como guerreiros sunitas e dando-lhes cargos de responsabilidade a serviço do califado. O poder desses escravos cresceu de tal forma que eles acabaram desempenhando um importante papel no mundo islâmico medieval, derrubando o que restava da Dinastia Aiúbida de Saladino em 1250[6] e estendendo rapidamente seu poder sobre a Palestina e a Síria.[7]

....

Os cruzados podem ter sido expulsos no final, mas a experiência rendeu frutos ao Ocidente. "Embora tenham terminado em fracasso, ainda assim as Cruzadas renderam dividendos significativos, ao colocar o mundo latino cara a cara com as proezas científicas e tecnológicas do Oriente árabe."[8] Uma das técnicas que os cruzados levaram para casa foi a do entalhe de pedras, técnica que contribuiu bastante para a construção de igrejas magníficas por toda a Europa nos séculos XII e XIII. Outro grande impacto das Cruzadas foi econômico: elas abriram o velho Oriente Médio e a Ásia para o Ocidente, estimulando a demanda por produtos asiáticos de luxo e transformando Veneza e Gênova em grandes centros de comércio. Isso foi importante porque estabeleceu as bases para a prosperidade econômica que ajudaria a impulsionar a Renascença na Europa.

Enquanto a Terra Santa estava em conflito, a Europa experimentou um período de paz. Avanços na agricultura levaram a um aumento da produtividade, o que por sua vez significava que eram necessários menos agricultores para alimentar a sociedade. Mais pessoas se mudaram para as cidades, e o comércio cresceu de maneira significativa como resultado disso. Tudo isso, entretanto, seria interrompido no século XIII, quando a Europa e o Oriente Médio foram invadidos por novas hordas de guerreiros sanguinários vindos do leste: os mongóis.

---

6   Ironicamente, foram os aiúbidas que levaram muitos dos mamelucos para o Egito, para começar.
7   Eles acabaram sendo massacrados por outra força turca, os otomanos, em 1517.
8   Jonathan Lyons, *The House of Wisdom*. Londres: Bloomsbury, 2009 [ed. bras.: *A casa da sabedoria*. Rio de Janeiro: Zahar, 2011].

Os Mongóis e Gengis Khan (séculos XIII-XV)

Um obscuro povo pastoral e tribal que vivia no que hoje é a Mongólia Exterior, os mongóis tinham se unido gradualmente no fim do século XII. Um de seus líderes, Temudjin, os impressionou tanto com sua destreza militar que, em 1206, aos 42 anos de idade, foi nomeado "Soberano Universal", ou Gengis Khan.

Sob sua liderança, os mongóis dispararam para além da Estepe e aterrorizaram grande parte da Ásia. As razões para sua marcha para o Ocidente são obscuras; pode ter sido motivada por mudanças climáticas que os forçaram a procurar novos pastos para seus animais, ou pode ter sido simplesmente o fato de terem mais tempo e energia para se concentrar em outras aventuras que não batalhas de extermínio mútuo agora que eles estavam unificados. Afinal, "Gengis Khan conseguiu fazer pelos mongóis o que Maomé tinha feito pelos árabes, ele os uniu".[9]

O sucesso deles talvez seja um pouco mais fácil de entender. Fazendo-lhes frente havia uma China dividida, nenhum líder capaz de reunir os exércitos da Ásia central, um Califado Abássida em declínio e uma série de cidades-estados fragmentadas que um dia iam se tornar a Rússia. Em essência, o mundo estava pronto para ser conquistado. Com a ajuda de sua rápida mobilidade, sua espetacular arte da cavalaria e a disciplina de sua máquina militar, os mongóis obtiveram extraordinário sucesso. No tempo de Kublai Khan, cerca de meio século mais tarde, eles tinham conseguido colocar sob seu controle quase todo o continente asiático.

Gengis Khan morreu em 1227, por volta dos 65 anos. Sob o domínio de seus descendentes, os mongóis ocuparam todo o norte da China e invadiram grande parte da Rus Kievana, destruindo a maioria das principais cidades no processo. Em seguida eles derrotaram os turcos seljúcidas[10] antes de seguir em direção para o oeste pela Polônia e a Hungria.

---

9 Anthony Pagden, *Worlds at War*. Oxford: Oxford University Press, 2008 [ed. bras.: *Mundos em guerra*. São Paulo: Novo Século, 2010].
10 Os turcos seljúcidas se tornaram vassalos dos mongóis e, no século XIV, seu poder tinha sido extinto.

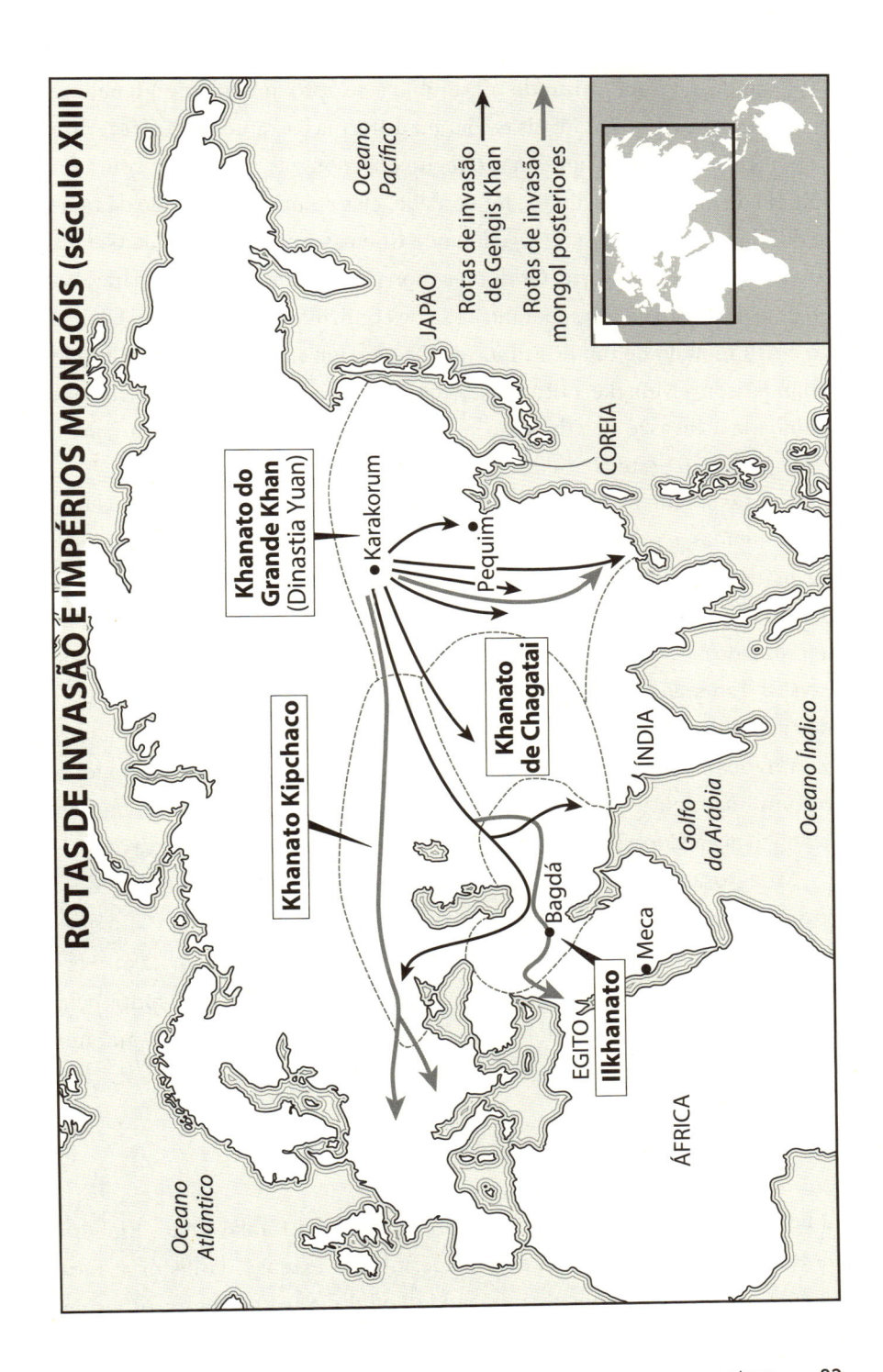

ROTAS DE INVASÃO E IMPÉRIOS MONGÓIS (século XIII)

- Rotas de invasão de Gengis Khan
- Rotas de invasão mongol posteriores

Oceano Pacífico
Oceano Atlântico
Oceano Índico
JAPÃO
COREIA
ÍNDIA
Golfo da Arábia
ÁFRICA
EGITO

Karakorum
Pequim
Bagdá
Meca

Khanato do Grande Khan (Dinastia Yuan)
Khanato de Chagatai
Khanato Kipchaco
Ilkhanato

BAIXA IDADE MÉDIA 93

Quando estavam cruzando o Danúbio e se aproximando de Viena, em dezembro de 1241, os mongóis recuaram de forma bastante misteriosa. Para os europeus foi um milagre, mas o recuo dos mongóis não se deu como resultado da intervenção divina. Na verdade, eles recuaram em razão da morte do filho de Gengis Khan, Ogedei, que tinha assumido o posto de Gengis Khan depois de sua morte. Os nobres mongóis tinham que voltar para casa no caso de morte de seu soberano a fim de confirmar o seu sucessor. Depois do curto reinado de um dos filhos de Ogedei, em 1251, o posto de Grande Khan passou a Mongke, outro dos netos de Gengis Khan. Mongke deu continuidade à invasão da China ao mesmo tempo que mandava seu irmão, Hulegu, para o oeste, a fim de subjugar o Califado Abássida.

Em 1258, Hulegu marchou sobre Bagdá, até então dominada pelos turcos seljúcidas, e soltou suas hordas sobre a cidade. De acordo com algumas estimativas, cerca de 800 mil muçulmanos foram massacrados, incluindo o último califa abássida — ainda que se tratasse de um califa de poderes muito reduzidos —, que foi enrolado em um tapete e pisoteado até a morte por cavalos. Em uma orgia de destruição, todos os tesouros intelectuais e literários acumulados pelos muçulmanos ao longo de séculos foram queimados ou atirados no rio Tigre. O tempo do Iraque como um centro de poder e cultura finalmente chegou ao fim, e o Cairo se tornou o centro do mundo islâmico até a Constantinopla cristã ser tomada pelos turcos, em 1453.

Milagrosamente, o Ocidente foi mais uma vez poupado de uma destruição garantida, dessa vez por causa da morte do grande khan Mongke, que morreu durante a invasão de uma província chinesa em 1259. Hulegu foi forçado a voltar para casa a fim de tomar parte na disputa pela liderança, e o que restou de suas forças no ocidente foi definitivamente derrotado pelos mamelucos.

Kublai Khan (1215-1294 d.C.)

O líder mongol escolhido para suceder Mongke foi Kublai Khan. Embora na teoria ele tenha governando o império mais extenso da história, nessa época o Império Mongol tinha sido dividido entre os quatro filhos de

Gengis na forma de quatro territórios que na prática se tornaram impérios independentes, ou khanatos, cada um governado por um khan diferente e cada um perseguindo seus próprios interesses e objetivos.

O maior desses khanatos — que reunia a Mongólia, a Coreia, o Tibete e partes da China — era governado por Kublai, que levou a cabo a sujeição da China, dando fim efetivamente ao domínio da Dinastia Sung por lá. O segundo khanato, o Khanato de Chagatai, compreendia grande parte da Ásia Central. O terceiro khanato, no sudoeste da Ásia, conhecido como o Ilkhanato, e criado por Hulegu, dominava a Pérsia e o Oriente Médio.[11] O quarto e mais duradouro khanato foi o Khanato Kipchaco, ou "Horda Dourada", que no fim das contas incluía a maior parte da Rússia, Polônia e Hungria.

Kublai Khan transferiu a capital do Império Mongol de Karakorum, na Mongólia, para Pequim, no norte da China. Tendo conquistado todo o sul do território chinês, Kublai Khan acrescentou "imperador da China" a sua longa lista de títulos, adotando até mesmo um nome dinástico chinês, Yuan, que se tornou a dinastia governante na China por cerca de cem anos.

Desejoso de estender ainda mais seus domínios territoriais, em 1274 e 1281, Kublai Khan fez duas grandes investidas contra o Japão, ambas frustradas por terríveis tempestades. Os japoneses acreditavam que os ventos tinham sido enviados pelos deuses para protegê-los e os chamaram de "vento divino", ou "kamikaze".

Fora da China, os outros khanatos passaram lentamente a prestar menos atenção às ordens do Grande Khan e começaram a se autogovernar, em parte porque acreditavam que o Grande Khanato no leste tinha abandonado suas raízes mongóis e se tornado chinês demais. A perda de

---

11 O Khanato de Chagatai experimentou um crescimento estável até a ascensão de Tamerlão, que destruiu seu poder. Depois da morte de Tamerlão, o khanato permaneceu um Estado de menor importância até ser anexado pela Dinastia Qing da China no século XVIII. O Ilkhanato da Pérsia, fundado por Hulegu em 1260, sobreviveu apenas por um curto período e por fim se desintegrou em diversos Estados sucessores, e sua classe dominante mongol acabou por adotar o Islã e foi absorvida pelas populações nativas da Pérsia e do Iraque.

unidade resultante e as disputas sucessórias que se seguiram à morte do Grande Khan Mongke, por volta de 1260, sinalizaram o fim de um império mongol unificado, e Kublai Khan acabou sendo a última pessoa a deter o título de Grande Khan dos Mongóis.

A Ascensão de Moscou

Na Rússia, os mongóis da Horda Dourada governavam a Rus Kievana por intermédio de príncipes locais que lhes pagavam tributos. Ao auxiliar os mongóis na cobrança desses tributos, o insignificante entreposto comercial de Moscou começou a florescer por volta da virada do século XIV e se tornou um lugar relativamente seguro para se viver. Como resultado, passou a atrair mais riquezas e mais pessoas. Como sinal da importância da cidade, o patriarcado da Igreja Ortodoxa foi transferido de Vladimir para Moscou, que se tornou a capital espiritual da Rússia.

Em 1480, os grandes príncipes da Moscóvia tinham acumulado tanta riqueza que não restava mais ninguém capaz de ameaçá-los. O grão-duque Ivan III da Moscóvia — que não deve ser confundido com seu filho, Ivan IV, o Terrível — começou a subjugar a maioria das cidades rivais de Moscou e foi o primeiro soberano moscovita a adotar o título de czar e "Soberano de toda a Rus". Foi durante seu reinado que o norte da Rússia foi unificado sob um soberano e que o domínio mongol foi repelido.

Apesar de os mongóis terem permitido que a Moscóvia crescesse e se desenvolvesse à custa das cidades-estados vizinhas, impulsionando efetivamente a expansão do nascente Império Russo, o domínio mongol também isolava a Rússia da Europa. Isso explica em parte por que a Rússia ficou para trás na introdução das importantes reformas sociais e políticas que estavam sendo introduzidas na Europa à época, graças à Renascença e à Reforma. Na Europa surgiu uma classe média, na Rússia não. Isso teria amplas consequências no desenvolvimento subsequente do país.

O Legado dos Mongóis

Em termos de território, os mongóis foram os maiores conquistadores de todos os tempos, colocando praticamente o continente asiático inteiro sob o controle de um Grande Khan; apenas o Império Britânico, no século XIX, tinha mais terras sob seu domínio, mas era mais disperso, espalhado por todo o mundo. Diferentemente dos chineses cunfucianos, que consideravam os negociantes parasitas, os mongóis felizmente reconheciam a importância dos negócios e do comércio. Ao melhorar a comunicação dentro de seu império e permitir que os mercadores europeus viajassem por terra até a China pela primeira vez, os mongóis colocaram o Oriente efetivamente em contato com o Ocidente, reabrindo rotas comerciais que tinham permanecido inativas desde os tempos de Maomé.

Foi nesse período que Kublai Khan recebeu o explorador italiano Marco Polo em sua corte. Marco Polo foi um explorador do século XIII, oriundo de Veneza, que passou muitos anos na corte de Kublai Khan e viajou por todo o seu império. O livro que ele escreveu sobre o tempo que passou lá, que ditou na prisão depois de ser capturado durante uma guerra entre Veneza e Gênova, ficou famoso na Europa.

Como veremos, foi o contato com o Oriente — e a subsequente e insaciável demanda europeia por sua seda e suas especiarias — que encorajou os europeus a partir em busca de uma rota marítima ocidental para a Ásia, "descobrindo" assim a América.

A Guerra dos Cem Anos na Europa (1337-1453 d.C.)

Enquanto isso, na Europa, em 1337 a Inglaterra entrou em guerra com a França por causa do direito à coroa francesa, iniciando um conflito que se estenderia de forma intermitente por um século, o mais longo conflito da história da Inglaterra. O apoio da França aos escoceses diante da intervenção inglesa apenas fortaleceu a resolução dos ingleses de dar uma lição nos franceses. Com a ajuda de seus arqueiros, os ingleses venceram uma série de importantes batalhas no século seguinte; as batalhas de Crecy, em 1346, e de Agincourt, em 1415, são apenas duas das mais conhecidas batalhas durante as quais a fina flor da aristocracia francesa foi destruída.

Na década de 1420, a Inglaterra possuía a maior parte do atual território da França ao norte do rio Loire e parecia que os franceses tinham sido definitivamente derrotados. Entretanto, exauridos depois de uma guerra tão longa e desgastados pelos impostos instituídos para financiar a campanha militar,[12] os ingleses foram incapazes de conter a força de uma França unida sob a liderança de Joana d'Arc e acabaram expulsos do solo francês. A captura de Bordeaux pelos franceses em 1453, ao mesmo tempo que Constantinopla estava sendo dominada pelos otomanos, marcou o fim da guerra. Antes de fugir, no entanto, os ingleses conseguiram capturar Joana d'Arc, julgá-la por heresia e condená-la à morte na fogueira.

Dez anos depois do início da Guerra dos Cem Anos, a Europa foi devastada por uma epidemia de peste trazida nos navios vindos da Ásia, onde tinha se originado na década de 1330. Chamada de "Morte Negra", por causa do escurecimento da pele em torno dos inchaços provocados pela doença, a peste vitimou cerca de 20 milhões de pessoas ou algo entre um quarto e um terço da população europeia entre 1347 e 1351.

As populações europeias não judaicas amplamente ignorantes não entendiam por que nos grupos religiosos que prescreviam o asseio, como os judeus e muçulmanos, havia níveis menores de contaminação pela doença. Como consequência, muitos judeus foram culpados pela peste ou acusados de feitiçaria, sendo, em muitos casos, assassinados ou expulsos das cidades. Em um frenesi de ódio religioso, os judeus acabariam sendo expulsos da França em 1394 e da Espanha em 1492, depois de já terem sido expulsos da Inglaterra em 1290.

A peste e as contínuas guerras do século XIV levaram as pessoas a questionarem as autoridades, inclusive a da Igreja, que estava prestes a enfrentar suas próprias dificuldades, que levariam a um declínio ainda maior de sua autoridade.

---

12 Esses impostos foram uma das principais causas da Revolta Camponesa de 1381 na Inglaterra.

Em uma controvérsia em torno da validade de uma eleição papal em 1378, a Europa se dividiu entre o apoio a um papa italiano em Roma e o apoio a um papa francês em Avignon, na França, que tinham ambos excomungado um ao outro. Esse impasse persistiu por quarenta anos, com cada papa nomeando seu próprio sucessor, e ficou conhecido como o Grande Cisma do Ocidente. Quando finalmente foi feita uma tentativa de acabar com a cisão, produziu-se um terceiro papa. Por fim, os três papas foram depostos em favor de um novo pontífice, Martinho V, cuja eleição, em 1417, deu ao mundo católico um novo papa único estabelecido em Roma. No entanto, o cisma tinha enfraquecido o papado e diminuído ainda mais a lealdade à Igreja.[13]

A Ascensão dos Otomanos (c. 1300 d.C.)

Enfraquecido pela guerra civil e sob constante pressão dos cruzados a oeste, dos árabes ao sul e dos mongóis a leste, foi extraordinário que o Sultanato Seljúcida tenha durado tanto quanto durou. Quando por fim se enfraqueceu, os pequenos principados remanescentes competiram todos pela supremacia. Quando a paz finalmente se instaurou por meio da retirada tanto dos mongóis quanto dos cruzados, um desses principados assumiu o domínio e conseguiu construir um extenso e poderoso império que perdurou por muitos séculos seguintes: o Império Otomano.

Em 1301, o líder de um desses principados e fundador do Império Otomano, Osman, derrotou um exército bizantino a poucos quilômetros de Constantinopla. Isso deu a ele grande prestígio e levou à consolidação da autoridade otomana sobre uma área substancial no noroeste da Anatólia (Turquia). O Império Otomano se expandiu rapidamente, absorvendo tribos mais fracas a leste e reduzindo o enfraquecido Império Bizantino a

---

13 Durante o mesmo concílio, os membros presentes aproveitaram a oportunidade para julgar o papa tcheco Jan Hus (c. 1369-1415) por heresia. Seu crime foi reclamar da corrupção na Igreja e sugerir que a Bíblia, e não os líderes da Igreja, era a maior fonte de autoridade para os cristãos.

apenas a cidade de Constantinopla em 1351. O imperador bizantino tentou persuadir o papa em Roma de que, a despeito de suas diferenças, eles tinham um inimigo comum, chegando a viajar em pessoa até Roma em 1369 a fim de se submeter publicamente ao papa na esperança de receber ajuda, mas não obteve sucesso.

Em 1389, os otomanos, liderados por Murad I, derrotaram completamente um grande exército misto de sérvios, albaneses e polacos na Batalha do Kosovo Polje, na atual Sérvia, em mais um momento decisivo para o Ocidente. Pouco depois da batalha, todo o território da Macedônia foi incorporado ao Estado otomano. Murad foi morto no combate, mas seu filho, Bayezid, que o sucedeu, acabou sitiando Constantinopla em 1394. Parecia que nada seria capaz de impedir o avanço otomano e que o tão esperado colapso do Império Bizantino estava finalmente prestes a acontecer. Entretanto, no último minuto, os turcos otomanos é que foram atacados pelo leste. A tomada de Constantinopla ia ter que esperar.

Tamerlão (1336-1405 d.C.)

O líder mongol Timur — ou Tamerlão, como ele é chamado no Ocidente — involuntariamente saiu em defesa da Europa na virada do século XV. Tamerlão tinha angariado poder em meados do século XIV valendo-se da lenta desintegração do Khanato de Chagatai, que tinha sido governado por uma série de líderes fracos. Ele estava determinado a se tornar senhor da Ásia Central. "Assim como há apenas um Deus no céu", dizia ele, "deve haver apenas um soberano na terra." Em uma fúria destrutiva que durou oito anos, entre 1396 e 1404, ele conquistou a maior parte da Ásia Central, invadiu o norte da Índia, executando cerca de 100 mil prisioneiros indianos a sangue frio diante dos portões de Delhi e destruiu Bagdá, dizimando cerca de 20 mil dos seus habitantes e fazendo pilhas com seus crânios. Ele também tomou a Síria, conquistou a Pérsia e obteve a submissão do Egito.

A campanha de Tamerlão no oeste foi direcionada a dois inimigos: os otomanos e os mamelucos. Depois de derrotar os mamelucos, ele conseguiu vencer o exército otomano na Batalha de Ankara, em 1402, capturando o sultão Bayezid no processo. O sultão morreu no cativeiro, depois de ter sido exibido pelos arredores em uma gaiola, um fim vergonhoso para um sultão otomano. A captura do sultão foi recebida com satisfação pelos reis no Ocidente, que chegaram a enviar mensagens aduladoras a Tamerlão na esperança de que se aliasse a eles contra os turcos. Misericordiosamente para todos, ele morreu em 1405, aos 69 anos, antes que qualquer um de seus planos pudesse ser realizado, e seu Império Timúrida sobreviveu por apenas um curto período após sua morte. Seu legado, porém, continuou na Índia, onde seu trineto Babur fundou o Império Mogol.

A Queda de Constantinopla (1453 d.C.)

Os filhos de Bayezid lutaram entre si pela herança do pai durante os dez anos seguintes a sua morte, até que Maomé I emergiu como novo líder. Ele partiu quase imediatamente para a guerra, reconquistando praticamente todas as terras que Tamerlão tinha tomado de seu pai, enquanto seu filho, Murad II, derrotou uma aliança de europeus enviada para enfrentá-lo depois que ele invadiu a Sérvia, em 1439.

Foi o filho de Murad, Maomé II, quem finalmente deu fim ao que restava do Império Romano do Ocidente,[14] com um cerco de 54 dias a Constantinopla. O canhão, uma arma relativamente nova, finalmente ajudou a romper as muralhas que tinham defendido Constantinopla durante séculos. Um dos primeiros atos de Maomé II foi ir até a Basílica de Santa Sofia, a grande catedral do Cristianismo ortodoxo construída no reinado de Justiniano, e, depois de uma breve prece de agradecimento, ordenar que fosse transformada em uma mesquita.

No fim do século XIV, o Império Bizantino já havia muito perdera sua influência e não representava mais uma ameaça militar, consistindo apenas na

---

14 O último imperador bizantino morreu durante o cerco.

cidade de Constantinopla e algumas terras adjacentes. A própria cidade nunca recuperara de fato sua grandeza depois da ocupação cruzada de 1204-1261. Ainda assim, não é difícil imaginar a sensação que a queda de Constantinopla — uma das maiores cidades do mundo por mais de 800 anos — teria causado no Ocidente. A cidade ainda era, afinal de contas, a capital do Império Romano, não importava quão decadente estivesse, e sua queda apenas aumentou os temores de que os turcos estavam prestes a tomar de assalto todo o continente, temor que até mesmo levou o papa Pio II a oferecer a Maomé o título de imperador, caso ele se convertesse ao Cristianismo.

Nessa época, o sultão otomano era o soberano de todos os muçulmanos da Ásia, reivindicando todas as terras até o rio Eufrates a leste e supremacia sobre todos os soberanos islâmicos.[15] Constantinopla se tornou a nova capital imperial e gradativamente passou a se chamar Istambul.

No oeste, a guerra continuava tanto por terra quanto por mar. A Sérvia capitulou pouco tempo depois da queda de Constantinopla, e a maior parte dos Bálcãs capitulou em seguida. Os otomanos tomaram então a parte mais meridional da Grécia, derrotaram Veneza e desembarcaram no salto da Itália. Foi apenas a morte de Maomé II, em 1481, que impediu as tropas otomanas de invadir ainda mais a Europa, uma vez que as tropas receberam ordens de voltar para casa a fim de ajudar o novo sultão a derrotar seu irmão em uma disputa pelo poder. Mais uma vez, a Europa foi salva no último minuto.

A China Ming (1368-1644 d.C.)

Enquanto o poder dos otomanos crescia no Oriente Médio, a China perdeu sua oportunidade de se tornar a maior potência global. Os chineses nunca aceitaram seus senhores mongóis da Dinastia Yuan, e o tratamento que eles lhes dispensavam tinham levado a um crescente descontentamento; as pessoas estavam sendo obrigadas a pagar impostos altíssimos

---

15 Os sultões otomanos deteriam o título de califas até 1924.

para custear projetos dispendiosos, que incluíam a construção de estradas e as muitas campanhas militares realizadas pelos Yuan, que acabaram fracassando. Um fiasco generalizado nas colheitas no norte e a fome resultante nos anos 1340 serviram apenas para tornar as coisas ainda mais difíceis em um sistema já fragilizado.

Famintos e sem lar, os camponeses se uniram e se rebelaram. Na década de 1360, um desses camponeses, um ex-monge budista chamado Zhu Yuanzhang conseguiu estender seu domínio por todo o vale do Yangtzé. Ele tomou Pequim em 1368, forçou os mongóis a recuarem para a Mongólia, assumiu o título de Hongwu e se declarou fundador de uma nova dinastia chinesa: a Dinastia Ming.[16]

A nova dinastia de início estava aberta ao mundo e encorajava o comércio. Durante o reinado do segundo imperador Ming, os chineses até mesmo embarcaram em uma série de grandes expedições marítimas. Entre 1405 e 1433, muitas décadas antes de Colombo e Magalhães, diversas expedições sob o comando do almirante Zheng He partiram pelos mares em viagens de exploração geográfica e diplomacia pelo oceano Índico, chegando até a África. Essas expedições supostamente envolveram até 28 mil homens em navios de até 90 metros de comprimento.

O potencial da China nessa época parecia quase ilimitado; se tivessem continuado a mirar no horizonte, a América poderia muito bem ter sido descoberta pelos chineses, em vez de pelos europeus.[17] Infelizmente para a China, porém, não foi assim que as coisas aconteceram. Com a expulsão dos mongóis, os ministros confucianos ganharam poder na corte do imperador. Os confucianos eram hostis ao comércio e — compreensivelmente, em consequência da recente ocupação mongol — a tudo que era estrangeiro. Eles também nutriam uma veneração nada saudável pelo passado. "Preservar as glórias do passado parecia mais importante na China do que lidar com o tipo de questão que a expansão global estava forçando os ocidentais a encarar."[18]

---

16 "Ming" quer dizer "luminosa" ou "brilhante" em chinês.
17 Há teorias não comprovadas de que os chineses de fato chegaram à América.
18 Ian Morris, *Why the West Rules for Now*. Londres: Profile Books, 2010.

Havia questões domésticas suficientes para manter os chineses ocupados, em particular encontrar os recursos para repelir os ataques contínuos e agressivos dos mongóis a suas fronteiras. Transformar-se em uma grande potência comercial marítima simplesmente não estava entre os seus objetivos.

Sob a influência dos ministros confucianos, o governo deu fim ao financiamento das explorações navais, desmontou estaleiros e proibiu a construção de navios de vários mastros. Na década de 1470, os registros de Zheng He foram destruídos e em 1525 era crime construir qualquer embarcação de navegação oceânica.[19] Assim terminou a grande era de explorações chinesa, e o desenvolvimento do comércio marítimo ficou a cargo dos europeus, que tinham acabado de começar a embarcar em suas viagens de descoberta.

Isso sem dúvida teve um impacto prejudicial significativo no desenvolvimento subsequente do país. Até então, a China era um dos países mais tecnologicamente desenvolvidos do mundo, tendo inventado o papel, a pólvora, a porcelana e a bússola magnética, entre outras coisas. Entretanto, a força de seus imperadores significava que uma decisão de uma única pessoa podia — e de fato o fez — deter a inovação, e a forte veneração do país pelo passado por fim começou a atuar como uma desvantagem em um mundo no qual a inovação dava aos países uma vantagem competitiva. A famílias tendiam a "preservar o que era antigo e reverenciado em detrimento do que era novo e potencialmente disruptivo".[20] O relativo isolamento da China em relação aos outros países tampouco encorajava os chineses a olhar para o exterior. Talvez não haja melhor exemplo disso do que a construção da Grande Muralha da China, erguida para impedir a entrada de estrangeiros.

A Europa, por sua vez, era uma coleção de pequenos Estados competindo entre si, com culturas e línguas diversas, o que certamente funcionava como uma vantagem para os inventores e exploradores; se uma parte deixava de patrociná-los, eles sempre tinham outras partes a quem recorrer. De qualquer

---

19 A China também deu vários passos para trás em outras áreas, chegando a abolir os relógios mecânicos depois de ser líder mundial em sua fabricação.
20 Anthony Pagden, *Worlds at War*. Oxford: Oxford University Press, 2008 [ed. bras.: *Mundos em guerra*. São Paulo: Novo Século, 2010].

forma, era interessante para os países que estivessem atualizados em relação às últimas tecnologias a fim de manter o equilíbrio de poder. Consequentemente, os inventores eram estimulados, em vez de desencorajados.

> No fim das contas foi justamente a instabilidade que os europeus vinham tentando evitar sem sucesso havia tanto tempo que se revelou ser sua maior potência. Suas guerras, seus incessantes conflitos internos, suas disputas religiosas, tudo isso foram as condições desafortunadas mas necessárias para o crescimento intelectual que os levara, ao contrário de seus vizinhos asiáticos, a desenvolver as atitudes metafísicas e questionadoras em relação à natureza que, por sua vez, lhes deram o poder de transformar e controlar o mundo no qual viviam.[21]

O Retraimento do Islã

A China não foi a única civilização que se retraiu em si mesma. Grande parte do mundo islâmico, antes uma referência de progresso em um mundo atrasado, aparentemente se deixou restringir pelos limites dos textos sagrados, despreparados para aceitar o valor de qualquer ensinamento ou progresso que não fosse mencionado expressamente no Corão. Por que inovar se tudo que uma pessoa precisava saber estava escrito no Corão? Como David Landes explica, "a ciência islâmica, denunciada como heresia pelos fanáticos religiosos, cedeu à pressão teológica por conformidade espiritual".[22]

A recusa islâmica em aceitar a ideia de um Corão impresso significava que esses países geralmente se opunham à prensa de tipos móveis, um dos principais canais para difundir as ideias da Renascença, que levou ao desenvolvimento intelectual da Europa Ocidental. O que ninguém previu foram a extensão e a velocidade com que a Europa acabaria crescendo.

---

21 Ibidem.
22 David Landes, *The Wealth and Poverty of Nations*. Londres: Abacus, 1998 [ed. bras.: *A riqueza e a pobreza das nações*. Rio de Janeiro: Campus, 1998].

V
A ASCENSÃO DO OCIDENTE
{1450 - 1800 D.C.}

Felizmente para a Europa, os eruditos islâmicos estavam começando a rejeitar desenvolvimentos que não fossem expressamente mencionados no Corão ou no Hadiz,[1] da mesma maneira que os chineses estavam limitando suas relações com o mundo exterior e se voltando para os escritos confucionistas do século VI a.C. A Europa, por sua vez, até aquele momento atrás tanto da China quanto do mundo islâmico no seu desenvolvimento em geral, estava prestes a testemunhar uma transformação que a tiraria da Idade Média, mudaria o curso da história e a levaria a dominar o mundo.

A Renascença (início do século XV–fim do século XVI)

As causas dessa transformação foram muitas. Elas giravam em torno da troca de ideias e mercadorias que aumentaram de volume depois do fim das Cruzadas, a descoberta de novos mundos, que levou as pessoas a questionar aquilo em que acreditavam, o questionamento dos ensinamentos da Igreja e sua autoridade depois de repetidos cismas e o súbito influxo de conhecimento levado para a Europa por intelectuais que fugiam do avanço otomano.

---

[1] O Hadiz é uma coletânea dos ensinamentos de Maomé, escritos aproximadamente 250 anos depois de sua morte.

Geralmente chamado de Renascença, da palavra francesa para "renascimento", e considerado como tendo durado do início do século XV ao fim do século XVI, o período viu uma profunda transformação na maneira como os europeus pensavam, governavam e viviam.

A mais importante inovação técnica e cultural da Renascença foi a introdução da prensa de tipos móveis de Gutenberg, por volta de 1450. Sem a capacidade de difundir novas ideias de forma rápida e barata, é improvável que a Europa tivesse se desenvolvido na velocidade em que se desenvolveu. A prensa de tipos móveis deu início a uma revolução na comunicação que fez com que, em 1480, livros estivessem sendo impressos nas maiores cidades da Alemanha, da França, dos Países Baixos, da Inglaterra e da Polônia. Para colocar as coisas em perspectiva, "nos cinquenta anos que se seguiram à invenção, foram produzidos mais livros do que nos mil anos anteriores".[2] As tiragens maiores diminuíam o custo unitário, fazendo com que os livros ficassem mais acessíveis e mais baratos para um público mais amplo. Além disso, os livros passaram a ser cada vez mais publicado nas línguas locais das regiões, em vez de em latim, o que contribuiu para forjar um sentimento de nacionalidade.

Além de ter feito a Renascença, a invenção da prensa de tipos móveis também coincidiu com um período de relativa paz na Europa. A Guerra dos Cem Anos entre a França e a Inglaterra tinha chegado ao fim em 1453 — coincidentemente, o mesmo ano da queda de Constantinopla — e o conflito entre muçulmanos e cristãos no que hoje é a Espanha[3] tinha terminado com um resultado favorável para os cristãos. O comércio e a agricultura, por tanto tempo perturbados, primeiro pelas invasões bárbaras dos séculos IV e V e depois pela hostilidade entre cristãos e muçulmanos, voltaram a

---

2   Joel Mokyr, *The Lever of Riches*. Oxford: Oxford University Press, 1992.
3   No início do século XV, cinco reinos independentes ocupavam a Península Ibérica: Portugal, Navarra, Castela, Aragão e o último reduto muçulmano de Granada. Em 1469, Castela e Aragão se uniram por meio do casamento de Isabel, herdeira da coroa de Castela, e Fernando, herdeiro do trono de Aragão. Em 1492, essa "União de Coroas" conseguiu expulsar os últimos muçulmanos remanescentes de Granada e, com a anexação do reino de Navarra, em 1512, a Espanha moderna se estabeleceu.

florescer, e uma sociedade feudal europeia foi lentamente substituída por uma sociedade movida pelo comércio.

Os italianos, os florentinos e venezianos em particular, se beneficiaram de sua localização entre o Ocidente e o Oriente para acumular grandes riquezas. Uma vida dedicada aos negócios e à política passou a ser tão respeitada quanto uma vida dedicada à Igreja. Muitas ideias clássicas, que tinham fluído em direção ao Oriente com a queda de Roma, mil anos antes, voltaram para a Europa e levaram a uma renovação do apreço intelectual e artístico pela cultura greco-romana. Temas não religiosos não eram mais censurados e patronos ricos financiavam uma arquitetura e construções como não se via desde os tempos de Roma. Famílias importantes como os Médici ficaram conhecidos como grandes patronos das artes, pela qual a Renascença é tão famosa; Leonardo da Vinci e Michelangelo eram apenas duas das estrelas mais brilhantes em uma constelação de artistas que se beneficiaram deles e de outros patronos ricos nessa época. Tremendos avanços também foram feitos nos campos da matemática, medicina, engenharia e arquitetura.

A Era das Explorações (1450-1600)

A tomada de Constantinopla pelos turcos otomanos em 1453 funcionou como uma importante força motriz para as explorações europeias. As rotas por terra para a Pérsia, a Ásia Central e a China eram longas, perigosas e já dispendiosas em razão de todos os intermediários envolvidos. E agora eles estavam sendo ainda mais taxados.

Havia muito viciados em seda e especiarias e ávidos pelas riquezas de Veneza e de outras cidades italianas que tinham se beneficiado desse comércio, os portugueses partiram em busca de uma rota marítima para o Oriente contornando o continente africano. Dessa forma, eles procuravam ao mesmo tempo evitar os impostos dos otomanos e oferecer condições mais vantajosas do que o comércio italiano.

O COMÉRCIO DE ESPECIARIAS

Os europeus já negociavam com o Oriente havia séculos, em geral por meio de intermediários árabes e indianos, vendendo grandes quantidades de produtos como madeira, objetos de vidro, sabão, papel, cobre e sal em troca de seda, incensos e especiarias. A seda era um artigo de luxo se comparada aos tecidos rústicos da época, o incenso era usado para disfarçar os odores de uma sociedade não habituada à higiene, e as especiarias (cravo, canela, noz-moscada e pimenta-do-reino) eram usadas para melhorar o sabor da comida, para conservá-la e para camuflar o cheiro da carne estragada. Os baixos suprimentos de comida e a escassez de grãos para alimentar os animais durante os meses de inverno faziam com que os animais fossem rotineiramente abatidos no outono; como não havia gelo disponível, o uso de pimenta era uma das formas de preservar a carne.

O cravo era especialmente valorizado pelos europeus devido a suas propriedades medicinais, e alguns médicos sugeriam até mesmo que a noz-moscada era capaz de proteger contra a peste. Como resultado, a certa altura a noz-moscada estava valendo mais do que o seu peso em ouro, o que levou as pessoas a arriscar a vida para importá-la. A pimenta crescia predominantemente na Índia, enquanto a noz-moscada e o cravo cresciam em apenas um lugar do planeta: em um punhado de pequenas ilhas chamadas Molucas (na atual Indonésia), a noroeste do que hoje é a Nova Guiné. Essas ilhas ficaram conhecidas como Ilhas das Especiarias, e os esforços das nações europeias para encontrar uma rota ocidental até elas afetaria profundamente o futuro do mundo.

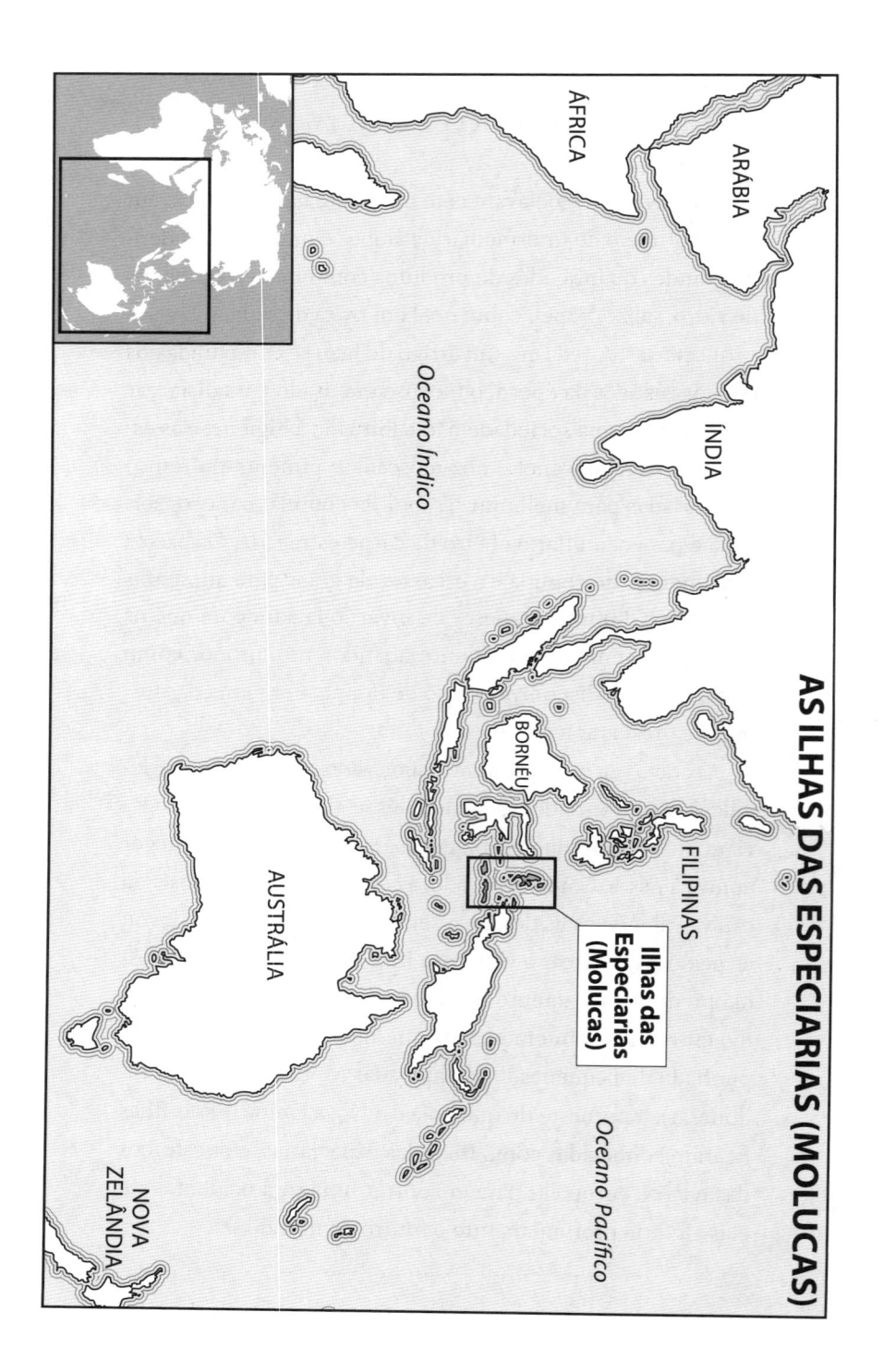

AS ILHAS DAS ESPECIARIAS (MOLUCAS)

ÁFRICA
ARÁBIA
ÍNDIA
Oceano Índico
BORNÉU
FILIPINAS
AUSTRÁLIA
Ilhas das Especiarias (Molucas)
Oceano Pacífico
NOVA ZELÂNDIA

Outro ímpeto exploratório veio da própria África. Os portugueses precisavam de ouro para pagar pelos produtos que importavam do Oriente, mas o principal ponto de acesso dos europeus ao ouro era pela África, por meio das rotas de caravanas transaarianas. Diversos reinos africanos, como Gana, tinham se tornado fabulosamente ricos explorando esse comércio, e os portugueses queriam estabelecer rotas marítimas ao longo da costa africana a fim de obter o ouro direto da fonte.

Descendo a costa africana, eles rapidamente provaram que pequenas expedições dessa natureza podiam ser bem-sucedidas e rentáveis. Um dos filhos do rei de Portugal, o infante Henrique (também conhecido como O Navegador), sonhava com uma rota para as Ilhas das Especiarias e se tornou um famoso patrono das ciências marítimas. Além de financiar viagens de descoberta, ele fundou uma escola de navegação no sul de Portugal onde cartógrafos, geógrafos, astrônomos e navegadores pudessem discutir e aperfeiçoar as tecnologias marítimas mais recentes.

Um dos desenvolvimentos resultantes dessa iniciativa foi a construção da caravela, um novo tipo de embarcação capaz de navegar mais rápido e transportar carregamentos maiores. Graças ao desenho de suas velas, a caravela podia velejar mais perto do vento, o que fazia com que fosse muito mais fácil navegar em linha reta, em vez de no constante ziguezague antes necessário para aproveitar o vento. Isso poupava grande quantidade de tempo, e o novo desenho viria a desempenhar um papel crucial nas viagens de descoberta do século XV; e de fato duas das três embarcações usadas por Cristóvão Colombo eram caravelas.

O infante Henrique morreu em 1460, mas seu filho, o rei João, deu continuidade ao patrocínio e em 1486 escolheu Bartolomeu Dias para comandar uma expedição destinada a contornar o sul da África. Entre outras ordens, Dias deveria tentar estabelecer contato com o lendário rei africano cristão Preste João e requisitar sua ajuda a fim de acabar com a predominância muçulmana no comércio no Oceano Índico. Preste João nunca foi encontrado, é claro, já que ele não existiu, mas Dias retornou a Lisboa dezesseis meses depois tendo completado com êxito a primeira parte de sua missão. Ele batizou a ponta da África de "Cabo das Tormentas", por causa das tempestades que tinha enfrentado. O nome foi mudado, supostamente pelo rei, para "Cabo da Boa Esperança", já que ele estava esperançoso, mas não certo, de que Dias tinha encontrado um caminho para o Oriente.

Ao contornar o Cabo da Boa Esperança, Dias provou que os oceanos Atlântico e Índico não eram completamente separados por terra, como acreditavam muitos geógrafos europeus da época, e mostrou que uma rota marítima para a Índia poderia ser de fato algo plausível. Eram ótimas notícias, que encorajaram fortemente aqueles que procuravam uma rota marítima para o Oriente. Entretanto, antes que outra viagem pudesse ser realizada, importantes notícias chegaram da corte do rei e da rainha de Espanha: um navegador italiano que eles tinham patrocinado supostamente encontrara uma rota para o Oriente navegando para o oeste através do Atlântico. Hoje sabemos que ele na verdade tinha descoberto a América.

Cristóvão Colombo (1451-1506 d.C.)

Cristóvão Colombo nasceu na cidade portuária de Gênova, na Itália, mas mudou-se para Portugal aos vinte anos, onde passou a ajudar o irmão em seu negócio de cartografia. Arrebatado pelas aventuras de Marco Polo, foi então que ele começou a fomentar a ideia de que não apenas poderia chegar ao Oriente navegando para o oeste, mas também de que esse trajeto podia ser ainda mais curto do que as rotas comerciais terrestres.

As cortes de Portugal, França e Inglaterra se recusaram a financiar a viagem. O fato de Bartolomeu Dias ter contornado o Cabo da Boa Esperança podia ter eliminado a necessidade de uma rota ocidental no entendimento de Portugal, enquanto a França e a Inglaterra simplesmente não estavam dispostas a ajudar. Depois de muito esforço para conseguir o financiamento de que precisava, Colombo foi apresentado ao rei Fernando e à rainha Isabel, soberanos de uma Espanha recém-unificada. Ambos estavam envolvidos na dispendiosa tarefa de tentar retomar a Península Ibérica dos mouros no fim de uma longa batalha chamada de Reconquista. Colombo lhes informou que uma rota ocidental permitiria à Espanha tomar parte no lucrativo comércio de especiarias, até então monopolizado pelos italianos, e lhes traria grandes riquezas.

Prevendo a vitória sobre os mouros e por fim se dando conta do tamanho da oportunidade apresentada por Colombo, Fernando e Isabel deram a ele os recursos de que precisava para realizar a viagem. E assim, em agosto de 1492, Colombo zarpou da Espanha com três navios e uma tripulação de noventa homens. Subestimando em grande medida o tamanho do globo, em parte devido ao fato de os cartógrafos terem exagerado o tamanho da África depois da publicação dos escritos de Marco Polo, dois meses inteiros se passaram antes que ele avistasse terra firme. A primeira terra avistada foi uma das ilhas que hoje conhecemos como Bahamas. Colombo batizou-a de San Salvador em reconhecimento por uma travessia segura e chamou os nativos de índios, pois acreditava ter chegado às Índias. Para complicar ainda mais as coisas, ele acreditou que Cuba fosse o Japão, ou possivelmente até mesmo a China.

Ao voltar para Espanha com pequenos vestígios de ouro, alguns índios e papagaios para provar que tinha encontrado terra, Colombo foi generosamente recompensado e nomeado Almirante dos Mares e Vice-rei e Governador das Índias — títulos que tinha requisitado ao partir. A notícia da descoberta se espalhou rapidamente, graças à prensa de tipos móveis, e deu uma importante contribuição para o espírito renascentista de questionar antigos pressupostos a respeito do mundo.

Colombo voltou mais três vezes à América. Durante a segunda viagem, entre 1493 e 1496, uma colônia foi fundada, tendo Colombo como governador. Essa colônia se tornou Santo Domingo, capital da atual República Dominicana. Sua habilidade como administrador, contudo, deixava tanto a desejar que, quando voltou para lá em sua terceira viagem, em 1498, ele precisou pedir ajuda à Espanha para governar a colônia. Em vez de mandar ajuda, os espanhóis enviaram um novo governador, que imediatamente prendeu Colombo, junto com seus dois irmãos, e o mandou de volta para a Espanha acorrentado. Quando ele foi finalmente libertado, a rainha Isabel concordou em financiar sua quarta viagem.

Quando morreu, em 1506, Colombo ainda acreditava ter chegado à Ásia. Além disso, embora tivesse desembarcado no continente sul-americano em sua quarta viagem, ele nunca colocou os pés no continente norte-americano; essa honra coube a Giovanni Caboto (John Cabot), um italiano financiado pelo rei Henrique VII da Inglaterra, em 1497. Até mesmo Caboto de início acreditou que aquela terra era a Ásia.

Foi um italiano chamado Américo Vespúcio, trabalhando para a Espanha e para Portugal durante viagens empreendidas entre 1499 e 1502, que determinou que Colombo tinha chegado a um novo continente, e foi a forma feminina da versão latina de seu nome[4] que subsequentemente foi escrita em um novo mapa do mundo desenhado em 1507. Só então a primeira imagem moderna reconhecível do planeta começou a tomar forma; até aquele momento, as pessoas ainda se fiavam no conhecimento dos gregos antigos no que dizia respeito ao seu entendimento geográfico.

Por que foram os ocidentais que buscaram um caminho para o Oriente na era das explorações em vez de terem sido os orientais a buscar um caminho para o Ocidente? Uma das respostas, no que diz respeito aos chineses, era que seus ministros desconfiavam de mudanças depois de séculos de guerra contra invasores estrangeiros. Além disso, os orientais tinham comparativamente poucos incentivos para ir tanto para oeste quanto para leste; o Ocidente tinha poucas inovações que lhes interessassem e pouco a oferecer além de pequenos reinos menos avançados, enquanto o aparentemente vazio Pacífico era pouco atraente com tanto comércio já existente no oceano Índico. Eles perderam sua oportunidade.

No Ocidente, uma corrida de explorações começou assim que Colombo voltou de sua primeira viagem, com os portugueses cada vez mais concentrados em estabelecer uma rota marítima para o Oriente. Vasco da Gama foi designado para comandar uma expedição com o objetivo de completar a viagem até a Índia que Dias tinha começado dez anos antes.

---

4 Os nomes dos continentes são tradicionalmente femininos.

ROTAS COMERCIAIS NO OCEANO ÍNDICO (século XV)

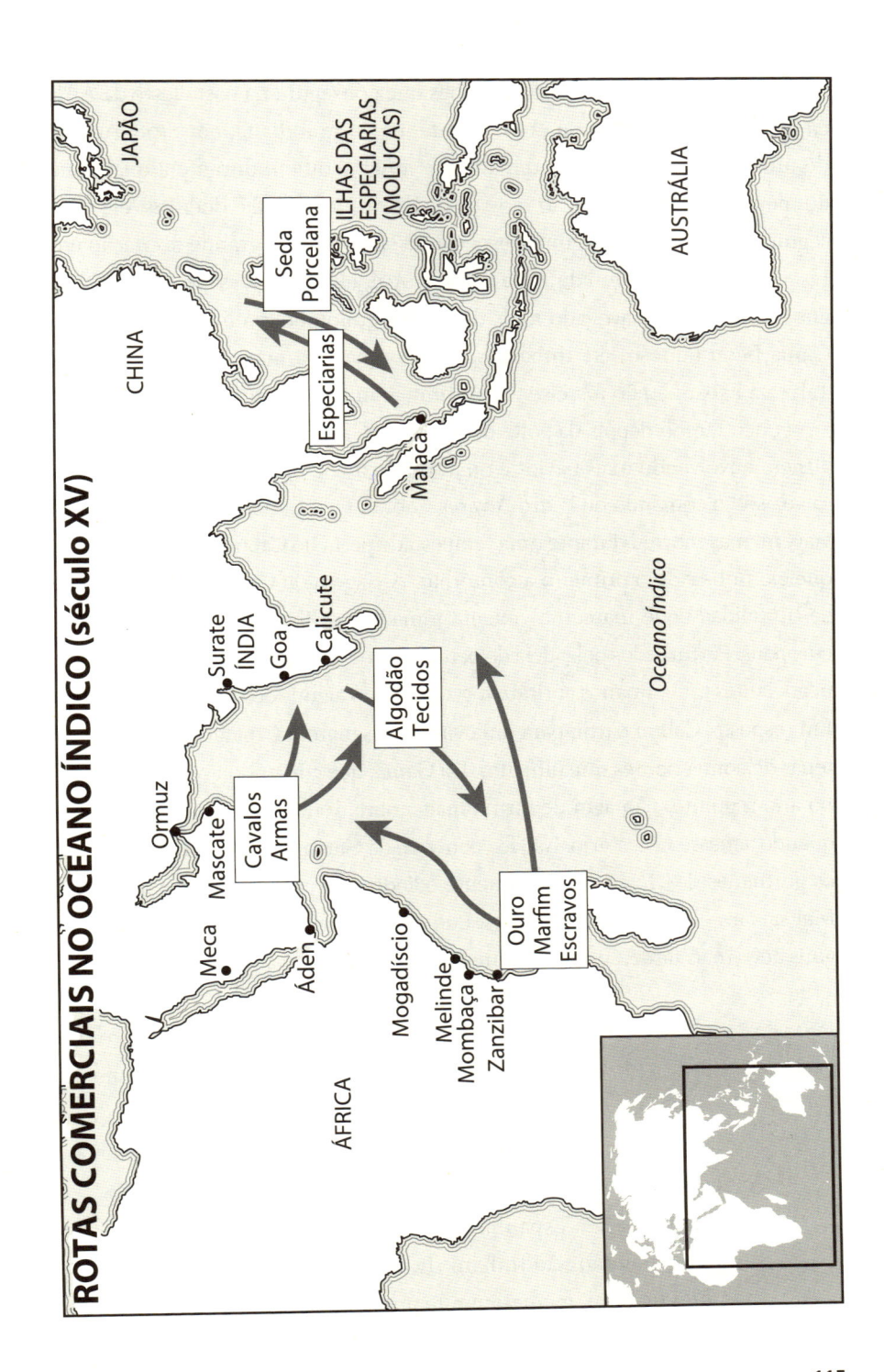

- JAPÃO
- CHINA
- ILHAS DAS ESPECIARIAS (MOLUCAS)
- AUSTRÁLIA
- Malaca — Seda, Porcelana / Especiarias
- Surate
- ÍNDIA
- Goa
- Calicute — Algodão, Tecidos
- Ormuz — Cavalos, Armas
- Mascate
- Meca
- Aden
- Mogadíscio
- Melinde
- Mombaça
- Zanzibar — Ouro, Marfim, Escravos
- ÁFRICA
- Oceano Índico

A ASCENSÃO DO OCIDENTE 115

Com a ajuda de navegadores árabes que conseguiu na costa leste da África, da Gama desembarcou em Calecute, na costa indiana, em 1498. Apesar de uma viagem de volta extremamente longa e difícil, durante a qual mais de metade de sua tripulação morreu de escorbuto, fome e doenças, ele conseguiu levar para casa algumas especiarias, provocando grande excitação em Lisboa. Quando chegou de volta em Portugal, ele tinha passado mais de dois anos fora e tinha navegado mais de 38 mil quilômetros em mar aberto. Da Gama ficou famoso; ele tinha descoberto uma rota marítima para a Índia. Talvez a Espanha não fosse se tornar uma grande ameaça no fim das contas.

Pouco tempo depois da volta de Vasco da Gama, teve início uma segunda viagem envolvendo mais navios e uma tripulação de mais de mil homens, dessa vez sob o comando de Pedro Álvares Cabral. Dias também participou dessa viagem, mas morreu durante uma tempestade perto do Cabo da Boa Esperança, que ele tinha sido o primeiro a contornar. A viagem de Cabral veria o começo da brutalidade que marcou a violenta tomada das Ilhas das Especiarias pelos europeus. Perturbados pela ideia de perder seu negócio para os europeus, alguns negociantes muçulmanos abriram fogo, matando alguns dos homens de Cabral. Em resposta, Cabral partiu para uma vingança sangrenta, matando muitas centenas de comerciantes muçulmanos. Da Gama, que comandou outra expedição no ano seguinte, não agiu de forma mais nobre, roubando e matando onde e quando achasse necessário. Isso fez com que da Gama — e por associação todos os portugueses — fosse profundamente odiado pelo povo das Índias Orientais. Mal sabiam eles que os holandeses, que eles receberiam de braços abertos alguns anos mais tarde, seriam igualmente, se não ainda mais, brutais.

O TRATADO DE TORDESILHAS {1494}

As descobertas de Colombo foram uma importante notícia não apenas para a Espanha, mas também para os portugueses, que até então não tinham rivais nas explorações marítimas. Eles ficaram imediatamente preocupados com a possibi-

O TRATADO DE TORDESILHAS (1494)

- Tratado de Saragoça 1529
- ÁSIA
- AUSTRÁLIA
- EUROPA
- ÁFRICA
- Linha do Papa Alexandre VI 1493
- AMÉRICA DO NORTE
- AMÉRICA DO SUL
- Tratado de Tordesilhas 1494

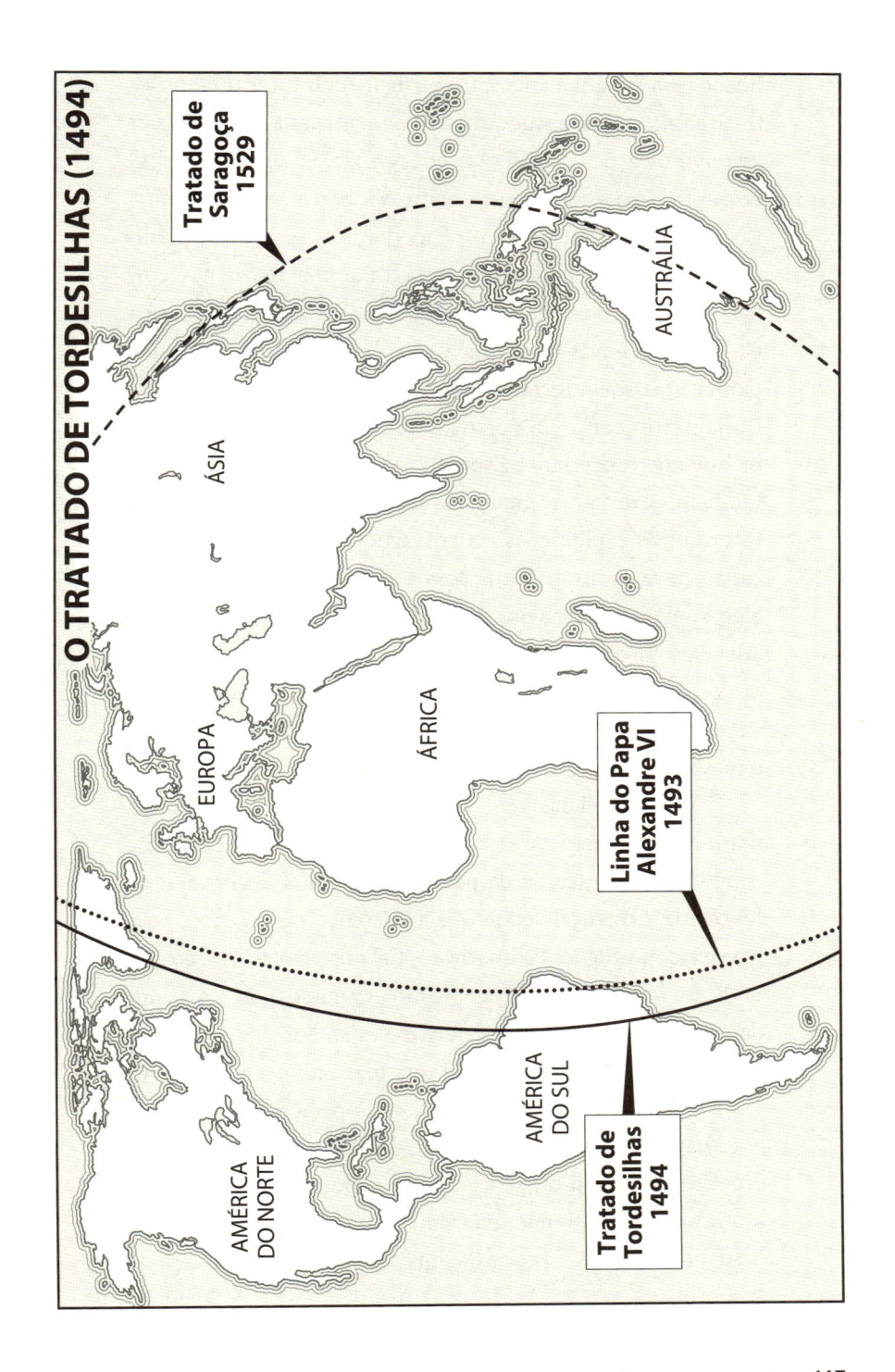

A ASCENSÃO DO OCIDENTE

lidade de a Espanha ameaçar Portugal em futuras pretensões territoriais e, em virtude disso, se recusavam a reconhecer as reivindicações espanholas em relação às novas terras. O corrupto papa espanhol Alexandre VI, pertencente à família Borgia, se ofereceu para fazer a mediação. Em 1493 ele publicou uma bula estabelecendo uma linha imaginária que cortava o Atlântico ao meio, a oeste da costa noroeste da África e a leste das novas terras que Colombo descobrira para a Espanha. Quaisquer terras descobertas dali em diante a leste da linha pertenceriam a Portugal, enquanto as terras a oeste da linha pertenceriam à Espanha. As expedições portuguesas também deveriam se manter a leste dessa linha. Depois de fazer outras explorações, os portugueses começaram a ficar cada vez mais insatisfeitos com o acordo, em parte porque alegavam que seus navios precisavam navegar mais Atlântico adentro a fim de pegar ventos favoráveis que os levassem para o sul e para o leste. Como resultado, em junho de 1494, na pacata cidade espanhola de Tordesilhas, a linha foi renegociada e reestabelecida cerca de 1.300 quilômetros a oeste.

O Tratado dividia o mundo entre as duas maiores potências marítimas da época. A Espanha ficou com a maior parte das Américas, com exceção da parte mais oriental do Brasil, que foi cedida a Portugal depois que foi descoberta, em 1500, pelo navegador português Pedro Álvares Cabral; é por essa razão que no Brasil se fala português enquanto em quase todo o restante da América do Sul a língua oficial é o espanhol. Portugal manteve o controle sobre a possível rota marítima para a Índia. O Tratado foi ignorado pelas potências europeias do norte; quem era o papa, eles questionavam, para distribuir terras para países específicos? Apesar disso, na prática, o Tratado deu à Espanha um novo império, o que teria importantes consequências nos desdobramentos da história da Europa e das Américas.

A incrível façanha de Vasco da Gama de descobrir a tão almejada rota marítima para a Índia teve um enorme impacto no curto prazo ao mudar o equilíbrio de poder na Europa. No Ocidente, Veneza e o norte da Itália perderam o monopólio sobre o comércio com o Oriente, o que levou a sua lenta estagnação. Os italianos financiaram suas próprias expedições marítimas de longo curso, mas evidentemente com pouco êxito. No Oriente, as rotas comerciais terrestres dos árabes e turcos perderam importância, o contribuiu para o lento porém inexorável declínio do Império Otomano.

Fernão de Magalhães (1480-1521)

Os espanhóis, contudo, não ficaram parados. Um jovem Carlos I de Espanha financiou uma expedição rumo ao oeste comandada por Fernão de Magalhães, tendo sido convencido por ele de que, de acordo com o Tratado de Tordesilhas, as Ilhas das Especiarias eram propriedade da Espanha, e não de Portugal. Em 1507 já tinha ficado claro que a América não era a Ásia e que as Índias ficavam do outro lado do continente através de águas ainda não navegadas. Diversas expedições foram feitas no início do século XVI com o objetivo de encontrar um caminho até lá, mas todas elas fracassaram; se Magalhães encontrasse um caminho, a Espanha ficaria rica. Assim, uma expedição comandada por ele foi financiada por Carlos I, zarpando em 1519.

Depois de uma viagem tempestuosa ao longo da costa oriental da América do Sul, rumo ao sul, em outubro de 1520 foi avistada uma passagem de águas que levava às águas calmas de outro oceano. Magalhães batizou esse novo oceano de "Mar Pacífico", uma vez que ele era muito tranquilo em comparação com o Atlântico. Ele então partiu para encontrar as Ilhas das Especiarias, mas, assim como Colombo tinha subestimado o tamanho do Atlântico, Magalhães subestimou o tamanho do Pacífico, que tem o dobro do tamanho do Atlântico. Ele levou catorze semanas para chegar à atual Guam, uma pequena ilha no Pacífico de onde eles continuaram navegando rumo às Filipinas. Foi lá que, depois de tudo que tinha passado, Fernão de Magalhães foi morto depois de se envolver em uma batalha entre chefes tribais locais.

120 BREVE HISTÓRIA DO MUNDO

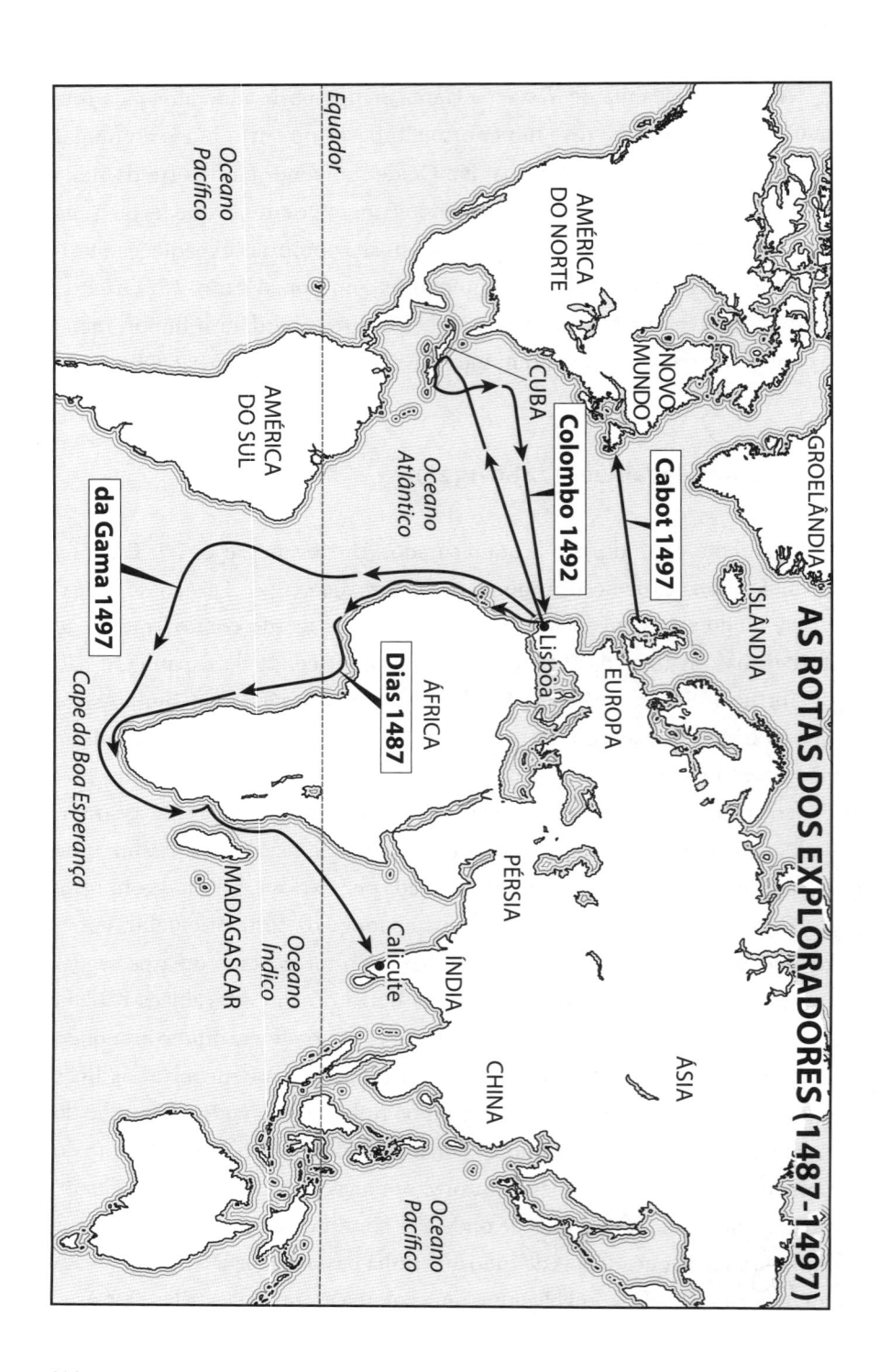

Um dos navios da frota,[5] capitaneado por Juan Sebastián Elcano, conseguiu chegar à Espanha em setembro de 1522, tendo completado a primeira circum-navegação do planeta. Apenas um décimo dos homens que tinham embarcado na viagem voltou para casa, mas de fato eles voltaram, com 26 toneladas de cravo que cobriam todo o custo da expedição. Elcano alcançou a fama por ter completado a primeira circum-navegação do mundo, mas como Magalhães tinha visitado o sudeste da Ásia em uma expedição anterior, ele recebe o crédito hoje por ter sido o primeiro homem a dar a volta ao mundo, ainda que em duas viagens distintas. Uma épica narrativa de resistência e uma das maiores aventuras da história da navegação, a viagem mostrou a verdadeira escala do nosso planeta pela primeira vez e provou que era possível navegar ao redor do mundo.

A Espanha reivindicou de imediato as Ilhas das Especiarias, pretensão furiosamente contestada pelos portugueses, que pagaram aos espanhóis uma enorme quantidade de ouro a fim de que desistissem da pretensão depois que uma emenda foi feita ao Tratado de Tordesilhas. O domínio português do comércio no oceano Índico foi confirmado e, como consolação, a Espanha ganhou o direito de fazer negócios nas Filipinas. Os dois países dominaram o comércio na área até que outras potências europeias conseguissem desenvolver suas próprias embarcações e frotas mercantis, cerca de cem anos mais tarde.

Por volta dessa época, aconteceram duas coisas na Europa que teriam grandes e duradouras consequências para a história europeia e, por associação, para o mundo: primeiro, em 1517, o monge alemão Martinho Lutero, chocado com o que vira em uma viagem a Roma, escreveu diversas críticas à Igreja Católica Romana, que deram início a uma das maiores revoluções da história da Europa. Segundo, em 1519, o profundamente católico Carlos I de Espanha herdou as terras dos Habsburgo e se tornou Carlos V, imperador do maior império ocidental desde os tempos romanos.

---

5   Os outros foram capturados, queimados ou afundados.

A Reforma Europeia (1517-1598)

Lutero não foi o primeiro homem a questionar os ensinamentos da Igreja. Pregadores como John Wycliffe, na Inglaterra, e Jan Hus, na Boêmia, já haviam declarado que o povo tinha o direito de ler a Bíblia e interpretá-la por conta própria, e em consequência disso foram perseguidos pela Igreja. A Igreja não tinha facilitado nem um pouco as coisas nos séculos anteriores, exigindo regularmente dinheiro de seus fiéis e ficando rica e preguiçosa em virtude dos lucros, de forma que, quando se tornou mais urbanizada e educada, a população europeia em geral começou a se ressentir das exigências do clero.

Lutero ficara horrorizado com o que vira em uma viagem a Roma em 1510, como a venda, pela própria Igreja, de indulgências — documentos emitidos pela Igreja que reduziam o tempo no purgatório e garantiam ao comprador a redução da necessidade de cumprir penitência por seus pecados. Sua leitura da Bíblia fizera com que chegasse à conclusão de que não era necessário se esforçar para cair nas boas graças de Deus, uma vez que uma pessoa não podia, dessa forma, influenciar a maneira como Deus se comporta em relação a nós. Os cristãos eram salvos pela fé, e apenas pela fé, e nenhuma quantidade de boas ações, ou mesmo compra de indulgências, fazia diferença. A consequência disso era que Lutero rejeitava a autoridade do papa, negava que os sacerdotes tivessem qualquer poder especial sobre os homens comuns e considerava a Bíblia a única fonte de verdade cristã.

> Não era necessário cumprir penitência, fazer peregrinações dispendiosas, venerar as carcaças consumidas de supostos santos; não era necessário fazer sacrifícios. Acima de tudo, não era necessário comprar as enganações que a Igreja vendia para seu rebanho desiludido a fim de levantar os recursos de que necessitava para suas guerras, para suas vastas construções, para as pinturas, as esculturas, as peças de madeira entalhada, os cálices de ouro e as caixas incrustadas de pedras preciosas nas quais eram guardadas

as relíquias dos santificados, encomendados sem cessar aos melhores e mais caros artistas e artesãos da Europa.[6]

Em 1517, enquanto os otomanos tomavam o Egito dos mamelucos, cuja economia também tinha sofrido com a descoberta da rota marítima das especiarias, Lutero escreveu suas famosas 95 teses contra a venda de indulgências e as enviou a seu bispo local. Com a ajuda de seus amigos e das prensas de tipos móveis, as teses se espalharam como um rastilho de pólvora, levando o papa Leão X a condenar os ensinamentos de Lutero em uma bula papal.

Como não era o tipo de pessoa que aceitava receber ordens, Lutero queimou a bula, o que fez com que, em 1521, ele fosse convidado pelo imperador Carlos V a voltar atrás em suas opiniões. Com os otomanos em seus calcanhares, a última coisa que Carlos precisava era de uma Alemanha dividida. Lutero se recusou e afirmou que só iria se retratar se as escrituras dissessem que ele devia fazê-lo, atitude pela qual ele foi proscrito como um herege. Felizmente para Lutero, muitos dos príncipes germânicos estavam ávidos para manter sua independência dos poderes usurpadores da Espanha, e Lutero conseguiu a proteção de um deles.

O fato de Lutero questionar as tradições e a autoridade eclesiástica fez dele um ponto de convergência de descontentamentos religiosos e econômicos reprimidos, e muitos camponeses aproveitaram a oportunidade para expor seu ressentimento em relação às autoridades da Igreja. Parecia óbvio para muitos deles que a Igreja favorecia seus opressores. Ao ganhar força, as queixas se transformaram em uma rebelião e, em 1525, em uma revolta camponesa de grande escala. Infelizmente para os camponeses, Lutero "tinha dado início a uma conflagração na Europa muito maior e muito mais radical do que ele pretendia",[7] e, em vez de apoiá-los, ele deu seu apoio ao intento dos nobres germânicos de apagar as chamas da insurreição.

---

6 Anthony Pagden, *Worlds at War*. Oxford: Oxford University Press, 2008 [ed. bras.: *Mundos em guerra*. São Paulo: Novo Século, 2010].
7 Ibidem.

Não demorou muito para que a Reforma varresse a Europa, uma vez que "as rivalidades nacionais e dinásticas tinham se fundido com o fervor religioso no sentido de motivar os homens a lutar por coisas que antes eles provavelmente teriam se sentido inclinados a tolerar".[8] Enquanto Lutero era quem tinha mais influência na Alemanha, os suíços e holandeses eram fortemente influenciados pelos ensinamentos protestantes de um exilado da França, João Calvino, que pregava a predestinação, isto é, que Deus já tinha escolhido quem seria condenado e quem seria salvo.[9] Os protestantes franceses, conhecidos como huguenotes, foram brutalmente reprimidos e uma guerra foi travada entres protestantes e católicos na França até que, em 1598, por meio do Édito de Nantes, Henrique IV concedeu aos protestantes a liberdade de professar sua religião.[10] Na Inglaterra, a nova doutrina daria ao rei Henrique VIII a razão que ele precisava para renunciar por completo à autoridade do papa e se divorciar de sua esposa católica, Catarina de Aragão, filha de Fernando e Isabel, reis de Espanha.

A Reforma teve um grande impacto, tanto negativo quanto positivo, no desenvolvimento do Ocidente. Ela permitiu que grandes extensões da Europa se livrassem dos grilhões dos dogmas católicos e desenvolvessem a liberdade de pensamento necessária para a inovação; mas também separou os cristãos do norte e do sul da Europa, divisão que acabou levando a guerras religiosas que só arrefeceram em 1648.

Os Habsburgo dominam a Europa

Quando Carlos se tornou imperador do Sacro Império Romano-Germânico, em 1519, sua família Habsburgo, por intermédio de diversos casamentos bem-sucedidos, possuía o maior império ocidental desde os tempos romanos,

---

8 Paul Kennedy, *The Rise and Fall of the Great Powers*. Londres: Fontana Press, 1989 (reproduzido com autorização da HarperCollins Publishers © 1989 Paul Kennedy).
9 Incidentalmente, os luteranos e os calvinistas acabaram por desprezar uns aos outros.
10 Não sem que antes meio milhão de protestantes tivessem sido expulsos da França.

A CASA DE HABSBURGO (c. 1516)

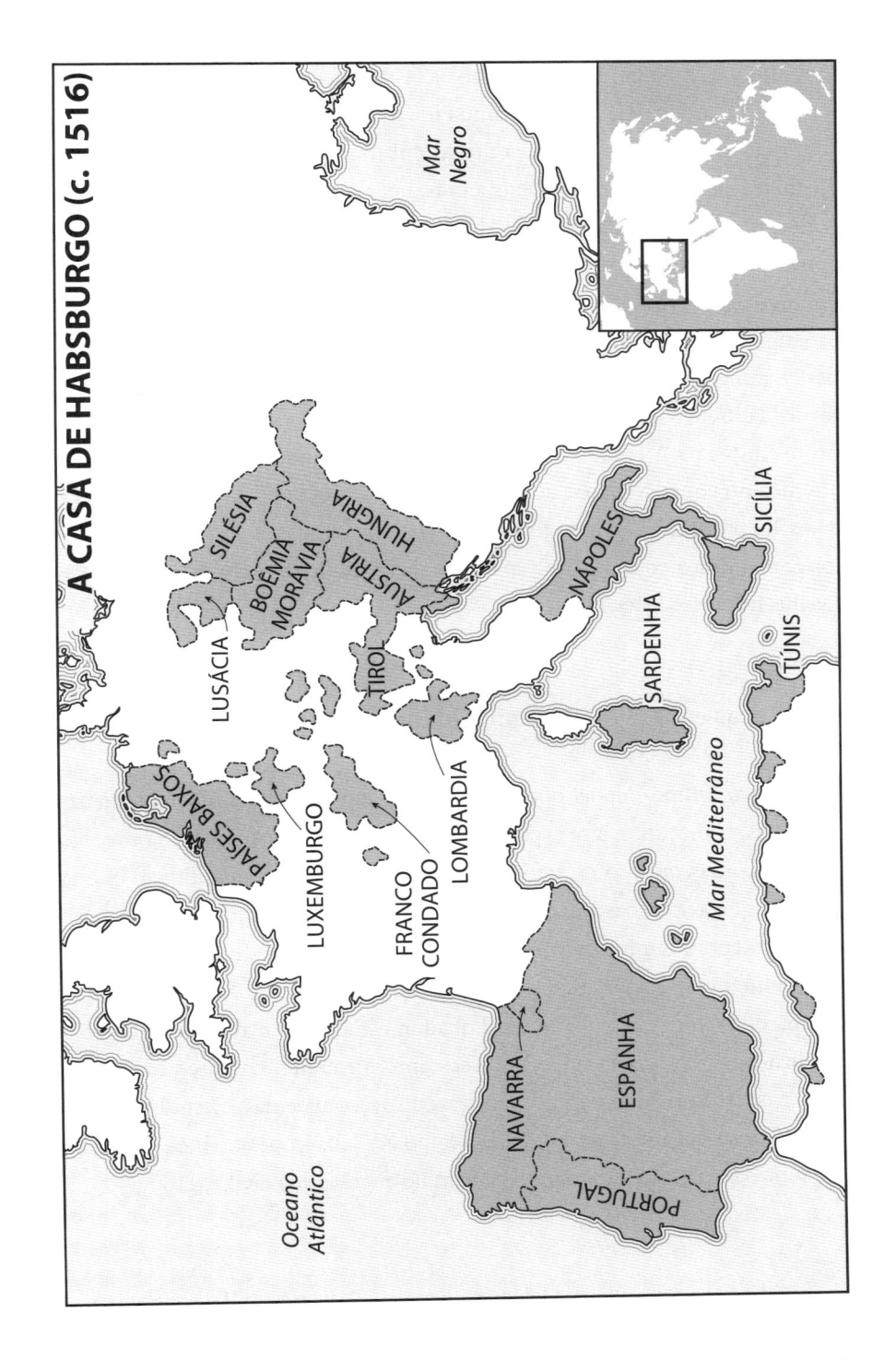

- Mar Negro
- LUSÁCIA
- SILÉSIA
- BOÊMIA
- MORAVIA
- HUNGRIA
- AUSTRIA
- TIROL
- NAPOLES
- SICÍLIA
- SARDENHA
- TUNIS
- PAÍSES BAIXOS
- LUXEMBURGO
- FRANCO CONDADO
- LOMBARDIA
- Mar Mediterrâneo
- NAVARRA
- ESPANHA
- PORTUGAL
- Oceano Atlântico

incluindo a Espanha, os Países Baixos, a Áustria e diversos países menores, sem falar das ricas, embora ainda inexploradas, colônias espanholas na América. Seu império abarcava tantas culturas e línguas que se dizia que ele falava em espanhol com Deus, em francês com sua amante e em alemão com seu cavalo. Rei da Espanha desde 1516, ele começou a encarar o país como a parte mais importante de seu império, deixando que as províncias de língua germânica fossem governadas por seu irmão, Fernando.

Imperador durante 39 anos em um período imensamente importante para a Europa, Carlos V passou seu reinado lutando contra os franceses por terras na Itália e nos Países Baixos,[11] contra uma liga defensiva de príncipes protestantes na Alemanha, contra os turcos otomanos no Mediterrâneo e até mesmo contra o papa, saqueando Roma em 1527 e levando o pontífice ao exílio porque o Vaticano tinha se aliado aos franceses. No ultramar, Carlos comandou a colonização espanhola das Américas, incluindo a conquistas dos impérios asteca e inca.

Os astecas e incas conhecem a Idade do Ferro (1200-1520/1531)

Não muito tempo depois que os primeiros europeus desembarcaram nas Américas, começaram a se espalhar histórias sobre reinos ricos em ouro. No fim das contas, o ouro de fato foi encontrado, em uma quantidade que ia além do que as pessoas imaginavam. Dois dos maiores impérios nas Américas nessa época eram o Império Asteca, no atual México, e o Império Inca, possivelmente o maior império do mundo então, cobrindo uma área que compreendia territórios dos atuais Equador, Chile, Peru, Argentina e Bolívia. Civilizações que ocupavam essas áreas anteriormente, como os olmecas e os maias, tinham se extinguido por razões desconhecidas. Quando os conquistadores chegaram, no início do século XVI, os impérios Inca e Asteca, existentes havia trezentos anos, estavam no auge de sua civilização.

---

11 Batalha na qual ele surpreendentemente se aliou a Henrique VIII da Inglaterra.

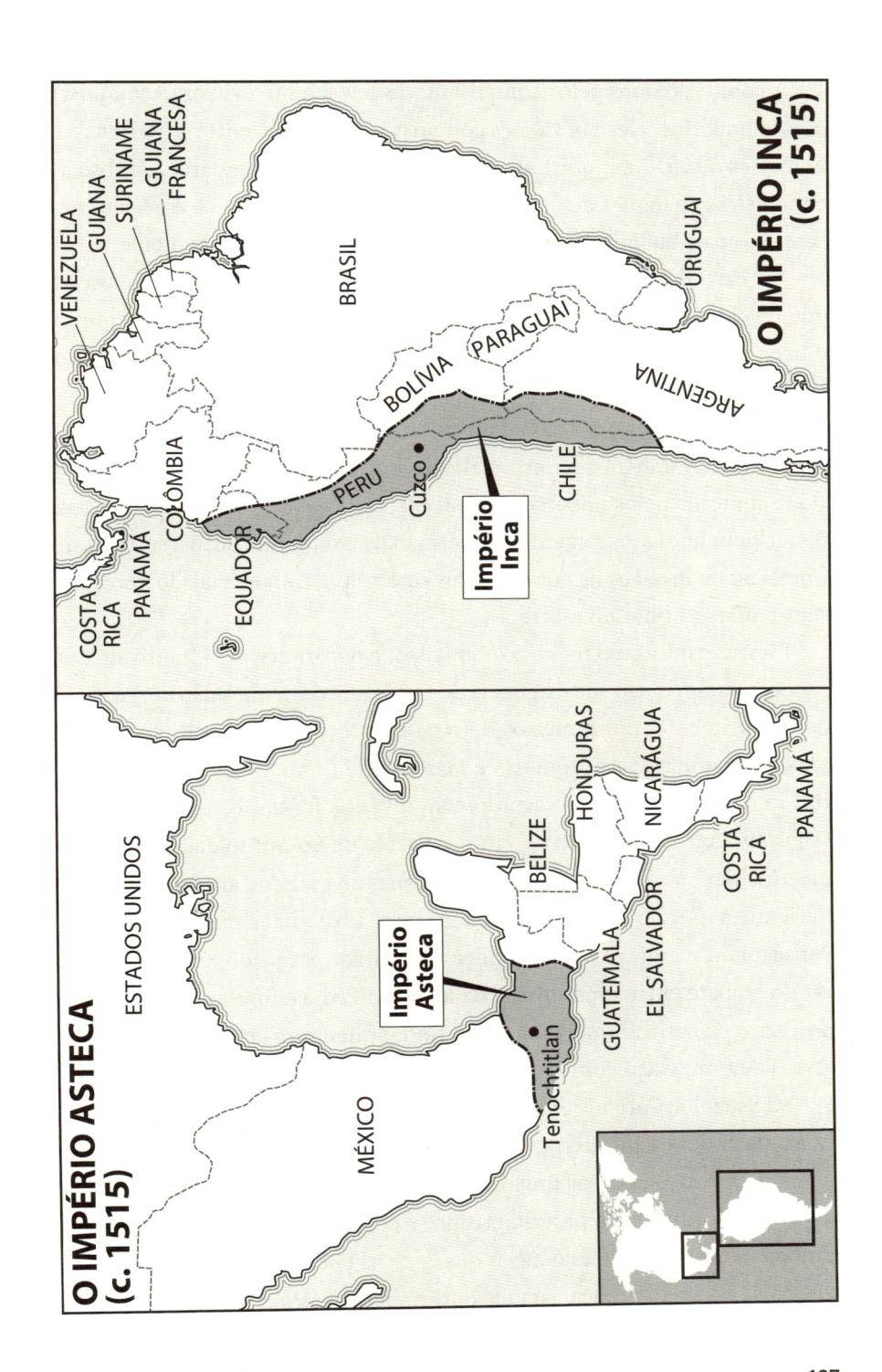

O IMPÉRIO ASTECA (c. 1515)

O IMPÉRIO INCA (c. 1515)

A cobiça do ouro pelos conquistadores levou a uma violenta conquista desses impérios. Hernán Cortés conquistou os astecas entre 1519 e 1520 e Francisco Pizarro conquistou os incas uma década mais tarde. Ambas as conquistas são dignas de nota devido ao pequeno número de europeus necessários para subjugar um número imensamente superior de homens.

No caso de Cortés, o imperador asteca Montezuma, que reinava da grande cidade de Tenochtitlán, pode tê-lo tomado por um deus de regresso e baixado a guarda. Os astecas também ficaram aterrorizados diante das armas e dos cavalos, que nunca tinham visto antes; de fato, não há registros de cavalos presentes nas Américas antes de os europeus chegarem, em 1492. Cortés também encontrou aliados entre a população local que tinha sido subjugada pelos imperadores astecas. Os astecas acreditavam que sem o sacrifício humano, o sol não nasceria mais e o mundo acabaria. Por fim, Cortés ateou fogo aos navios nos quais suas tropas tinham viajado, forçando seus homens a lutar ou morrer.

Pizarro capturou o rei inca, Atahualpa, e o manteve prisioneiro até que os incas cumprissem sua exigência de encher de ouro um salão de 7 metros de comprimento, por 5 metros de largura e 2,5 metros de altura. Pizarro então descumpriu sua promessa e matou o rei (embora não sem antes batizá-lo na fé católica!). De acordo com diversas fontes, os espanhóis conseguiram derrotar um exército inca de cerca de 80 mil soldados com apenas 168 homens. Doenças europeias dizimaram grande parte da população local antes mesmo de as forças se juntarem à batalha, e quanto os nativos conseguiam se unir para se defender, o resultado era o que se poderia esperar do embate entre uma cultura da Idade da Pedra e uma cultura da Idade do Ferro: os nativos americanos não tinham nenhuma chance de derrotar armas de ferro e aço com armas de pedra e madeira.

Na Espanha, Carlos V encorajou a união de seu filho, Filipe, com a católica Maria Tudor da Inglaterra, com o objetivo de aliar a Espanha, a Inglaterra e os Países Baixos em uma união de Estados católicos. Ele estava determinado a não permitir que o protestantismo se consolidasse e se expandisse pela Europa, temeroso das dissidências que isso iria encorajar; para todos os efeitos, havia pouca diferença para ele entres protestantes e turcos. A defesa de

O IMPÉRIO OTOMANO (c. 1670)

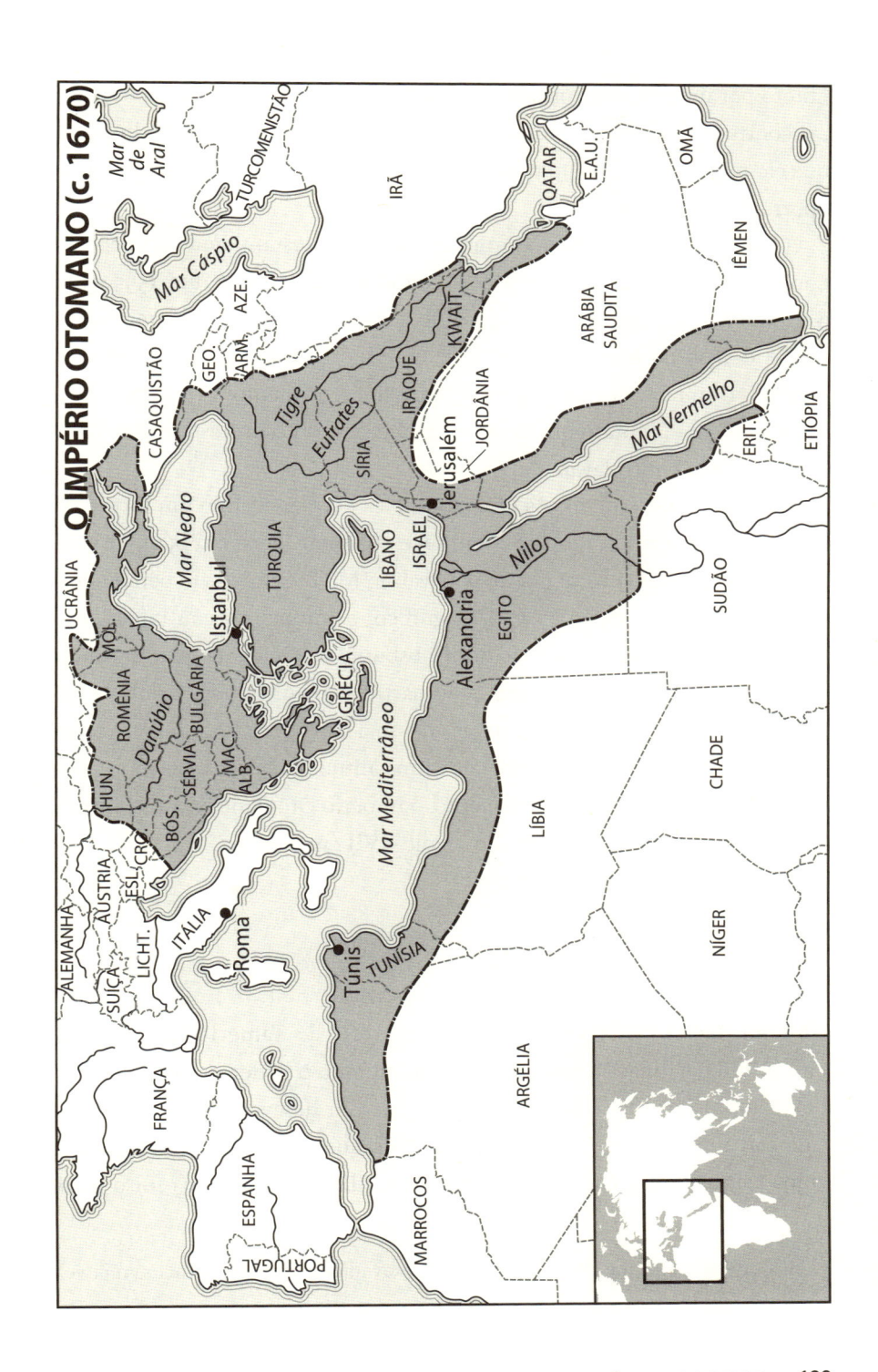

A ASCENSÃO DO OCIDENTE

Lutero por um grupo de príncipes germânicos, entretanto, somada às guerras contra os franceses e otomanos, desviou a atenção de Carlos e impediu que ele reprimisse a revolta religiosa na Alemanha enquanto ele ainda tinha oportunidade de fazê-lo.

Quando ele decidiu tomar uma atitude, o protestantismo já estava tão consolidado — pelo menos no norte da Alemanha — que, em 1555, com a Paz de Augsburgo, Carlos foi forçado a conceder ao Luteranismo status oficial dentro do Sacro Império Romano-Germânico. Ainda pior em sua opinião, o tratado permitia que 225 príncipes germânicos escolhessem a religião oficial (contato que fosse o catolicismo ou o protestantismo) nos domínios que controlavam.

No que dizia respeito aos otomanos, eles permaneceram um tormento constante para Carlos, tentando sem sucesso tomar Viena em 1529,[12] e continuariam a ser uma forte potência naval no Mediterrâneo até bem depois de sua morte. Sob Solimão I, o Magnífico, os otomanos continuariam a guerrear tanto contra o Império dos Habsburgo no Ocidente quanto contra os persas safávidas xiitas, com os quais partilhavam uma longa fronteira comum, no Oriente. Entretanto, depois de uma série de sultões incompetentes, com um império extenso demais e uma atitude cada vez mais repressiva em relação à liberdade de pensamento, o Império Otomano entraria em um lento porém inevitável declínio do século XVII em diante.

Pérsia Safávida (1502-1732)

Na confusão deixada pelos soldados mongóis de Tamerlão ao baterem em retirada, a dinastia xiita dos safávidas tomou o poder na Pérsia e estabeleceu um forte Estado independente, apesar de eventualmente terem sido forçados a entregar Bagdá e todo o Iraque aos turcos otomanos em cujos interesses tinham interferido. O xá Abas I (1571-1629) foi o mais

---

[12] Os otomanos tentariam capturar Viena novamente em 1683 e mais uma vez fracassariam.

renomado dos xás safávidas, mas foi sucedido por soberanos mais fracos, o que tornou a Pérsia uma ameaça menor para os otomanos. Uma Pérsia enfraquecida acabaria se tornando o centro de uma disputa entres os russos e os britânicos no século XIX.

A Contrarreforma Católica (1545)

Em resposta ao crescimento do movimento protestante, a Igreja Católica instituiu suas próprias reformas. Em 1545, o Concílio de Trento foi convocado pelo papa Paulo III a fim de reformar a Igreja e refutar o Luteranismo. Contudo, como medida defensiva, a fúria total da Igreja também se abateu sobre qualquer um que continuasse a desafiar sua autoridade. O Concílio aprovou a instituição da Inquisição Romana, responsável por perseguir e executar hereges das maneiras mais pavorosas. Um índex de livros considerados heréticos foi publicado, na primeira tentativa de censura em massa, e lê-los significava correr o risco de ser excomungado, o que para muitos era um destino pior do que a morte.

Em 1543, o astrônomo polonês Nicolau Copérnico tinha sido condenado por ousar sugerir que a Terra, longe de ser o centro do Universo, na verdade orbitava em torno do Sol. Setenta e dois anos mais tarde, Galileu Galilei foi chamado a Roma pela Inquisição por ousar concordar com Copérnico. Embora concordasse que a Bíblia era infalível, ele tinha sugerido que as pessoas que a interpretavam talvez não fossem. Como consequência, foi forçado a afirmar publicamente que a Terra não girava em torno do Sol e foi condenado à prisão domiciliar. Em resumo, "a Reforma protestante deu um grande estímulo à alfabetização, multiplicou dissidências e heresias e promoveu o ceticismo e a recusa da autoridade que estão no cerne dos empreendimentos científicos. Os países católicos, em vez de enfrentarem o desafio, reagiram com fechamento e censura".[13]

---

13 David Landes, *The Wealth and Poverty of Nations*. Londres: Abacus, 1998 [ed. bras.: *A riqueza e a pobreza das nações*. Rio de Janeiro: Campus, 1998].

Exaurido por guerras em todas as frentes, Carlos abdicou do trono em 1555 e acabou morrendo em um monastério dois anos depois. As terras dos Habsburgo onde se falava alemão passaram ao irmão mais novo de Carlos, Fernando, que se tornou imperador do Sacro Império Romano-Germânico — agora um título virtualmente hereditário dos Habsburgo. O Império Espanhol, incluindo os Países Baixos, as possessões italianas dos Habsburgo e, por um período, Portugal, passaram a seu fanático filho, Filipe II. Assim o ramo menor dos Habsburgo austríacos se uniu e o ramo maior dos Habsburgo espanhóis se fundiram.

A Revolta Holandesa (1579-1648)

Filipe II tentou impor um sistema de governo mais centralizado, em parte para satisfazer suas tendências autocráticas e em parte para aumentar a receita de impostos a fim de cobrir os custos desenfreados de suas guerras. Como defensor do catolicismo, Filipe também estava determinado a reprimir os protestantes, até então tolerados nos Países Baixos por causa de interesses comerciais, onde quer que os encontrasse.

O começo do reinado de Filipe viu um descontentamento latente crescer entre os holandeses, cujo país só tinha sido formalmente anexado às possessões da Espanha pelo rei Carlos em 1549. Ferozmente autônomos, eles se ressentiam dos novos impostos cobrados por Filipe. Uma série de colheitas ruins disseminaram inquietação entre as massas e levaram bandos a saquear diversas igrejas e monastérios.

Desejando impor sua autoridade aos protestantes impertinentes, Filipe enviou um exército para reprimir a revolta; a maneira violenta com que seus homens lidaram com a situação, no entanto, alienou até mesmo alguns dos católicos holandeses e gradualmente transformou a revolta em uma luta pela completa independência.

Em 1579, sete províncias do norte formaram as "Sete Províncias Unidas dos Países Baixos", e dois anos depois eles decretaram que Filipe não era mais seu rei por direito, declarando independência da Espanha. Eles não imaginavam que sua independência só seria completamente reconhecida em 1648, depois de uma devastadora guerra que envolveu grande parte da Europa. As províncias do sul, incluindo os atuais Bélgica e Luxemburgo, permaneceram fiéis à Espanha. Perdendo a batalha contra a Espanha e, em uma situação desesperadora, as Províncias Unidas ofereceram a coroa holandesa à rainha Elizabeth da Inglaterra e ao irmão mais novo do rei da França. Ambos recusaram a oferta, mas Elizabeth acabou mandando um pequeno exército para ajudar os rebeldes depois que Guilherme I de Orange foi assassinado, em 1584.

A Reforma Inglesa (1517-1558)

Enquanto isso, na Inglaterra, o rei Tudor Henrique VIII tinha ascendido ao trono inglês em 1509. Henrique foi coroado rei apenas porque seu irmão mais velho, Arthur, que tinha se casado com Catarina de Aragão, morrera. Henrique se casou com a viúva do irmão, mas seu pendor por aventuras amorosas fez com que logo se interessasse por outra, o que o levou a tentar anular o primeiro casamento, sem se dar conta nem por um minuto dos problemas que isso ia causar. As ideias de Lutero já tinham começado a circular pela Inglaterra e foram bem recebidas pela nova amante de Henrique, Ana Bolena. O sobrinho de Catarina, porém, era ninguém menos que o imperador Carlos V, que usou sua influência para fazer com que o papa se recusasse a anular o matrimônio. Como resposta, um irritado Henrique se recusou a reconhecer a autoridade do papa, uma atitude irônica vinda de um homem que inicialmente rejeitara os ensinamentos de Lutero de tal forma que recebera o título de "Defensor da Fé" em 1521.[14]

Como a fé católica não reconhecia o divórcio, Henrique ordenou ao arcebispo da Cantuária que lhe concedesse um, o que ele prontamente fez. Essa ruptura com Roma foi confirmada em 1534, quando Henrique foi nomeado Chefe Supremo da Igreja da Inglaterra por meio de um Ato

---

14 Esse título ainda é usado pelos monarcas ingleses atualmente.

do Parlamento. O chefe da Igreja da Inglaterra daí em diante passaria a ser o rei e aqueles que desafiaram Henrique foram executados. Aqueles que o apoiavam, por outro lado, foram generosamente recompensados com as terras e bens da Igreja, que o rei redistribuiu depois de dissolver os ricos monastérios. As receitas reais dobraram no processo.

Os seis casamentos de Henrique produziram três herdeiros: Eduardo, Maria e Elizabeth. Cada um dos quais tinha suas próprias convicções religiosas. Seu filho Eduardo era um protestante convicto, mas seu reinado foi curto. Maria, assim como a mãe, Catarina de Aragão, era uma católica devota. Quando se tornou a primeira rainha da Inglaterra, ela tentou voltar ao passado, mas acabou com toda a boa vontade que tinha conseguido reunir ao se casar com Filipe II da Espanha, o filho católico de Carlos V. A Inglaterra, afinal de contas, não desejava ser regida por um soberano espanhol nem ter sua vida religiosa comandada pelo papa, e aqueles que tinham se beneficiado da distribuição das terras da Igreja por Henrique VIII certamente não tinham nenhuma intenção de devolvê-las.

A decisão de Maria de restaurar as leis de heresia e as execuções públicas na fogueira que se seguiram foram um tiro no pé e lhe renderam o epíteto de "Maria Sangrenta". Para piorar as coisas, a Inglaterra, agora aliada da Espanha, foi arrastada para uma guerra com a França na qual perdeu Calais — a última possessão inglesa na França — em 1558. Quando Maria morreu, no mesmo ano, sua morte não foi particularmente lamentada e, como seu casamento com Filipe II não tinha produzido um herdeiro, o trono passou a sua irmã, Elizabeth, que assumiria o lugar de uma das maiores monarcas da Inglaterra em um reinado que durou 45 anos.

Elizabeth I: A Rainha Virgem (1533-1603)

A nova rainha tinha inclinações protestantes, em razão das quais acabou sendo excomungada pelo papa, mas não era uma extremista como a irmã. Ela era em geral tolerante, a não ser quando questões religiosas prementes não lhe deixavam outra opção, como quando diversas conspirações para colocar sua prima

Maria, rainha da Escócia, no trono da Inglaterra foram descobertas. Para seu grande desgosto, Elizabeth foi forçada a ordenar que Maria fosse executada.

O reinado de Elizabeth foi muito proveitoso para a Inglaterra, e ela elevou o status do país no mundo. Durante seu reinado foram feitas as primeiras tentativas de estabelecer uma colônia na América do Norte. Walter Raleigh batizou a terra de Virgínia, em homenagem à rainha virgem, por sugestão da própria monarca, a fim de que pudesse cair nas graças de seus súditos católicos.

Essa pretensão à América, no entanto, foi a gota d'água para os espanhóis; afinal de contas, eles tinham reivindicado todo o continente americano para si, com nada menos que a aprovação do papa! Depois de enviar ajuda para as Províncias Unidas, atacar repetidamente frotas e colônias espanholas e mandar executar sua prima católica Maria, Elizabeth certamente não esperava uma reação razoável.

Os espanhóis deram início imediatamente aos preparativos para enviar uma "Armada" de navios com o objetivo de invadir a Inglaterra e restaurar a fé católica no país. Rumores dessa empreitada logo se espalharam quando Filipe de Espanha encorajou todos os países católicos a contribuírem com capital e homens. Quando zarpou, a Armada compreendia 7 mil marinheiros, 17 mil soldados e 130 navios. Enquanto o papa abençoou o arriscado empreendimento, o restante da Europa observou. Contudo, apesar de todo o capital a sua disposição, a Armada falhou.

Primeiro, a partida da esquadra teve de ser adiada quando Francis Drake navegou sem cerimônia até o porto de Cádiz, no sul da Espanha, e afundou trinta navios espanhóis, deixando Filipe ainda mais enfurecido.[15] Segundo, a pessoa designada para comandar a Armada, o duque de Medina-Sidonia, inacreditavelmente nunca tinha comandado uma esquadra e tentou desesperadamente escapar da responsabilidade de assumir esse posto. Uma combinação de fatores, incluindo erros dos espanhóis, falta de sorte com o tempo e as magníficas táticas dos ingleses, aliadas ao uso de navios menores e mais velozes, asseguraram a derrota da Espanha. A Armada foi forçada a

---

15 Esse evento ficou conhecido como "A Chamuscada na Barba do Rei da Espanha".

contornar as Ilhas Britânicas e retornou lentamente, em consequência das avarias, aos portos espanhóis com metade dos navios e aproximadamente metade dos homens — um desastre financeiro e uma derrota humilhante.

Apesar de o afluxo de riquezas das Américas ter ajudado a Espanha a se recuperar de forma bastante rápida de seus prejuízos financeiros, o país não conseguiu se recuperar tão rapidamente do golpe em seu prestígio. Quem eram os ingleses para derrotar a poderosa Espanha, ou os holandeses para ousar desafiá-los? A derrota encheu os ingleses e holandeses de confiança para atacar os espanhóis no mar e contribuiu para o crescimento de seu poder no século seguinte. Depois da derrota da Armada, Francis Drake se tornou um herói nacional, e Elizabeth se tornou uma lenda; ela tinha enfrentado com êxito a maior ameaça que o país enfrentara desde a invasão normanda, quatrocentos anos antes.

Embora Elizabeth tenha transformado a Inglaterra em uma grande potência, seus sucessores desfizeram grande parte do que ela tinha conquistado. Em 1603, o filho de Maria, Rainha da Escócia, Jaime VI da Escócia, foi coroado Jaime I da Inglaterra, embora tenham sido necessários mais cem anos e o Tratado de União de 1707 para que os dois governos fossem unidos oficialmente no Reino da Grã-Bretanha.[16] Jaime não era amado pelo povo e foi durante seu reinado, em 1605, que um grupo de nobre católicos, liderados por Guy Fawkes, conspirou para explodir o Parlamento inglês — ato ainda lembrado todos os anos na Inglaterra no dia 5 de novembro. O filho de Jaime, Carlos I, levaria o país à guerra civil.

A Guerra dos Trinta Anos e a Paz de Vestfália (1618-148)

Filipe II de Espanha morreu em 1598, profundamente endividado[17] e militarmente esgotado. Seu sucessor, Filipe III, não teve escolha a não ser pedir

---

16 O reino se tornou o Reino Unido da Grã-Bretanha apenas em 1808, com a anexação da Irlanda do Norte.
17 Quando morreu, o rei devia quinze vezes a renda anual do país.

trégua entre a Espanha e as Províncias Unidas dos Países Baixos em 1609. A paz durou nove anos e acabou sendo quebrada por uma guerra religiosa que durou trinta anos e se estendeu por toda a Europa, de 1618 a 1648, envolvendo a maioria das potências continentais. Para complicar as coisas, os Bourbon, da França, apesar de terem um rei católico, lutaram ao lado dos protestantes, uma vez que se preocupavam com o fato de estarem cercados por territórios dos Habsburgo.

A Alemanha foi a que mais sofreu com o conflito, com regiões inteiras devastadas e cerca de um quarto da população dizimada pela guerra, pela fome e pelas doenças. Outras nações ficaram falidas. Fora da Europa, a guerra também assolou suas colônias nascentes, com hostilidades ocorrendo na Ásia, na África e na América. No Oriente, os holandeses travaram uma dura guerra contra os portugueses e acabaram tomando deles a maioria de suas possessões, incluindo as lucrativas Ilhas das Especiarias.

As negociações para a paz tiveram início em 1643 e só foram finalizadas cinco anos mais tarde, depois de negociações interminavelmente longas. A Paz de Vestfália, que foi assinada em 1648, marcou o fim tanto da revolta holandesa, que já durava oitenta anos, quanto da Guerra dos Trinta Anos. O Cristianismo, supostamente uma religião de paz, tinha provado mortes e destruição e dividira permanentemente a Europa. Estava claro para qualquer um que havia necessidade desesperadora de uma mudança.

As negociações revelaram uma nova Europa: a República Holandesa foi finalmente reconhecida como um Estado independente e os territórios do Sacro Império Romano-Germânico conquistaram a soberania de fato — o que reduziu de forma efetiva o poder do imperador sacro romano. Esses ajustes territoriais, no entanto, foram em muitos aspectos apenas uma trama paralela se comparados com as mudanças fundamentais que ocorreram.

Primeiro, ficou acordado que as pessoas deveriam poder expressar suas opiniões religiosas livremente, uma convicção que continua a ser a base da sociedade civil. O Calvinismo, o Luteranismo e o Cristianismo foram todos igualmente reconhecidos e a religião foi separada do Estado, e permanece assim na maioria dos países ocidentais até hoje. Segundo, os éditos assinados formaram as bases da soberania dos estados-nação atuais, em oposição aos blocos imperiais, com a monarquia se tornando a forma dominante de governo dali para a frente. Estabeleceu fronteiras para os Estados, muitas das quais permanecem as mesmas ou similares até hoje, e desse período em diante seriam as rivalidades nacionais, em vez de disputas religiosas, que levariam a guerras e alteraria o equilíbrio de poder na Europa.

A Colonização da América do Norte (século XVII)

A presença europeia na América do Norte no século XVI tinha se concentrado primariamente na busca por um caminho até as riquezas das Índias, ainda consideradas por muitos o caminho mais fácil para a prosperidade. A América não foi vista de início como uma terra a ser conquistada e colonizada, mas sim como um território para resolver as diferenças das principais potências europeias e como uma fonte de pilhagens com as quais podiam financiar suas guerras.

Em meados do século XVI, a Espanha detinha a maior parte das Américas Central e do Sul, assim como as grandes quantidades de prata que tinha extraído de lá. Tendo escravizado e dizimado uma grande proporção das populações locais em sua busca por riquezas, os espanhóis começaram a importar escravos da África na esperança de que eles fossem mais resistentes às doenças e trabalhassem com mais afinco. Os portugueses logo seguiram o exemplo, importando escravos para trabalhar em suas fazendas produtoras de açúcar no Brasil.

Mas conforme a Espanha enriquecia, outras potências procuravam se apossar de suas riquezas, notadamente a França, a Inglaterra e os Países Baixos. A Inglaterra especificamente, durante o reinado de Elizabeth I, tinha ganhado a reputação de praticar pirataria no Caribe, atacando os galeões do Tesouro espanhol que voltavam carregados de ouro e prata do Novo Mundo; afinal de contas, por que escavar minas em busca de ouro e prata se esses metais podiam ser tão facilmente roubados? Com poucas riquezas descobertas na América do Norte e no Caribe, essas eram áreas que pouco interessavam à Espanha, e assim seus inimigos conseguiram consolidar sua posição lá.

Ainda assim, as potências europeias demoraram para aproveitar completamente os benefícios da colonização. Foi apenas em 1565 que os espanhóis estabeleceram um entreposto comercial mais sólido no continente americano, na cidade de St. Augustine, na Flórida. Vinte anos depois, os ingleses, sob o comando de Walter Raleigh, também tentaram estabelecer um entreposto comercial permanente, em vez de uma colônia, na ilha de Roanoke, na costa do que hoje é a Carolina do Norte. Mas não foi um empreendimento simples; os primeiros colonos, convencidos a ir para lá em primeiro lugar por meio de propagandas, pediram para ser levados de volta para casa no ano seguinte. Os próximos colonos a empreender a longa jornada através do Atlântico simplesmente desapareceram.

Foi apenas no início do século XVII que as potências europeias fizeram um esforço concertado para colonizar essa parte do mundo. A perseguição religiosa e as colheitas ruins do início do século XVII na Europa fizeram com que houvesse grande quantidade de voluntários, apesar das terríveis travessias durante as quais muitos morriam.

Jamestown e a Colônia da América do Norte (1607)

O fracasso de Roanoke, aliado à contínua guerra contra a Espanha, suspendeu os esforços de colonização ingleses até 1606, quando o rei autorizou a London Company a estabelecer colônias. O resultado foi a fundação de Jamestown, na Virgínia, em 1607, acontecimento que muitos consideram o verdadeiro início da história colonial norte-americana. E mesmo isso não foi fácil; um terço dos colonos morreu durante a viagem e outro terço morreu durante o primeiro ano, em um período de adaptação que ficou conhecido como "aclimatação". Além disso, os primeiros vinte anos foram marcados pela fome e pelas doenças, o que significou que os colonos tiveram de receber suprimentos da Inglaterra até poderem se virar por conta própria. A colônia foi salva pelo cultivo de tabaco, que se tornava cada vez mais em voga fumar e que era relativamente fácil de cultivar. Não demorou muito para que o tabaco barato da Virgínia inundasse os mercados.

Os franceses fundaram seu primeiro assentamento permanente em Quebec em 1608, e em 1609 Sir Henry Hudson, um navegador inglês a serviço dos holandeses, descobriu a ilha de Manhattan. A ilha inicialmente foi usada como uma base para negociantes, mas os holandeses começaram a mandar colonos em 1624, comprando a ilha dos índios nativos por uma ninharia, acordo que foi considerado o melhor negócio imobiliário da história. Eles a batizaram de Nova Amsterdã. Quarenta anos depois, os ingleses decidiram que a Nova Amsterdã estava bloqueando sua expansão para o oeste, então a tomaram e a rebatizaram como Nova York, em homenagem ao duque de York, irmão do rei Carlos II. Em troca, e como parte do acordo para pôr fim à guerra anglo-holandesa, os ingleses cederam aos holandeses parte do Suriname, na América do Sul, no que talvez tenha sido o pior negócio imobiliário da história!

Conforme se espalhavam as notícias sobre as oportunidades oferecidas nas Américas, mais e mais europeus decidiam emigrar. Em 1610, do outro lado do continente, os espanhóis fundaram a cidade de Santa Fé. Em 1620, um grupo de separatistas religiosos fugindo da perseguição na Inglaterra chegou a Plymouth, na atual Nova Inglaterra, a bordo do *Mayflower*. Um ano mais tarde eles celebraram o sucesso de sua primeira colheita de milho junto com seus aliados nativos em uma cerimônia de ação de graças ainda lembrada pelos norte-americanos todos os anos.

Os europeus logo ganharam uma má reputação entre os índios nativos, que se referiam a eles, entre outros nomes, como "povo ganancioso por terras" ou "povo que vestia casacos". Ao logo dos séculos seguintes, os índios nativos seriam dizimados pelas doenças europeias, em especial varíola e cólera.

Os europeus geralmente ficavam surpresos com a amabilidade dos nativos que sobreviviam, mas ainda assim iam em frente e os matavam. Repetidas vezes os colonos brancos desrespeitaram seus tratados enquanto os nativos americanos, sem conseguir entender porque os recém-chegados precisavam de mais terras do que aquela na qual eram capazes de cultivar comida, não se uniram contra eles. Por fim, eles não foram mais capazes de resistir às doenças que os europeus levavam com eles do que à sua cobiça por terras e foram, de maneira lenta mas regular, expulsos, subjugados e exterminados. Para os nativos americanos, a chegada dos europeus foi por si só um holocausto.

As coisas não foram diferentes na América do Sul, onde aqueles que tinham sobrevivido às doenças com frequência eram obrigados pelos espanhóis e portugueses a trabalhar até a morte nas minas ou fazendas. Foi a alta taxa de mortalidade das populações nativas que levou os europeus a procurar uma nova fonte de força de trabalho.

O Açúcar e o Comércio de Escravos (séculos XV-XIX)

Em meados do século XV, escravos africanos estavam sendo importados para Portugal em números cada vez maiores como resultado das expedições ao longo da costa ocidental africana. Havia um longo histórico de comércio de escravos entre intermediários nativos africanos e árabes durante séculos antes da intervenção europeia. Aclimatados às temperaturas e de constituição física robusta, os escravos africanos eram bons trabalhadores para as fazendas de açúcar das recém-descobertas colônias portuguesas ao largo da costa africana, como as ilhas Canárias, Açores e da Madeira.

Foi essa percepção que encorajou os empreendedores portugueses a começarem a exportar escravos para o recém-descoberto Brasil, onde eles rapidamente começaram a trabalhar no cultivo da altamente rentável cana-de-açúcar e a extrair prata das minas. Os escravos africanos eram importados em números tão grandes[18] que, no fim do século XVII, cerca de metade da população do Brasil era de escravos africanos.

O aumento da demanda por açúcar na Europa, resultado da popularidade cada vez maior do café e do chá, encorajou outras nações a cultivar cana-de-açúcar no Caribe, que tinha um clima muito parecido com o do Brasil. Esse interesse coincidiu com o reduzido retorno dos investimentos

---

18 Mais de 3 milhões de africanos foram exportados para o Brasil ao longo de trezentos anos.

que a indústria de cultivo do tabaco no Caribe experimentou depois que os mercados mundiais foram inundados pelo tabaco barato da Virgínia. No entanto, as altas taxas de mortalidade no Caribe significavam que grande parte da força de trabalho europeia original tinha ou morrido ou fugido para a América do Norte, onde o clima era mais ameno. Era necessário não apenas um novo produto de cultivo, mas também uma nova mão de obra.

Enquanto os ingleses e franceses se ocuparam em estabelecer plantações de cana-de-açúcar, os holandeses forneceram grande parte do crédito e dos escravos, em troca de administrarem a venda do açúcar. Foram os holandeses que inicialmente forneceram escravos para a América do Norte, onde eles acabariam se tornando essenciais para a economia.

Quando o comércio de escravos chegou ao fim, o Caribe tinha recebido, de acordo com as estimativas, 50% dos cerca de 15 milhões de escravos africanos transportados para as Américas como mão de obra barata durante um período de trezentos anos. Na verdade, até o começo do século XIX, a maioria dos imigrantes das Américas era de africanos.

A viagem através do Atlântico da África até as Américas geralmente acontecia em condições deploráveis. Os escravos eram acorrentados uns aos outros nos porões de navios superlotados a fim de maximizar o lucro dos negociantes, as doenças se disseminavam e não era incomum que 25% dos escravos morressem durante a "passagem do meio", como a travessia ficou conhecida. Quando chegavam, eram tratados como animais. A baixa expectativa de vida, combinada a uma escassez de mulheres, e consequentemente de crianças, significava que havia necessidade de remessas regulares.

Nos anos 1680, os holandeses, ingleses e franceses tinham suas próprias colônias produtoras de açúcar, cuja produção superava até mesmo a do Brasil. Durante algum tempo, a colônia britânica de Barbados foi a maior produtora de açúcar do mundo, vindo a ser superada apenas pela Jamaica e pela colônia francesa de Santo Domingo, no atual Haiti. Ilhas inteiras ficaram dependentes do açúcar e grandes lucros foram obtidos por meio do "ouro branco".

O comércio de escravos era parte do esquema de comércio triangular ou "sistema atlântico" entres os séculos XVII e XIX. Bens manufaturados oci-

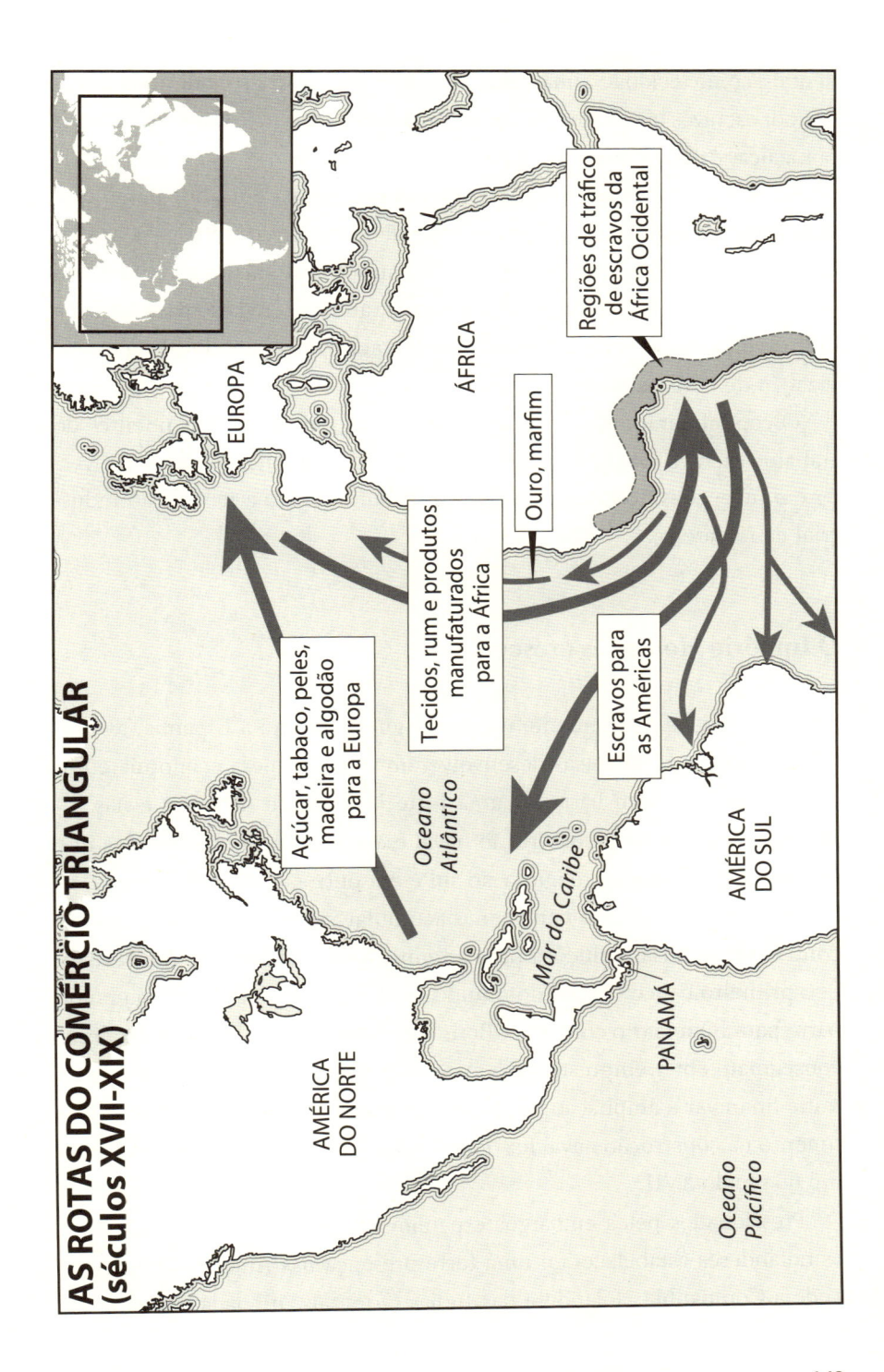

AS ROTAS DO COMÉRCIO TRIANGULAR (séculos XVII-XIX)

- Açúcar, tabaco, peles, madeira e algodão para a Europa
- Tecidos, rum e produtos manufaturados para a África
- Ouro, marfim
- Regiões de tráfico de escravos da África Ocidental
- Escravos para as Américas

EUROPA
ÁFRICA
Oceano Atlântico
Mar do Caribe
AMÉRICA DO NORTE
AMÉRICA DO SUL
PANAMÁ
Oceano Pacífico

A ASCENSÃO DO OCIDENTE 143

dentais, como tecidos e armas, eram enviados para a África, onde eram trocados por escravos que eram, por sua vez, despachados para o Caribe e trocados por açúcar e outros produtos, como tabaco e café.

Esses produtos eram então vendidos na Europa e usados para comprar bens manufaturados que em seguida eram exportados para a África, onde todo o processo se repetia. Um subproduto do açúcar chamado melaço era destilado para produzir rum e também enviado para a África em um ciclo vicioso de lucro no qual o trabalho escravo levava à escravização de mais escravos.

O capital gerado pelo açúcar e por outras indústrias dependentes do trabalho escravo era usado para financiar bancos, ampliar o crédito e investir em invenções, todos fatores que contribuíram para a Revolução Industrial na Inglaterra.

O Império Holandês cresce...

Apesar de sua aparentemente inevitável guerra contra a Espanha, as Províncias Unidas Holandesas desenvolveram uma próspera economia e um império global. Com base em uma forte importação de grãos e nas indústrias da pesca e da construção naval e ajudados pela chegada dos que fugiam da perseguição religiosa no sul e em outros lugares da Europa, os holandeses conseguiram não apenas acumular riquezas, mas também encontrar engenhosas soluções para administrá-las. O Bank of Amsterdam — o primeiro banco central do mundo — foi fundado em 1609, em grande parte para financiar o comércio. Bons pagadores de dívidas, os holandeses conseguiam obter empréstimos a taxas de juros vantajosas, o que lhes permitia financiar a ampliação de seus negócios e de suas guerras. Seu investimento na construção naval fez deles a mais eficiente potência naval até o fim do século XVII.

Pressionados pelos embargos espanhóis a encontrar novos mercados, os holandeses estabeleceram uma forte presença nas Américas e na Ásia, onde a Companhia Holandesa das Índias Orientais (fundada em 1602) se tornou a primeira corporação multinacional. Corsários holandeses saqueavam navios portugueses impunemente tanto no oceano Atlântico quanto no Índico e conseguiram garantir praticamente um monopólio no comércio com as Ilhas das Especiarias. Além disso, em uma tentativa de proteger suas rotas para o Oriente, estabeleceram um entreposto no cabo da Boa Esperança, que iam disputar com os ingleses séculos mais tarde. Os holandeses detinham o maior império comercial do mundo até serem superados pelos ingleses e estavam dispostos a lutar com todas as forças para mantê-lo.

... enquanto a Espanha e Portugal entram em declínio

Os impérios português e espanhol, por outro lado, unidos temporariamente sob domínio espanhol de 1580 a 1640, estavam perdendo força. Foi um infortúnio para Portugal que estivesse unido sob a mesma coroa que a Espanha em uma época em que os espanhóis estavam travando guerras contra metade do mundo e ficando cada vez mais isolados no processo. Todas essas guerras levaram o país à ruína financeira, e, apesar do grande influxo de riquezas das Américas, a Espanha decretou falência três vezes no século XVI. A Espanha também estava determinada a sufocar qualquer liberdade de pensamento ou atividade intelectual que pudesse ameaçar o Catolicismo. Com esse objetivo, livros foram banidos,[19] estudantes foram proibidos de estudar no exterior, e qualquer ideia estrangeira era, por natureza, indesejável.

Com medo das mudanças, a Península Ibérica[20] não conseguiu se desenvolver no mesmo ritmo que o restante da Europa e não experimentou a Reforma, que tinha feito tanto para desenvolver o continente. Além disso, o fluxo de riqueza do Novo Mundo — que incidentalmente levou a uma séria e inesperada inflação — não encorajava a inovação, uma vez que a maioria dos produtos podia simplesmente ser comprada.

---

19 Os jesuítas, infelizmente, administravam as máquinas impressoras.
20 A Ibéria é uma parte da Europa que consiste da Espanha e de Portugal.

Portugal, sob o comando da Casa de Bragança, acabou exigindo a independência da Espanha em 1640, mas então já era tarde demais para que o país recuperasse sua antiga glória. Àquela altura, Portugal estava enfraquecido por causa da repressão à liberdade de pensamento e tinha perdido a liderança nas técnicas navais que o tinham tornado forte para começar.

A França ganha predominância com Luís XIV

Com a Espanha em declínio e a Inglaterra ainda no processo para se tornar uma potência, a França dominou a política europeia durante a maior parte da segunda metade do século XVII. Em 1643, Luís XIV se tornou rei aos cinco anos de idade e experimentou o mais longo reinado da história europeia (1643-1715). Luís XIV reivindicou o trono por direito divino e ficou famoso ao declarar que era o Estado. Ele detinha tanto poder que o século XVII ficou conhecido como a Era Luís XIV. Para expandir seu império, ele se casou com a prima em primeiro grau, a filha do rei Filipe IV da Espanha. No entanto, apesar de seu crescente poder, a França estava livre de problemas. Internamente, Luís, um católico fervoroso, não foi poupado de guerras religiosas, revogando o Édito de Nantes e tornando o Protestantismo ilegal. Externamente, as últimas décadas do "Rei Sol" — como ele ficou conhecido por causa do emblema que escolheu para representá-lo — foram dedicadas a várias guerras, nas quais o rei dissipou grande parte da riqueza francesa.

Inglaterra: o começo de um império

Durante o século XVI, a Inglaterra tinha apenas uma fração da população e dos recursos tanto da Espanha quanto da França. A França era um inimigo histórico, e a Holanda em ascensão estava em vias de se tornar o principal rival comercial dos ingleses. Eles declarariam guerra e celebrariam a paz com ambos os países muitas vezes nos séculos seguintes. Mas a Inglaterra tinha vantagens em relação aos outros países europeus que incluíam a dificuldade de invadir uma ilha e um parlamento forte para fiscalizar a o poder do rei. O que aconteceria durante uma devastadora guerra civil entre 1642 e 1651.

Como o pai, Carlos I era um defensor convicto do direito divino dos reis e durante algum tempo se recusou a permitir que o parlamento se reunisse, convocando-os apenas a fim de levantar fundos a fim de combater os escoceses, que tinham invadido a Inglaterra depois que Carlos impôs um novo livro de orações para seus serviços religiosos. A tentativa frustrada de Carlos, em 1642, de mandar prender cinco membros do parlamento levou o país à guerra civil. A Guerra Civil não foi um conflito entre católicos e protestantes, mas sim entre realistas, conhecidos como "cavaleiros", e a oposição, conhecida como "cabeças redondas", devido aos cabelos cortados curtos.

Oliver Cromwell, um membro puritano do parlamento, tornou-se líder das forças antirrealistas e foi determinante para encorajar o parlamento criar um exército profissional que ele conduziu à vitória em diversas ocasiões tanto na Inglaterra quanto na Irlanda. Em 1649, depois de perder a Guerra Civil, Carlos I foi executado, e quatro anos depois, Cromwell foi nomeado Lorde Protetor da Commonwealth. Cromwell instaurou um governo militar e comandou o país até sua morte, em 1658. Seu filho o sucedeu por um breve período, mas Carlos II, que tinha fugido do país e passara o exílio na corte de Luís XIV, foi convidado a voltar em 1660 e reconduzido ao trono da Inglaterra, da Escócia e da Irlanda. Um de seus primeiros atos foi mandar desenterrar o corpo de Cromwell e decapitá-lo postumamente.

O reinado de Carlos II testemunharia tanto a Grande Peste de 1665 quanto o Grande Incêndio de Londres em 1666, que destruiu cerca de 13 mil casas. Quando Carlos morreu, em 1685, foi sucedido pelo irmão, Jaime II, que tratou de nomear diversos católicos para posições de grande importância no reino, o suficiente, de qualquer maneira, para deixar um parlamento protestante preocupado. Como resultado, o parlamento instou o holandês Guilherme de Orange, marido da filha de Jaime, Maria, a salvar a Inglaterra de um golpe católico.

Quando Guilherme desembarcou na Inglaterra, em 1688, liderando um exército, Jaime II, seu sogro e o último monarca católico a governar a Inglaterra, fugiu do país e buscou refúgio na França. Depois dessa revolução sem derramamento de sangue, Guilherme e Maria ascenderam ao trono como monarcas em 1689 e reinaram juntos até a morte de Maria, em 1694; daí em diante, Guilherme reinou sozinho até morrer, em 1702. A filha de Jaime II, Anne, herdou o trono, mas quando ela morreu, em 1714, a linhagem real dos Stuart morreu com ela. A coroa passou ao bisneto de Jaime I, o Eleitor de Hanover, que foi convidado para ser soberano da Inglaterra como George I. Ele falava alemão, mas nem uma palavra de inglês.

Ao copiar o avançado sistema bancário dos Países Baixos e voltar sua atenção para as Américas, no oeste, onde estava o futuro, a Inglaterra substituiu gradualmente os Países Baixos como a superpotência militar e econômica mundial.

O Japão fecha as portas para o mundo (século XVII)

Enquanto os europeus estavam ocupados explorando o mundo, os japoneses eram proibidos de viajar para fora do país, a não ser que estivessem acompanhando um exército. No século XVI o Japão tinha acabado de emergir de um longo período de anarquia e guerra civil durante o qual governantes militares, ou xoguns, administravam o país em nome do imperador. Durante o último e mais poderoso xogunato, iniciado por Tokugawa Ieyasu em 1603, baseado na cidade de Edo, na atual Tóquio, o Japão viveu cerca de 250 anos de paz.

Os portugueses tinham sido os primeiros europeus a visitar o Japão, em 1543; a palavra japonesa para "obrigado", *arigato*, ainda guarda uma flagrante semelhança com a sua correspondente em português. A eles se seguiram outros europeus, que conseguiram introduzir o comércio e o Cristianismo, sem falar das armas de fogo. Entretanto, temendo uma conquista militar pelos europeus e considerando-os uma potencial ameaça, os japoneses os expulsaram no início do século XVII. Em 1635, os cidadãos japoneses estavam proibidos de deixar o país, e aqueles que estavam no exterior foram proibidos de voltar. Em 1641, todo o comércio com os europeus estava limitado ao porto de Nagasaki, todos os livros estrangeiros foram banidos,[21] e o país ficou efetivamente fechado a interferências estrangeiras pelos duzentos anos seguintes.

A China se expande sob os manchus

Na vizinha China, a Dinastia Ming acabou se enfraquecendo devido a uma série de imperadores medíocres, incapazes de lidar com a crescente ameaça dos rivais manchus do nordeste. Em 1644, Pequim, lar do imperador, foi tomada por um exército rebelde,[22] e aqueles leais aos Ming chamaram os manchus para ajudar a recuperar a Cidade Imperial. Foram os manchus que estabeleceram a última dinastia imperial da China, a Dinastia Qing (ou Ching, que significa "pura"), que duraria 250 anos, chegando ao fim apenas em 1911.

Os manchus representavam uma fração do tamanho de toda a população chinesa e tinham uma cultura, uma linguagem e uma escrita diferentes. Eles insistiam que todos os homens que não eram manchus raspassem a cabeça, deixando uma longa trança na parte de trás, como sinal de submissão. Foram incrivelmente bem-sucedidos em expandir o império, conseguindo conquistar a Mongólia e estabelecer um protetorado onde hoje fica o Tibete. Eles levaram apenas trinta anos para completar a conquista da China, incluindo a ilha de Taiwan, o último posto avançado de resistência antimanchu.

Enquanto isso, na Rússia...

Logo depois que o Japão fechou definitivamente suas portas à interferência estrangeira, a Rússia fez sua primeira tentativa de ocidentalização. Em meados dos anos 1600, a Rússia era vasta, remota e pouco desenvolvida. Os

---

21 A proibição só foi revogada em 1720.
22 A invasão de Pequim levou o último imperador Ming a se enforcar.

russos faziam pouco comércio com países estrangeiros e tinham um exército fraco; o jugo mongol sob o qual o país havia sido governado por muitas centenas de anos tinha reprimido o desenvolvimento intelectual que fora tão predominante nos países europeus nos séculos anteriores. Além disso, "a Rússia teve pouco ou nenhum contato com os fenômenos históricos que definiram a civilização europeia: o Catolicismo romano, o feudalismo, a Renascença, a Reforma, a expansão ultramarina e a colonização".[23] Apesar de tudo isso, o país tinha crescido desde que o grão-duque de Moscou, Ivan III, renunciara à sua obediência ao khan mongol e, em 1480, e assumira o título de czar. Desde essa época, os líderes russos tinham avançado gradativamente para o oeste, destruindo impiedosamente qualquer oposição.

Pedro, o Grande, que governou a Rússia entre 1682 e 1725, é considerado o responsável por uma série de reformas que transformaram a Rússia em um poderoso Estado moderno. Um atrito com os turcos otomanos no início de seu reinado encorajou Pedro a buscar o apoio de várias potências europeias que também estavam fartas do poder otomano. Como parte desse esforço, em 1697 Pedro fez uma viagem de dezessete meses pela Europa, durante a qual visitou a Alemanha, os Países Baixos e a Inglaterra, entre outros países.

Durante a viagem, Pedro aprendeu como os países da Europa ocidental tinham usado novas tecnologias e o comércio para obter poder e riquezas e estava determinado a fazer o mesmo na Rússia. Quando voltou para casa, ele estabeleceu uma indústria de construção naval, modernizou o exército, reorganizou o governo, baniu o antigo vestuário, simplificou o alfabeto russo, promoveu a educação e instituiu até mesmo um imposto sobre barbas — tudo como parte de um esforço para fazer os russos adotarem costumes ocidentais e tirar o país da Idade Média. No entanto, Pedro também tinha muitos defeitos; junto com sua visão progressista, ele era um líder implacável que mandou torturar a matar o próprio filho e causou a morte de milhares de trabalhadores em seus obstinados esforços para construir a cidade de São Petersburgo em terreno pantanoso.

---

23 Samuel Huntington, *The Clash of Civilizations*. Nova York: Touchstone, 1997 [ed. bras.: *O choque de civilizações*. Rio de Janeiro: Objetiva, 1997].

Um dos principais objetivos de Pedro era ter acesso ao mar Báltico e seu comércio por meio do estabelecimento de um porto de águas cálidas, algo que não havia na Rússia. Em 1700, depois de fazer uma aliança secreta com a Dinamarca e a Polônia, ele marchou sobre a região do Báltico, dando assim início a uma guerra com a Suécia, governada pelo jovem rei Carlos XII. Carlos de início venceu uma série de batalhas, que lhe deram a reputação de grande militar, mas acabou perdendo a "Grande Guerra do Norte", que durou 21 anos. A Rússia ficou com as novas terras que tinha conquistado e Pedro foi declarado "Pedro, o Grande, Imperador de toda a Rússia", além de czar. Sob ordens de Pedro, a capital foi transferia de Moscou para São Petersburgo. A Suécia perdeu a supremacia como a principal potência na região do Báltico, e o crescimento da Rússia "alertou outras potências para o fato de que o até então distante e um tanto bárbaro Estado moscovita estava determinado a desempenhar um papel nos assuntos europeus".[24]

Depois da morte de Pedro, em 1725, com exceção de alguns poucos anos, a Rússia foi governada por mulheres nos setenta anos seguintes, incluindo Catarina, a Grande, a mulher alemã do neto de Pedro. Durante esse período, a Rússia continuou a se expandir, estendendo suas fronteiras pela Europa central, mas não conseguiu acompanhar o rápido desenvolvimento do Ocidente. Seguindo o exemplo de Pedro, Catarina flertou com as reformas, mas mudou de ideia quando Luís XVI da França foi executado durante a Revolução Francesa. A falta de reformas na Rússia levaria a um descontentamento cada vez maior e, com o tempo, à revolução.

O Reino da Prússia (1701-1871)

A oeste da Rússia, a Paz de Vestfália, em 1648, tinha dividido o Sacro Império Romano-Germânico em trezentos principados distintos. Um deles, a Prússia, deu início a seu próprio reino em 1701 e ganhou poder durante

---

24 Paul Kennedy, *The Rise and Fall of the Great Powers*. Londres: Fontana Press, 1989.

A EXPANSÃO DA RÚSSIA (1462-1796)

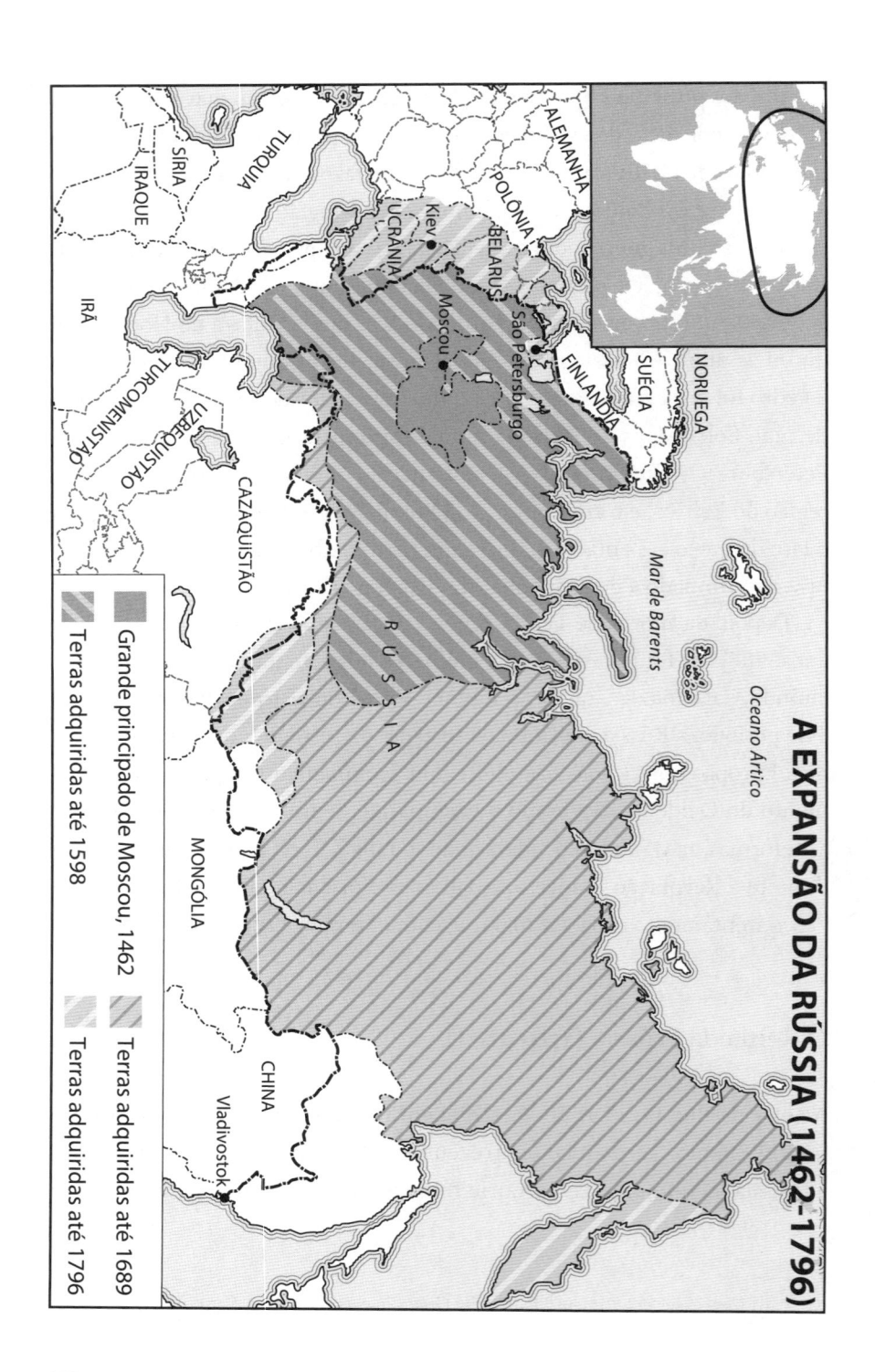

Legenda:
- Grande principado de Moscou, 1462
- Terras adquiridas até 1598
- Terras adquiridas até 1689
- Terras adquiridas até 1796

Localidades e regiões indicadas: Síria, Iraque, Turquia, Irã, Turcomenistão, Uzbequistão, Cazaquistão, Mongólia, China, Vladivostok, Alemanha, Polônia, Belarus, Ucrânia, Kiev, Moscou, São Petersburgo, Finlândia, Suécia, Noruega, Mar de Barents, Oceano Ártico, Rússia.

152   BREVE HISTÓRIA DO MUNDO

o reinado de seu primeiro soberano, Frederico I. Quando herdou a coroa, em 1740, o filho dele, Frederico II (Frederico, o Grande), herdou também o exército mais avançado da Europa. Desejando que sua Dinastia Hohenzollern fosse tão importante como a casa francesa dos Bourbon e a casa austríaca dos Habsburgo, cuja rivalidade dominou a política europeia durante o século XVIII, ele aproveitou a oportunidade de testar seu exército em dois grandes conflitos. Um deles foi em torno da sucessão do imperador austríaco Carlos VI, da Casa de Habsburgo, e terminou em um custoso impasse. O outro aconteceu em 1756, depois que ele ocupou terras que ficavam entre a Áustria e a Prússia.

O resultado dessas guerras foi que a Prússia e a Rússia passaram à frente da Espanha e dos Países Baixos como grandes potências. A Polônia teve o azar de ficar ensanduichada entre os dois e acabou sendo dividida por eles, deixando de existir como país independente e voltando a emergir apenas depois da Primeira Guerra Mundial.

Frederico II não suspeitava, entretanto, que sua tomada de terras ia instigar uma grande guerra que envolveria todas as principais potências europeias e se alastraria até a América do Norte. As consequências da guerra que se seguiu entre franceses e ingleses na América do Norte ia, devido ao seu alto custo, acabar levando à Guerra de Independência dos Estados Unidos e à Revolução Francesa.

A Guerra dos Sete Anos (1756-1763)

Desde 1754 tinha havido hostilidades declaradas entre franceses e britânicos pela posse de territórios na América do Norte e pelo controle do lucrativo comércio de peles. Com a erupção da guerra na Europa, uma guerra declarada também ia finalmente irromper na América em 1756. Com grande apoio dos índios nativos, que tinham sido marginalizados e tratados com crueldade pelos britânicos, os franceses de início assumiram a dianteira, mas as coisas mudaram em 1758, com William Pitt, secretário de Estado e futuro primeiro-ministro, que tinha sido designado o responsável pela guerra. Grande orador e confiante em suas próprias habilidades, Pitt declarou: "Eu sei que posso salvar este país, e que ninguém mais pode."

Por meio de seu domínio dos mares, a marinha britânica destruiu a frota francesa em 1759, dificultando assim a capacidade da França de enviar suprimentos para suas tropas na América do Norte. A iminência da catástrofe para a França foi a tomada de Montreal e Quebec pelos britânicos. Em 1760, todos os territórios franceses no Canadá estavam nas mãos dos britânicos e a guerra estava efetivamente ganha, embora um tratado de paz para dar fim à guerra só tenha sido assinado em 1763. Preocupados com o equilíbrio de poder, os espanhóis acabaram finalmente dando apoio aos franceses em 1762, mas o apoio chegou tarde demais e tudo que eles conseguiram com isso foi perder Cuba para os britânicos.

As consequências da guerra na América do Norte foram enormes: os britânicos tomaram toda a América do Norte a leste do Mississippi, incluindo o Canadá, dos franceses, e a Flórida, dos espanhóis,[25] e, com um império enormemente aumentado, emergiram como a maior potência colonial. A França, por outro lado, foi derrotada em todas as frentes, perdendo todos os seus territórios no continente norte-americano, com exceção de New Orleans e algumas ilhas produtoras de açúcar no Caribe. Isso significou não apenas o fim do império francês na América, mas também o fim da influência política e cultural da França na região.

Todo o entusiasmo sentido pelas treze colônias britânicas por terem se livrado da ameaça francesa foi abafado por uma proclamação real em 1763 proibindo os colonos do continente de colonizar terras indígenas a oeste da cordilheira dos Apalaches. A crescente insatisfação com o governo britânico sentida pelos colonos que viviam nos limites do território, pelos especuladores de terras e pelos colonos em geral, e a incapacidade dos britânicos de mitigar essa insatisfação se tornaram um barril de pólvora que precisaria de muito pouco para explodir.

---

25 Os espanhóis trocaram a Flórida por Cuba.

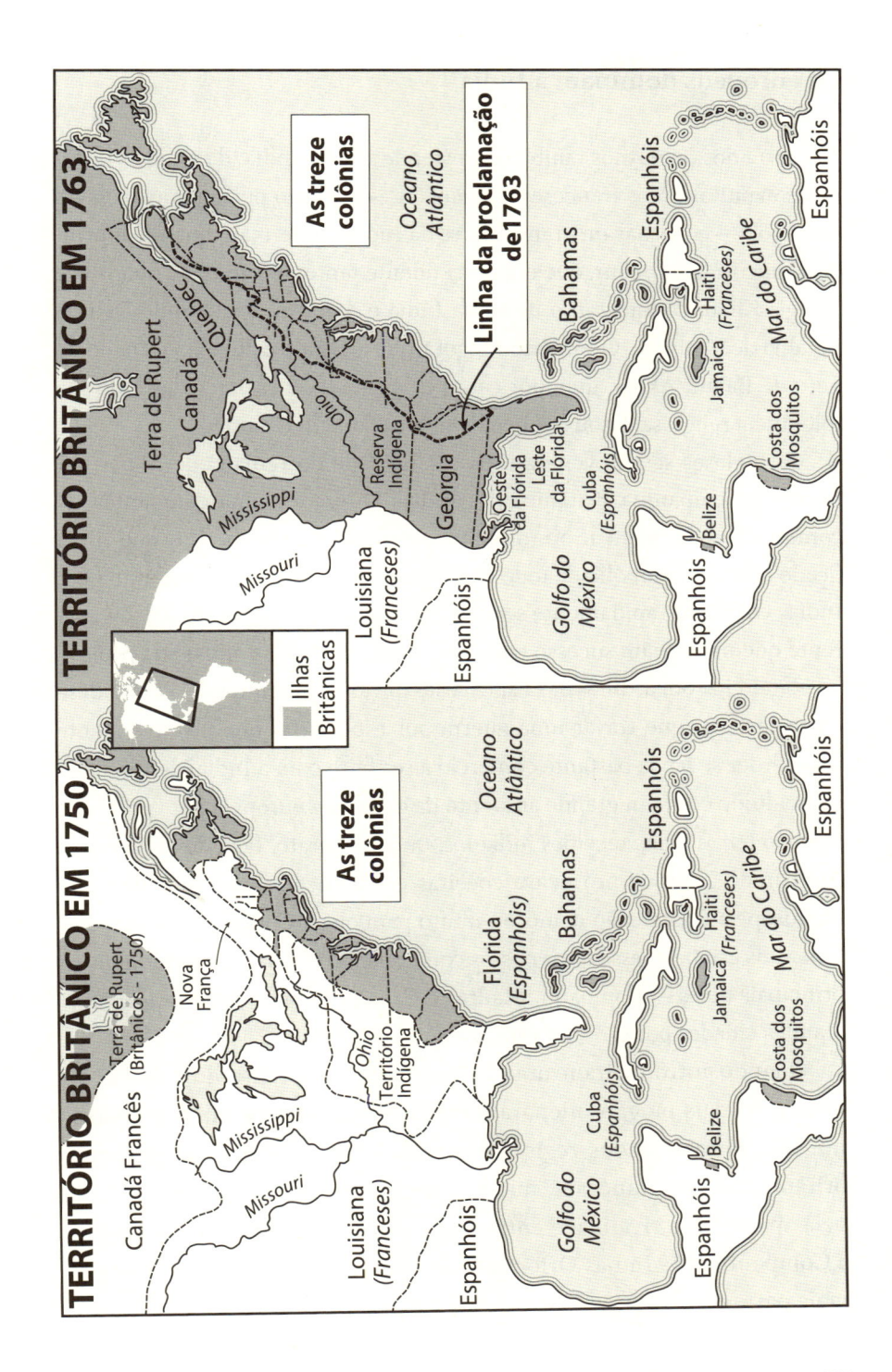

TERRITÓRIO BRITÂNICO EM 1763

- Terra de Rupert
- Canadá
- Quebec
- Mississippi
- Missouri
- Ohio
- Reserva Indígena
- Geórgia
- Oeste da Flórida
- Leste da Flórida
- Louisiana (Franceses)
- Espanhóis
- Golfo do México
- Cuba (Espanhóis)
- Bahamas
- Belize
- Espanhóis
- Haiti (Franceses)
- Jamaica
- Costa dos Mosquitos
- Mar do Caribe
- Oceano Atlântico
- **As treze colônias**
- **Linha da proclamação de 1763**

Ilhas Britânicas

TERRITÓRIO BRITÂNICO EM 1750

- Canadá Francês
- Terra de Rupert (Britânicos – 1750)
- Nova França
- Mississippi
- Missouri
- Ohio
- Território Indígena
- Louisiana (Franceses)
- Espanhóis
- Flórida (Espanhóis)
- Golfo do México
- Cuba (Espanhóis)
- Bahamas
- Belize
- Espanhóis
- Haiti (Franceses)
- Jamaica
- Costa dos Mosquitos
- Mar do Caribe
- Oceano Atlântico
- **As treze colônias**

A ASCENSÃO DO OCIDENTE

Os europeus dominam a Índia

A Guerra dos Sete Anos também se estendera até a Índia, de onde os britânicos expulsaram os franceses. Os mogóis — a versão persa para a palavra "mongol" — governavam grande parte da Índia desde 1526, quando o príncipe muçulmano Babur, que era descendente tanto de Tamerlão quanto de Gengis Khan, conquistou o norte da Índia e derrotou o sultão de Deli na Batalha de Panipate. O Império Mogol tinha atingido o auge no reinado do neto de Babur, Akbar, que, por causa de suas ideias esclarecidas e de sua tolerância religiosa, ficou conhecido como Akbar, o Grande.

Os ingleses se aproveitaram da estabilidade do reinado de Akbar por meio da Companhia Britânica das Índias Orientais, uma companhia de comércio fundada em 1600, durante o reinado de Elizabeth I, que tinha ficado com o monopólio de todo o comércio com a Ásia. A Companhia das Índias Orientais rapidamente se concentrou na Índia depois que ficou aparente que não teriam sucesso em suas tentativas de consolidar sua posição no comércio com as Ilhas das Especiarias devido à preeminência holandesa na região. Por que travar uma guerra por especiarias que provavelmente iam perder se havia bastante comércio a ser feito com a Índia? Isso acabou coincidindo com um grande aumento da demanda europeia por tecidos de algodão feitos pelos tecelões indianos, que era barato, fácil de lavar e leve comparado à lã que provocava coceiras e era encontrada por toda parte na Europa à época. Não demorou muito para que a Companhia das Índias Orientais estabelecesse entrepostos comerciais por toda a costa indiana, os principais deles — Bombaim, Madras e Calcutá — mais tarde se tornando grandes cidades por direito próprio.

Quando introduziram uma forma menos tolerante do Islã, os senhores feudais mogóis alienaram muitos dos nativos e em sua maioria hindus. Vários Estados regionais se rebelaram e buscaram apoio dos britânicos e dos franceses, que foram generosamente recompensados pela ajuda. Foi a rivalidade entre franceses e ingleses que permitiu que a Companhia das Índias Orientais estendesse seu controle sobre mais e mais partes da Índia.

Os franceses e os britânicos se enfrentaram muitas vezes nas décadas de 1740 e 1750, até que os britânicos, sob o comando do major-general Robert Clive, também conhecido como Clive da Índia, derrotaram os franceses de forma decisiva na Batalha de Plassey,[26] em 1757. Essa batalha foi importante porque permitiu que a Companhia das Índias Orientais obtivesse superioridade sobre os franceses na Índia. Como resultado da guerra, o Tesouro bengali foi obrigado a pagar uma enorme compensação, que continuou a financiar a expansão britânica na Índia e permitiu aos britânicos colocar seu próprio candidato no trono mogol. Nos cem anos seguintes, a Companhia das Índias Orientais investiu na infraestrutura da Índia, na expectativa de que esses investimentos facilitassem o comércio.

A RELIGIÃO HINDU

O hinduísmo é a mais antiga religião do mundo ainda existente. Embora suas origens sejam incertas, acredita-se que ela se originou no Vale do Indo, no norte da Índia, ou em suas proximidades, há cerca de 4 mil anos, e a grande maioria dos adeptos da fé até hoje ainda estão na Índia.[27] Diferentemente de outras grandes religiões, no hinduísmo não há fundador nem profetas. Seus adeptos acreditam em um deus supremo chamado Brâman que assume muitas características e formas, representadas por diversas divindades que emanam todas dele.

Os hindus acreditam na reencarnação, um ciclo infinito de nascimento, morte e renascimento, movido pela maneira como uma pessoa viveu sua vida anterior. De acordo

---

26 Plassey é uma versão anglicizada de "Palashi", que fica cerca de 150 quilômetros ao norte de Calcutá.
27 Cerca de 80% dos indianos atualmente se dizem hindus.

com a crença hindu, em algum momento a humanidade vai aprender com seus erros e dar um fim ao sofrimento. Isso, por sua vez, vai trazer a salvação final. Durante milhares de anos o hinduísmo impôs um sistema de castas hierárquico e discriminatório movido pela superstição, pela tradição e pelas crenças religiosas, e isso perdura até hoje. Chegou-se até mesmo a sugerir que o foco na fé no âmbito do sistema de castas reprimia a iniciativa e que isso pode ter desempenhado um papel na facilidade com que tanto os mogóis quanto os britânicos conseguiram dominar a Índia.

A Guerra de Independência dos Estados Unidos (1775-1783)

Apesar do dinheiro que vinha da Índia, ainda assim os britânicos enfrentavam dificuldades com a alta fatura de guerra apresentada como resultado da Guerra dos Sete Anos, e a defesa de suas colônias na América se tornou um fardo. O governo britânico buscou várias maneiras de fazer com que as colônias contribuíssem para sua própria defesa, da taxação do açúcar à exigência de que se pagasse um valor para que todos os documentos legais oriundos da colônia recebessem um selo, mas foi forçado a revogar muitos desses atos, uma vez que as colônias norte-americanas se recusavam a pagar impostos a um governo no qual não tinham representação.

Ironicamente, foi a revogação de um imposto, e não a sua imposição, que causou a maior de todas as conflagrações. A Companhia das Índias Orientais devia impostos ao governo britânico, mas contrabandistas que competiam com ela pela importação de chá para a América do Norte levaram as vendas de chá pelos canais legítimos a diminuírem. Se a Companhia das Índias Orientais pudesse exportar chá diretamente para a América do Norte, evitando assim os impostos que pagava a Londres, o preço do chá ia diminuir e as vendas da Companhia iam aumentar, diminuindo subsequentemente o tempo que a Companhia levava para pagar os impostos devidos.

Preocupados com como isso ia afetar seus negócios, em dezembro de 1773, os contrabandistas, com a participação popular daqueles que se opunham ao governo britânico atiraram 340 caixas de chá da Companhia das Índias Orientais nas águas do porto de Boston como forma de protesto. A "Festa do Chá de Boston" (Boston Tea Party), como o episódio ficou conhecido, motivou uma vigorosa resposta de Londres, que incluiu o fechamento do porto e o envio de tropas britânicas para garantir a ordem e impor a obediência ao parlamento — um ato de grande importância para uma população acostumada a contar com o exército para sua defesa.

Em abril de 1775, o exército britânico foi apreender um sortimento de armas em Concord, uma pequena cidade perto de Boston, na costa nordeste dos Estados Unidos. Tiros foram disparados e a Revolução Americana teve início. Ninguém imaginava que seriam necessários oito anos de batalhas brutais até que a Inglaterra reconhecesse a independência que os colonos norte-americanos declararam em 4 de julho de 1776.

A guerra durou tanto tempo porque nenhum dos dois lados estava disposto a se render. No fim os britânicos foram derrotados pela combinação de uma linha de suprimentos de 5 mil quilômetros de extensão, invernos rigorosos aos quais não estavam acostumados e puro azar. Os norte-americanos tiveram a sorte de contar com a liderança de George Washington, que em 1789 se tornou o primeiro presidente dos Estados Unidos da América. Para piorar as coisas, os franceses, os espanhóis e os holandeses declararam guerra contra a Inglaterra. Os ingleses não faziam ideia de que só iam voltar a ter paz em 1815; os franceses não faziam ideia de que sua ajuda a uma população em guerra contra sua monarquia ia se voltar contra eles.

No tratado de paz de 1783 que acabou oficialmente com a guerra, os norte-americanos receberam todo o território entre o Canadá e a Flórida a leste do Mississippi. Vale observar que, apesar de o território norte-americano ter dobrado de tamanho (e ia dobrar novamente quando eles comprassem a Louisiana dos franceses, em 1803), àquela altura a Espanha ainda tinha um território nas Américas maior do que o dos próprios norte-americanos.

Terra Australis Incognita

Uma consequência não intencional da Revolução Americana foi uma concentração no povoamento da Austrália. Desde os tempos antigos, as pessoas acreditavam que a Terra Australis Incognita — ou uma terra desconhecida ao sul — existia como um contrapeso para os continentes ao norte do equador. Já ocupada por aborígenes havia cerca de 50 mil anos, a Austrália ficara isolada do restante do mundo por causa da elevação do nível dos mares depois do fim da última era glacial. Foi só em 1606 que os europeus tomaram conhecimento, depois que um holandês, Willem Janszoon, desembarcou na costa oeste australiana enquanto procurava novas rotas de comércio com o Oriente. Entretanto, ele não se deu conta de que se tratava de um continente distinto.

Em 1644, outro holandês, Abel Tasman, explorou o norte do continente australiano e o batizou de Nova Holanda — nome que se manteve por mais de cem anos. Tasman também tinha descoberto a Nova Zelândia, em 1642, que os holandeses batizaram de Nieuw Zeelandia, muito provavelmente em homenagem à província holandesa da Zeelândia, mas Taman nunca pôs os pés na ilha e os holandeses nunca exploraram essa descoberta.

Os holandeses não colonizaram a Austrália por duas principais razões. Primeiro, eles estavam mais interessados no comércio com os mercados asiáticos já estabelecidos; as terras australianas pareciam secas e infrutíferas, de forma que eram predominantemente usadas apenas como auxílio navegacional na viagem da Europa para as Índias Orientais, ou então como ponto de parada para obter água fresca. Segundo, o século XVII foi uma época de guerras entre as potências europeias, e os holandeses tinham poucos recursos extras com os quais colonizar um novo continente.

Foi apenas em 1770 que o capitão inglês James Cook, que já havia reivindicado a Nova Zelândia para a Coroa britânica em 1769, fez o mesmo com a Austrália, desembarcando na até então inexplorada costa leste e batizando o território de Nova Gales do Sul. Quando ficou claro que as colônias norte-americanas, que antes tinham servido como território de despejo de prisioneiros, estavam ganhando a guerra pela independência, a Austrália foi rapidamente promovida ao lugar para onde os britânicos passariam a mandar seus criminosos indesejados.

Em janeiro de 1788, uma colônia penal foi estabelecida perto de Port Jackson (que mais tarde foi rebatizada de Sydney, em homenagem ao secretário de Estado britânico Thomas Touwnshend, visconde de Sydney) a fim de abrigar os 736 condenados que tinham deixado a Inglaterra oito meses antes. Com os prisioneiros viajavam vários empreendedores em busca de aventura e com esperanças de se beneficiar de uma mão de obra barata. E assim começou a colonização de fato da Austrália.

Os aborígines nativos foram tratados como os outros povos descobertos por colonizadores europeus em outras partes do mundo — com um desprezo atroz. Não era incomum que fossem caçados como animais e muitos mais foram dizimados por doenças europeias contra as quais não tinham imunidade.

Foi apenas em 1840 que os maoris, a tribo nativa da Nova Zelândia, aceitaram a soberania da Coroa britânica sob o Tratado de Waitangi, tornando-se súditos britânicos. Tanto a Austrália quanto Nova Zelândia se tornaram boas fontes de lã e de trigo para a Grã-Bretanha, além de terem fornecido homens para apoiá-la durante as guerras mundiais do século XX. Ambos os países permanecem unidos à Grã-Bretanha até os dias atuais como parte da Commonwealth britânica.

VI
O PERÍODO MODERNO
{1800-PRESENTE}

A Revolução Francesa (1789-1799)

A guerra que ajudou as colônias norte-americanas a se tornarem independentes da Grã-Bretanha também custou caro à Coroa francesa; tão caro, na verdade, que o soberano francês, Luís XVI, foi forçado a buscar novas maneiras de levantar dinheiro para pagar pelos custos do Estado. Especificamente, o rei estava ávido para acabar com as isenções de impostos das quais a Igreja (o Primeiro Estado) e a nobreza (o Segundo Estado) tinham desfrutado até então. Quando eles se recusaram a pagar qualquer imposto que fosse, Luís convocou aquilo que a França tinha de mais próximo de um parlamento, os États Généraux, ou Estados Gerais, que incluíam o Terceiro Estado, formado por camponeses, burguesia e trabalhadores urbanos e que compreendia mais de 95% da população. Quando os Estados Gerais, que tinham se reunido pela última vez em 1614, finalmente se reuniram em maio de 1789, surgiram grandes esperanças de reformas; na época, a maior parte dos impostos incidia sobre a crescente burguesia, que esperava que o parlamento lhe desse mais voz.

Entretanto, as coisas não aconteceram como o rei esperava. Quando ficou claro que os nobres e o clero detinham um injusto monopólio sobre os direitos de voto, aqueles que representavam o Terceiro Estado se separaram de sua própria Assembleia Nacional, adotaram o slogan "Liberté, Egalité, Fraternité" ("Liberdade, Igualdade, Fraternidade") e juraram não se dispersar até que a França tivesse uma Constituição que lhes desse o reconhecimento que eles achavam que mereciam. Ao mesmo tempo, uma série de más colheitas tinham feito o preço do pão — a dieta de base na época — subir. O desafio geral à antiga ordem que tinha crescido por meio das obras dos filósofos iluministas franceses no século XVIII só incentivaram ainda mais o ardor revolucionário do povo.

A certa altura, alarmada com os rumores de um exército que se reunia nos arredores da residência do rei em Versalhes, perto de Paris, a multidão foi instigada a se armar para sua própria defesa. Em uma tentativa de conseguir suprimentos de armas e pólvora, a multidão tomou a Bastilha, a principal prisão de Paris, no dia 14 de julho. Embora na prisão houvesse apenas sete prisioneiros na época, o episódio funcionou como um ataque simbólico à autoridade do rei e a data é geralmente aceita como o começo da Revolução Francesa.

O rei vacilou e aceitou a exigência do povo de substituir seu exército por uma milícia deles próprios. Quando ele e sua mulher austríaca, Maria Antonieta, foram levados pela multidão de Versalhes para Paris, a fim de serem vigiados mais de perto, eles se deram conta de que talvez fosse melhor para eles fugir. E foi o que fizeram, em junho de 1791. No entanto, apesar de terem se disfarçado, foram reconhecidos a apenas 20 quilômetros da fronteira e voltaram para Paris, onde foram devidamente aprisionados. A recém-instaurada República Francesa acabou por executar o rei em janeiro de 1793, e a rainha teve o mesmo destino em outubro daquele ano. Desse momento em diante, "a revolução na França se tornou uma guerra na Europa: não um tipo antiquado e familiar de guerra entre monarcas em disputa por territórios, mas uma nova guerra ideológica entre povos e reis pelo fim das antigas instituições e a realização do sonho de uma nova sociedade".[1]

A reação na Europa foi de choque: um rei tinha sido assassinado por seu próprio povo. E mais: a revolução ameaçava se espalhar para além das fronteiras da França. Quando a Áustria, governada pelo irmão de Maria Antonieta, o sacro imperador romano-germânico Leopoldo II, se recusou a deportar émigrés franceses que tinham sido acusados de conspirar contra

---

1 David Thomson, *Europe since Napoleon*. Londres: Penguin, 1990.

a revolução, a França declarou guerra. Temendo a mensagem passada pela revolução, nações de toda a Europa uniram forças em uma aliança contra a França, dando início a uma guerra que se espalharia pelo mundo, causaria grande sofrimento e só chegaria ao fim em 1815.

Com o país cercado de inimigos, os extremistas rapidamente ganharam poder na França, e qualquer um que se manifestasse contra a revolução era declarado um inimigo do povo e mandado para a guilhotina. Ironicamente, Maximilien Robespierre e Georges Danton, dois dos líderes do movimento do terror, foram ambos executados dessa forma em 1794.

Napoleão Bonaparte: Imperador dos Franceses (1799-1815)

Tomados de ardor revolucionário, os franceses rapidamente conseguiram várias vitórias impressionantes. As proezas de um jovem oficial corso de nome Napoleão Bonaparte foram de tal maneira reconhecidas pelos franceses que, em 1799, com apenas 30 anos, ele conseguiu tomar o poder e instaurar uma ditadura militar sem enfrentar muita oposição; tudo isso apesar da inglória derrota que sofreu nas mãos do inglês Horatio Nelson durante a tentativa de conquistar o Egito e bloquear a rota britânica para a Índia. Cinco anos depois, Napoleão se tornou imperador da França, convidando o papa para coroá-lo na Catedral de Notre-Dame, em Paris, e ficando famoso por colocar a coroa na própria cabeça no último minuto para mostrar que era ele quem estava no comando não apenas da França, mas também do seu próprio destino.

Os britânicos continuaram a frustrar as ambições de Napoleão, derrotando de maneira notável uma frota combinada de navios franceses e espanhóis na Batalha de Trafalgar, perto da costa sudoeste da Espanha, em 1805 — batalha durante a qual os britânicos destruíram ou capturaram cerca de vinte navios franceses e espanhóis sem perder nem sequer um de seus próprios navios. O almirante Nelson, que comandava a frota britânica, ficou mortalmente ferido. Apesar dessa derrota no mar, os franceses continuaram a obter grandes vitórias em terra, derrotando os exércitos austríaco, russo e prussiano em rápida sucessão.

Cada vez mais preocupados com a possibilidade de a Europa se unificar sob o comando de uma potência hostil, os britânicos organizaram uma nova coalizão para combater os franceses, ato que naturalmente enfureceu Napoleão. Impossibilitado de invadir a Grã-Bretanha enquanto a Marinha britânica dominava o Canal da Mancha, Napoleão decidiu implementar um bloqueio aos produtos britânicos, proibindo a sua importação para qualquer parte da Europa que estivesse sob seu controle — ou até mesmo aliada a ele, na verdade — e declarando que todos os navios britânicos podiam ser capturados. Ele esperava que isso forçasse a Grã-Bretanha a pedir paz.

A maioria dos países aderiu, mas os portugueses, antigos aliados da Grã-Bretanha, se recusaram. Isso deu a Napoleão um motivo para invadir a Península Ibérica em 1808 e colocar seu irmão, José, no trono espanhol. O rei de Portugal fugiu para sua colônia no Brasil, que foi transformada na capital temporária do Império Português. Para a consternação de Napoleão, os espanhóis não aceitaram o rei francês e, com ajuda dos britânicos, toda a Península Ibérica causou problemas para Napoleão durante muitos anos e conseguiu desviar sua atenção quando ela deveria estar concentrada em outro lugar.

Apesar dos reveses na península, em 1812 Napoleão controlava um quarto da população europeia e membros de sua família ocupavam tronos na Espanha, em Nápoles e na Holanda, dando origem a uma nova família dinástica na Europa. Ele inclusive tomou como esposa Maria Luísa, da família Habsburgo, filha do imperador austríaco Francisco I, que vinha a ser sobrinha de Maria Antonieta, a rainha que os revolucionários tinham executado.

Entretanto, não foram apenas os portugueses que se recusaram a cooperar; os russos também continuaram a fazer negócios com a Grã-Bretanha. Desconfiando das intenções imperiais da Rússia, Napoleão invadiu o país no verão de 1812 com aproximadamente meio milhão de homens, mas os russos adotaram uma política de terras queimadas que deixou Napoleão sem comida para alimentar suas tropas. Doenças, deserção e uma batalha inconclusiva nos arredores de Moscou, em Borodino, durante a qual cerca de 50 mil de seus soldados foram mortos, fizeram com que Napoleão chegasse a Moscou com apenas 100 mil de seus homens.

Para piorar, quando finalmente ficou claro para Napoleão que os russos não tinham intenção de se render, seu exército foi forçado a recuar durante o inverso russo. Onde a deserção e a fome tinham falhado, o "general Inverno" e o "general Tifo" venceram. Do meio milhão de homens que tinham partido para a batalha, apenas algo entre 20 mil e 40 mil voltaram para casa. O enorme número de cavalos que morreram no caminho, estimados por alguns em torno de 200 mil, também contribuiu diretamente para as derrotas de Napoleão nos anos seguintes em um mundo onde a cavalaria era decisiva para vencer ou perder uma batalha.

Assim como o Império dos Habsburgo antes dele, o crescente império de Napoleão representava uma ameaça para as outras potências europeias. Encorajados por sua derrota na Rússia, essas potências formaram mais uma aliança contra ele, avançando juntas sobre Paris, onde, em 1814, Napoleão foi forçado a se render. Ele foi mandado para o exílio na ilha de Elba, no mar Mediterrâneo, que na realidade recebeu como um principado soberano, além de uma renda e um título. Como não desistia facilmente, porém, Napoleão fugiu da ilha, conseguiu reunir um grande exército de soldados leais enquanto marchava para o norte através da França, e travou uma guerra na Europa uma última vez.

Seu tempo, no entanto, tinha passado. Ele foi derrotado de forma final e decisiva em 1815 por um exército aliado comandado pelo duque de Wellington na Batalha de Waterloo,[2] perto de Bruxelas, na atual Bélgica, e banido para a ilha de Santa Helena, no Atlântico Sul, sob a guarda britânica e longe o suficiente para que nunca mais causasse problemas. Viveu pacificamente por mais seis anos, antes de morrer de câncer em 1821, aos 51 anos de idade.

A sede de poder de Napoleão tinha levado a morte e destruição e, "longe de estabelecer uma Europa unida sob comando francês, ele acelerou o crescimento do nacionalismo que acabaria levando à Primeira Guerra Mundial".[3]

---

2 Apesar de o duque de Wellington ter dito que foi "a mais renhida" batalha que já testemunhara.
3 William Woodruff, *A Concise History of the Modern World*. Nova York: Palgrave MacMillan, 2010 (reproduzido com permissão da Palgrave MacMillan).

Não obstante, suas numerosas reformas mudaram a forma como a Europa era governada: ele introduziu um código de leis que serve de base para os sistemas legais de muitos países europeus ainda hoje, e seu regime questionou as instituições e as crenças da antiga ordem. Para melhor ou para pior, ele trouxe o secularismo da revolução para o pensamento dominante. É às campanhas de Napoleão no Egito que devemos a descoberta da Pedra de Roseta, que nos permitiu traduzir hieróglifos egípcios antigos, descoberta que mais tarde revelou o mundo da história egípcia para a humanidade.

A Revolução Industrial (década de 1780-1900)

A Grã-Bretanha não ficou livre de sua própria revolução no século XVIII, embora tenha sido uma revolução de natureza distinta. Um momento decisivo na história da humanidade, alguns chegaram a considerar a Revolução Industrial a mais influente e abrangente transformação da sociedade humana desde o advento da agricultura.

A Grã-Bretanha do início do século XVIII, e a maior parte do mundo, na verdade, era predominantemente agrícola, com a atividade econômica concentrada em produtos produzidos pela — ou na — terra, principalmente as colheitas e a lã. A Grã-Bretanha tinha uma pequena população de 5 milhões de pessoas e uma expectativa de vida modesta. A desnutrição e a fome eram comuns. Além disso, não havia eletricidade, nem carros ou trens, apenas a força do vento, da água, dos cavalos e do trabalho manual. Em 1750, uma pessoa ainda viajava à mesma velocidade que César 1.800 anos antes.

Em muitos aspectos, no entanto, a Grã-Bretanha estava em uma boa posição se comparada a seus vizinhos continentais. Geograficamente, "a constante transferência das principais rotas de comércio do Mediterrâneo para o Atlântico e os grandes lucros que podiam ser obtidos por meio de empreendimentos coloniais e comerciais nas Índias Ocidentais, na América do Norte, no subcontinente indiano e no Extremo Oriente naturalmente beneficiavam um país situado ao largo do flanco oeste do continente europeu".[4] Durante muito tempo a Grã-Bretanha deteve um monopólio sobre o comércio com suas colônias na América do Norte, que, como as outras colônias britânicas, forneciam tanto um suprimento de matérias-primas como demanda por bens manufaturados. A economia tinha se tornado global, e Londres tinha assumido seu lugar bem no centro.

Mais perto de casa, outras vantagens incluíam grandes jazidas de carvão mineral e minério de ferro — os dois recursos naturais dos quais a industrialização ia depender — facilmente acessíveis, uma política de *laissez-faire* do governo que estimulava a inovação e o comércio e um setor privado disposto a assumir riscos e com capital para investir. Finalmente, uma ausência de impostos internos sobre o comércio significava que, em comparação com a Europa continental, circular produtos dentro do país era barato.

A Grã-Bretanha também estava prestes a testemunhar uma explosão populacional como jamais fora visto antes. A reforma agrícola encorajara o surgimento de fazendas maiores, o que aumentou a produção agrícola e barateou a comida. A dieta da população também melhorou graças à importação regular de carne das colônias. Avanços nos conhecimentos médicos e na higiene pública significavam que menos pessoas morriam na infância, e a expectativa de vida média também aumentou. É importante observar que os preços baixos dos alimentos significavam que as pessoas não precisavam mais gastar tudo que ganhavam na compra de comida e podiam, assim, comprar outros produtos. Isso subsequentemente levou a uma maior oferta de produtos manufaturados, dos quais os mais procurados eram os tecidos.

A demanda por algodão — tanto o produzido na própria Grã-Bretanha quanto o importado das colônias — era virtualmente ilimitada, uma vez que o algodão era muito mais suave no contato com a pele do que a lã, além de durar mais e ser mais barato, sem mencionar o fato de ser mais fácil de limpar. O volume de importações de algodão era tão grande que em 1700 a Inglaterra proibiu a importação de tecidos de algodão da Índia em uma tentativa de sustentar sua própria indústria de lã. Os estabelecimentos

---

[4] Paul Kennedy, *The Rise and Fall of the Great Powers*. Londres: Fontana Press, 1989.

comerciais reagiram importando algodão cru para ser finalizado na Grã-Bretanha. Isso aumentou a competição por mão de obra, que se tornou mais cara, elevando também os custos de produção.

Foi essa combinação de custos com mão de obra cada vez maiores e um aumento súbito da demanda que levou os comerciantes a explorar formas de reduzir os custos, em vez de aumentar os preços, a fim de se tornarem mais competitivos. Máquinas que foram desenvolvidas para agilizar a produção ajudaram a tornar o algodão local não apenas mais barato, mas também mais refinado e resistente do que o algodão indiano. Contudo, a indústria se tornou vítima do seu próprio sucesso; a demanda aumentou a tal ponto que o suprimento de algodão não conseguia acompanhá-la. O problema só foi resolvido quando um norte-americano, Eli Whitney, inventou a descaroçadora de algodão, máquina que permitia que um trabalhador limpasse cinquenta vezes mais algodão do que o normal à época.

Apesar desses grandes avanços, foi a utilização da máquina a vapor na indústria têxtil que realmente conduziu a revolução e mudou a configuração da sociedade. Inicialmente desenvolvida para bombear água das minas de carvão no início dos anos 1700, a máquina a vapor foi aperfeiçoada nos anos 1760 por James Watt, um engenheiro escocês de cujo nome derivou o nome da unidade de medida de potência: o watt. Duas décadas mais tarde, Watt desenvolveu um motor giratório capaz de acionar máquinas que urdiam e teciam tecidos de algodão. Os novos métodos, que aumentaram a quantidade de bens produzidos ao mesmo tempo em que diminuíam os custos, acabaram sendo a sentença de morte dos teares manuais.[5]

No carvão mineral, a indústria britânica encontrou uma fonte eficiente e barata de energia para substituir as reservas cada vez mais reduzidas de madeira e seu subproduto, o carvão vegetal. Os produtores de ferro come-

---

5   Nem todos ficaram satisfeitos com o fato de que trabalhadores qualificados estavam sendo substituídos por trabalhadores não qualificados, cuja única habilidade necessária era a de manejar o maquinário. Um grupo que ficou conhecido como ludistas resistiu à introdução de novas máquinas destruindo-as. O termo ludista hoje é aplicado a qualquer pessoa que resista a novas tecnologias.

çaram a preferir o carvão mineral ao carvão vegetal porque sua queima era mais limpa e atingia temperaturas mais altas. Como mais e mais máquinas eram feitas de ferro — que também era usado na construção de linhas ferroviárias, trens e navios —, a demanda por carvão mineral aumentou. A revolução poderia até mesmo ter fracassado, ou no mínimo ter sido significativamente mais lenta, se a Grã-Bretanha não tivesse sido abençoada com reservas abundantes de carvão mineral.

Grandes lucros foram obtidos nessa época, com os capitalistas industriais se tornando uma poderosa força que precisava ser levada em consideração. A fim de maximizar seus retornos, muitos deles investiram seu capital na infraestrutura necessária para melhorar o transporte tanto do carvão mineral como dos produtos finalizados. Canais, vias férreas e estradas receberam investimentos significativos. Embarcações a vapor que não dependiam do vento para sua propulsão gradualmente substituíram as menos confiáveis embarcações a vela, e locomotivas a vapor revolucionaram o transporte por terra.

A rede de transportes aperfeiçoada e as economias de escala que resultaram da produção em massa colocaram mais produtos ao alcance de mais pessoas a preços que elas podiam pagar. O resultado foi um grande estímulo à economia. Argumenta-se inclusive que o aumento da receita tributária resultante disso teria desempenhado um importante papel na capacidade dos ingleses de derrotar Napoleão, pois ele proporcionou fundos aos quais os franceses não tinham acesso.

Houve também mudanças profundas e revolucionárias na estrutura social, com um movimento sem precedentes de pessoas do campo para as cidades. Inicialmente isso foi causado por camponeses que tinham sido substituídos por novas técnicas agrícolas e tinham migrado para as cidades instintivamente em busca de trabalhos mais bem remunerados, mas a crescente demanda por bens manufaturados exigia uma força de trabalho própria, e logo as pessoas começaram a migrar para as cidades aos milhões. Cidades enormes surgiram em torno de centros manufatureiros e, em 1850, a maior parte dos ingleses estava trabalhando em cidades industriais. Essas cidades, entretanto, não estavam preparadas para um afluxo populacional tão grande, o que levou a toda uma sorte de novos problemas.

Rule Britannia:[6] a Grã-Bretanha domina o mundo (1815-1900)

A Grã-Bretanha lucrou muito com a derrota da França em 1815, tomando o Cabo da Boa Esperança e as ilhas estratégicas de Malta, Maurício e Ceilão (Sri Lanka), entre outros territórios. O bloqueio ao comércio com a Grã-Bretanha que Napoleão tinha imposto a seus aliados europeus ironicamente serviu para dar aos britânicos um monopólio no comércio ultramarino que a ajudou a crescer ainda mais. Os novos territórios que a Grã-Bretanha obteve depois de 1815 também expandiram o número de mercados para os produtos britânicos e forneceram matéria-prima para alimentar seu crescimento. Em 1850, a Grã-Bretanha dominava o comércio mundial de bens manufaturados, fornecendo algodão dos centros industriais do norte da Inglaterra para dois terços do planeta. Os britânicos também dominavam os serviços relacionados, como navegação, finanças e seguros, o que fez com que Londres se tornasse a maior cidade do mundo. Na virada do século, a Grã-Bretanha, no reinado da rainha Vitória, dominava cerca de 20% da massa continental do planeta.

De 1830 em diante, a Revolução Industrial se difundiu gradualmente da Grã-Bretanha para o restante da Europa e para os Estados Unidos. Há diversas razões para os outros países terem levado tanto tempo para se industrializar.

A França não era mais um real concorrente; qualquer desenvolvimento industrial nascente tinha sido interrompido pela Revolução Francesa em 1789. As Guerras Napoleônicas continuaram a concentrar toda a atenção da França até sua derrota em 1815, que resultou na perda de grande parte de seu império. Mesmo depois de 1815, o país tinha poucas reservas de carvão mineral e uma estrutura de transportes precária e estava concentrado na agricultura, sem falar dos mercados financeiros incipientes.

---

6 Referência à canção patriótica "Rule, Britannia!", originada do poema de James Thomson e musicada por Thomas Arne em 1740. A canção é fortemente associada à Marinha britânica, mas também usada pelo Exército britânico. Sua fama cresceu com a expansão marítima do Reino Unido e perdura até os dias atuais. Com frequência se escreve apenas "Rule Britannia", omitindo equivocadamente a vírgula e o ponto de exclamação, mudando a interpretação da música ao alterar a gramática (N.T.).

A Alemanha, apesar da abundância de carvão mineral, ainda não estava unificada, consistindo de uma confusão de 38 Estados distintos que tinham sido parte do Sacro Império Romano-Germânico, dos quais a Áustria e a Prússia eram os maiores. A dificuldade de cooperar uns com os outros não ajudava o progresso nacional.

De uma posição de supremacia marítima e liderança tecnológica no século XVII, os Países Baixos tinham iniciado um período de lento declínio do século XVIII em diante, em parte devido ao fato de terem apostado tudo nas especiarias e nos escravos em vez de na crescente indústria têxtil. Os Países Baixos perderam suas colônias nas Américas, e suas colônias na Ásia acabaram gerando custos administrativos mais altos do que o que produziam. Os holandeses também foram arrastados para guerras relacionadas tanto ao comércio quanto à sucessão de famílias reais na Europa no século XVIII. Em 1795, sob o comando de Napoleão, os franceses invadiram o país, forçando os holandeses a pagar quantias significativas para o guarnecimento das tropas francesas. Finalmente, comerciantes até o fim, os investidores holandeses preferiram emprestar dinheiro aos mercados financeiros a investir na indústria justamente quando o investimento na indústria iria se tornar a diferença entre um Estado forte e um Estado fraco.

Na Rússia não havia burguesia, vital para o sucesso da industrialização, e apesar de sua vantagem em números absolutos, "permaneceu tecnologicamente retrógrada e economicamente subdesenvolvida. O clima extremo, as enormes distâncias e o sistema de comunicação precário foram em parte responsáveis por isso, mas também tiveram responsabilidade as severas deficiências sociais: o absolutismo militar dos czares, o monopólio da educação nas mãos da Igreja Ortodoxa, a corrupção e a imprevisibilidade da burocracia e a instituição da servidão, que tornava a agricultura feudal e estática".[7]

Na América do Norte, a agricultura e o comércio tiveram precedência sobre a produção industrial até as décadas de 1820 e 1830, e mesmo então

---

[7] Paul Kennedy, *The Rise and Fall of the Great Powers*. Londres: Fontana Press, 1989.

a indústria só prosperou no norte. Durante muito tempo as pessoas mais ricas dos Estados Unidos eram aquelas que cultivavam algodão no sul, e eles não tinham nenhum incentivo para reinvestir os lucros em maquinário uma vez que tinham mão de obra escrava à disposição. A Ásia enfrentava a mesma questão: a mão de obra era tão barata que não havia o mesmo incentivo para investir em máquinas.

O fator decisivo para a Europa continental em seus esforços para alcançar a industrializada Grã-Bretanha foi um aumento populacional, que resultou em um mercado maior e em uma oferta crescente de mão de obra.

O Crescimento do Socialismo (século XIX)

A industrialização, no entanto, também tinha um lado negro. A infraestrutura urbana europeia não estava preparada para o aumento populacional que se seguiu ao rápido crescimento da indústria; as consequências foram uma grave superpopulação, doenças, pobreza e agitações — situação destacada pela imprensa popular. A ideologia socialista nasceu do desejo de introduzir alguma equidade nas condições que tinham surgido nas novas fábricas da Europa. Por que os trabalhadores faziam todo o trabalho enquanto os donos das fábricas ficavam com todo o lucro? Isso não era injusto?

Escrevendo na Inglaterra depois de ter sido expulso de vários países da Europa, Karl Marx concluiu duas obras que formariam as bases do pensamento socialista: o *Manifesto comunista* e *Das Kapital* (*O capital*). Ele afirmava que a história da sociedade podia ser considerada uma história das lutas de classes em vez de uma história dos conflitos entre Estados e indivíduos. Os trabalhadores acabariam se rebelando contra os patrões, ou burgueses, e dariam fim à era das lutas de classes. "Os proletários não têm nada a perder a não ser as correntes. Eles têm um mundo a ganhar. Trabalhadores de todos os países, uni-vos!" O capitalismo industrial iria desmoronar e ser substituído por uma sociedade comunista, na qual classes sociais diferentes não iriam existir. Amplamente ignorado até os anos 1870, sua obra se tornou a principal inspiração para os regimes comunistas do século XX.

A Independência da América do Sul (1808-1826)

As revoluções americana e francesa no século XVIII e as guerras napoleônicas na Europa, que avançaram pelo século XIX, também tiveram enormes consequências para outra parte do mundo: a América do Sul. Em 1800, a América do Sul permanecia em quase sua totalidade nas mãos de espanhóis e portugueses, entretanto, 26 anos depois, tudo o que restava desses impérios europeus no Novo Mundo eram as ilhas caribenhas de Cuba e Porto Rico, sob domínio espanhol. E mesmo essas ilhas iam se tornar protetorados dos Estados Unidos depois da Guerra Hispano-Americana de 1898.

As restrições espanholas no que dizia respeito a questões econômicas, a natureza autoritária de seu governo e a preferência dada aos espanhóis nascidos na Espanha em relação aos crioulos (os filhos de pais espanhóis que tinham nascido nas Américas), foram apenas alguns dos fatores que, quando reunidos, alienavam grande parte da população local. A invasão da Península Ibérica por Napoleão em 1808 deu a esses movimentos a desculpa e o ímpeto de que precisavam para se livrar do jugo de seus colonizadores. Liderados por rebeldes armados como Simón Bolívar[8] — o George Washington da América Latina em homenagem a quem a Bolívia foi batizada — e José de San Martín, que liderou a libertação da Argentina e do Chile, a maior parte da América do Sul em poder dos espanhóis já tinha conseguido sua independência em 1825.

No que diz respeito ao Brasil, a população local buscou a independência apenas depois que Napoleão foi finalmente derrotado, em 1815, e a família real portuguesa voltou para Lisboa, de onde tinham fugido em 1808. Em um golpe relativamente sem derramamento de sangue, o filho do monarca português se tornou imperador de um Brasil independente em 1822. O Brasil só se tornou uma república em 1889.

A liberdade que esses povos conquistaram não foi exatamente aquilo que tinham imaginado; com pouca experiência na administração de suas próprias questões, a maioria desses países caiu rapidamente em ditaduras militares.

---

8   Bolívar também ficou conhecido como El Libertador.

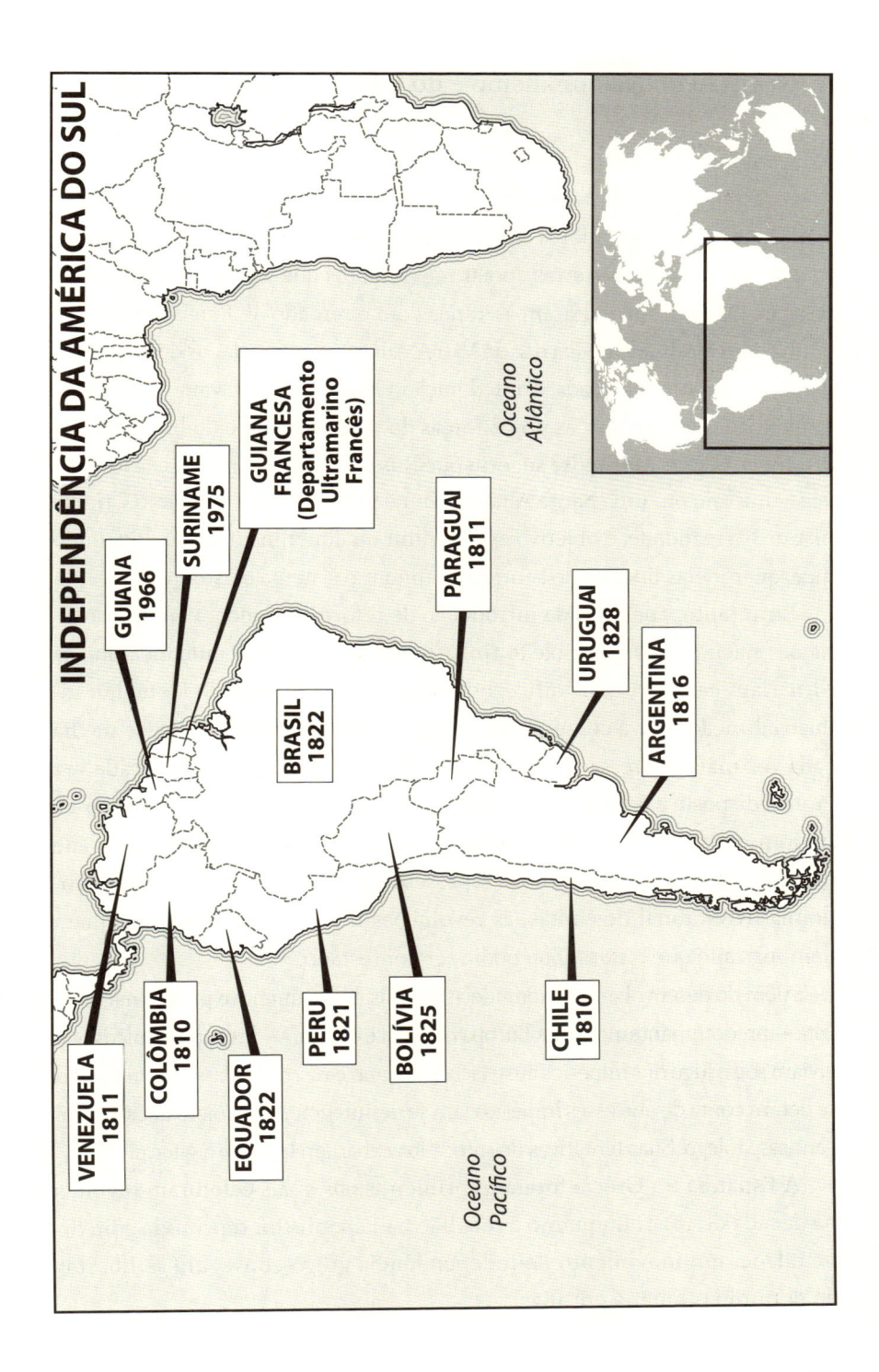

INDEPENDÊNCIA DA AMÉRICA DO SUL

- GUIANA 1966
- SURINAME 1975
- GUIANA FRANCESA (Departamento Ultramarino Francês)
- VENEZUELA 1811
- COLÔMBIA 1810
- EQUADOR 1822
- PERU 1821
- BOLÍVIA 1825
- CHILE 1810
- BRASIL 1822
- PARAGUAI 1811
- URUGUAI 1828
- ARGENTINA 1816

Oceano Atlântico

Oceano Pacífico

O PERÍODO MODERNO 175

A Ascensão do Nacionalismo e do Liberalismo (século XIX)

No Congresso de Viena, em 1815, parecia inicialmente que a velha ordem ia ser restaurada. Exaustas depois de 25 anos de guerras, muitas populações viam seus reis e imperadores como símbolos de união e paz, e não interessava aos proprietários de terras apoiar movimentos que visassem a sua expropriação. Os Bourbon voltaram à França com o reinado de Luís XVIII e à Espanha com o reinado de Fernando VII. A Áustria e a Prússia, os dois maiores Estados da recém-formada Confederação Germânica, estavam igualmente empenhadas em manter as novas forças do nacionalismo e do liberalismo a distância. O czar Alexandre sugeriu que Rússia, a Áustria e a Prússia inclusive se unissem em uma Santa Aliança com o pretexto de promover o Cristianismo. Na realidade, o objetivo era reprimir qualquer insurreição, incluindo quaisquer ideias liberais no sentido de mudar o sistema existente.

Entretanto, por meio da introdução de reformas e encorajando as aspirações nacionalistas, Napoleão tinha libertado forças de mudança que se tornariam cada vez mais difíceis de reprimir. Na Europa Ocidental, a industrialização estava começando a enriquecer uma crescente classe média cada vez mais interessada nas ideias democráticas da revolução e cada vez menos disposta a aceitar uma polícia secreta, prisões arbitrárias, censura à imprensa e autocracia. Entre outras coisas, essa classe desejava a liberdade de expressão, o direito ao voto, a representatividade no governo e uma economia livre; afinal de contas, as revoluções francesa e americana tinham demonstrado que o *status quo* podia ser contestado.

Além do desenvolvimento das ideias liberais, havia um novo projeto nacionalista — predominantemente na Europa oriental e central — de grupos étnicos que viviam sob o jugo dos impérios austríaco, otomano e russo. As classes dominantes se deram conta de que esses impérios iam se desintegrar se o projeto nacionalista ganhasse fôlego. Suas tentativas de sufocá-lo acabariam levando à guerra.

A Espanha e a Grécia foram as primeiras nas quais eclodiram revoltas na década de 1820. Enquanto a rebelião na Espanha foi reprimida com dificuldade, um movimento de independência grego conseguiu se libertar do domínio otomano em 1832.

A França foi a próxima. Insatisfeitos com a censura à imprensa, com as tentativas de controlar o parlamento e com as tendências restritivas em geral do soberano francês, o rei Carlos X, que tinha herdado a coroa do irmão, Luís XVIII, os parisienses se rebelaram. Em 1830, Carlos foi forçado a abdicar do trono, fugindo em seguida para a Inglaterra, enquanto seu primo mais moderado Luís Filipe, que descendia do irmão de Luís XIV, foi coroado rei. A revolução daquele ano se espalhou pela Europa, mas apesar de não ter conseguido ganhar terreno de fato, a velha ordem não conseguiu esmagar as novas ideologias políticas por completo.

Em 1848, insurreições voltaram a acontecer por toda a Europa, e dessa vez elas ganharam mais força. Os húngaros, ávidos por depor seus soberanos da família Habsburgo, se rebelaram e foram esmagados. Os tchecos exigiram seu próprio governo e os austríacos foram expulsos do norte da Itália. Na França, Luís Filipe foi expulso do país e a Segunda República foi proclamada. O sobrinho de Napoleão, Luís Napoleão Bonaparte, foi eleito presidente por voto popular. Quando descobriu que estava proibido, de acordo com a Constituição, de concorrer a um segundo mandato, deu um golpe, dissolveu a Segunda República e instaurou uma ditadura. Um ano mais tarde, em 1852, ele se autodeclarou Imperador Napoleão III do Segundo Império Francês — cargo que manteria com algum sucesso até 1871, quando a França foi derrotada pela Prússia na Guerra Franco-Prussiana. Luís Napoleão acabou se retirando para a Inglaterra, onde morreu durante uma operação.

A Grã-Bretanha conseguiu evitar uma revolução por pouco ao fazer algumas concessões de última hora em favor da classe trabalhadora. A Rússia esperaria sua vez.

O Grande Jogo na Ásia Central (século XIX)

Apesar da força crescente da Grã-Bretanha durante o século XIX, os britânicos ainda precisavam defender seu império de potências invasoras. Conforme o século passava, a Rússia demonstrava um interesse cada vez maior pela Ásia Central — as terras entre Constantinopla e a Índia — e a região se tornou um campo de batalha onde as duas nações competiam por esferas de influência no que ficou conhecido como o "Grande Jogo".

A expansão da Rússia para o sul foi a primeira causa de preocupação: se os russos continuassem a ir para o sul, atravessando o Afeganistão, eles poderiam invadir a Índia pelo passo Khyber. Em vista disso, em 1839 a Grã-Bretanha invadiu o Afeganistão em uma tentativa de controlar a área, mas uma insurreição local forçou o exército a uma vergonhosa retirada três anos depois, durante a qual 16 mil soldados e civis foram massacrados. Nenhuma tentativa de uma potência estrangeira de dominar o Afeganistão foi bem-sucedida.

Uma preocupação adicional surgiu uma década mais tarde quando a Rússia invadiu dois Estados vassalos do enfraquecido Império Otomano nos Bálcãs, sob o pretexto de proteger os cristãos ortodoxos orientais. O problema para os britânicos era que os territórios em questão deixavam os russos muito mais perto do estreito de Dardanelos e do estreito de Bósforo, que ligava o mar Mediterrâneo ao mar Negro. Mais uma vez, os britânicos temiam que isso desse aos russos uma rota marítima para a Índia, ameaçando assim o controle britânico da região. A destruição de uma flotilha turca pela frota do mar Negro russa em 1854 deu à Grã-Bretanha o pretexto de que ela precisava para declarar guerra, e os franceses, ávidos para vingar sua derrota para os russos em 1812, se juntaram prontamente aos britânicos.

E assim começou a Guerra da Crimeia. Os russos foram rapidamente expulsos dos territórios que tinham ocupado, e os Aliados planejavam em seguida uma rápida tomada de Sebastopol — a principal base naval russa no mar Negro —, na atual Ucrânia. Subestimando as defesas russas, a guerra se arrastou por um ano até que Sebastopol capitulou, em 1855.

Embora os Aliados tenham vencido a guerra, os custos para ambos os lados foram imensos, com cerca de 25 mil e 100 mil baixas nos lados britânico e francês respectivamente, e muitas vezes mais que isso no lado russo. A maioria das mortes foi causada por doenças como tifo, cólera e disenteria, a despeito dos esforços da enfermeira Florence Nightingale e de suas colegas para cuidar dos soldados feridos e moribundos. Foi apenas em 1865 que o francês Louis Pasteur elaborou a teoria dos germes, afirmando que a maioria das doenças infecciosas são causadas por bactérias ou micro-organismos. Essa descoberta transformou a medicina, salvou milhões de vidas e se tornou fundamental para entendermos as doenças que tinham causado tantas mortes ao longo da história.

Uma das consequências da derrota da Rússia na Guerra da Crimeia foi um programa de reformas e modernizações iniciado pelo czar Alexandre II, que assumiu o trono em 1855. Embora ele receba o crédito pela emancipação dos camponeses, em 1861, no verdadeiro estilo russo, suas reformas foram desordenadas e mal administradas e ironicamente acabaram resultando no seu assassinato. Nos anos seguintes, revolucionários profissionais, aproveitando-se das frustrações do povo, acabariam por tomar o Estado russo na Revolução de Outubro de 1917.

As Guerras do Ópio

Enquanto a Europa passava por um período de industrialização e mudanças revolucionárias, a China experimentou sua própria convulsão social. Os portugueses tinham chegado à China em 1517, mas a Dinastia Ming não demonstrara nenhum interesse em aprender com eles, acreditando que a China e seus produtos eram superiores em todos os sentidos. Embora não fossem tratados como iguais, os estrangeiros tinham permissão para atuar em Macau, um porto chinês de onde importavam chá, seda, porcelana e outros produtos para os quais havia uma crescente demanda na Europa.

Os manchus tinham deixado claro desde o início que todo o comércio deveria ser feito de acordo com seus termos, por meio de seus próprios intermediários, e que os europeus deveriam pagar pelos itens que queriam comprar com prata. O problema era que a quantidade de compras feitas pelos negociantes britânicos e a recusa dos chineses de pagar com sua própria prata pelas compras de bens estrangeiros em quaisquer quantidades significativas começou a afetar a balança comercial britânica. Em busca de uma solução, os britânicos se deram conta de que se seus comerciantes conseguissem trocar mercadorias na Índia por matéria-prima e em seguida trocar essa matéria-prima com os chineses em troca de chá, eles conseguiriam conter o escoamento de prata de seu Tesouro.

Um dos produtos que eles obtinham na Índia era o ópio, e para sua satisfação, o ópio encontrou uma demanda insaciável na China. Usado para aliviar a dor e reduzir a sensação de fome, também era utilizado para produzir morfina e heroína, uma droga na qual os chineses logo ficaram viciados. Em pouquíssimo tempo, uma grande quantidade de homens com menos de 40 anos que viviam nas regiões costeiras do país estava fumando ópio, e no fim da década de 1830, mais de 30 mil caixas do produto estavam sendo importadas anualmente por diversas potências estrangeiras. Entretanto, grande parte desse carregamento era na verdade contrabandeada para dentro do país, uma vez que o governo da China tinha reconhecido o custo social da droga e consequentemente a banira. Em 1838, dando-se conta de que sua proibição estava sendo desafiada, o governo Qing decretou pena de morte para qualquer um que fosse pego negociando ópio. Quando perceberam, um ano mais tarde, que essa ameaça não estava reduzindo o comércio de ópio, funcionários do governo confiscaram e em seguida queimaram 20 mil caixas de ópio da Companhia das Índias Orientais, espalhando as cinzas no mar e se negando a oferecer uma compensação aos comerciantes.

Para os britânicos, o comércio de ópio e chá produzia lucros tão significativos que eles não podiam aceitar calados essa afronta. Eles reagiram navegando até o porto de Cantão com vários navios de guerra, derrotando os chineses com facilidade com a ajuda de seus armamentos modernos e forçando-os a abrir seus portos para o comércio britânico. E mais: os chineses foram obrigados a ceder a ilha de Hong Kong e a pagar uma indenização pelo ópio que tinham destruído. Tudo isso além de aceitar a distribuição de uma droga que causa dependência em todo o seu território. Isso não passou despercebido na Grã-Bretanha, onde um membro recém-eleito do parlamento, William Gladstone, se perguntou se já teria havido "uma guerra mais injusta em sua origem, ou uma guerra mais calculada para cobrir este país de permanente vergonha".

A humilhação da Guerra do Ópio destruiu a falsa sensação de superioridade chinesa e encorajou o crescimento de um sentimento antimanchu que vinha fermentando sob a superfície desde o fim da Dinastia Ming, em 1644. Na mesma época, a China enfrentou um grande aumento populacional e uma série de calamidades naturais. Somando tudo, o resultado foi um grande aumento da pobreza e da insatisfação, que acabou fornecendo o cenário para a maior insurreição da China e a guerra civil mais sangrenta da história.

A guerra civil na China (1851)

Em 1851, uma rebelião foi iniciada por Hong Xiuquan, um professor de uma aldeia que acreditava ser o irmão mais novo de Jesus Cristo, escolhido por Deus para fundar um reino divino na terra, sendo ele o rei. Ele livraria a China das más influências, incluindo os confucianos e budistas, substituiria a corrupta Dinastia Qing dos manchus, e restauraria o glorioso passado chinês. A escravidão, os casamentos arranjados, o consumo de ópio, a prática dolorosa de amarrar os pés das meninas que não crescessem e a tortura seriam abolidos. A era de "Taiping", ou "Grande Paz", tinha começado.

A versão de Hong Xiuquan do Cristianismo logo atraiu mais de um milhão de pessoas, encorajadas pela promessa de melhores condições sociais, distribuição de terras e igualdade para as mulheres. Como sinal de rebeldia, os homens deixaram os cabelos ficarem compridos e ficaram conhecidos como os rebeldes cabeludos. A guerra civil que se seguiu durou quatorze anos e custou, de acordo com as estimativas, 20 milhões de vidas.

A rebelião quase derrubou a Dinastia Qing, especialmente quando a dinastia teve que voltar sua atenção para outra guerra pelo ópio com os britânicos e os franceses. Os rebeldes, porém, não conseguiram atingir seus objetivos. Eles tinham atacado o Confucionismo, que ainda era amplamente aceito no país, tinham afastado as classes mais ricas ao defender reformas radicais, e sua liderança estava cada vez mais enfraquecida por causa de rivalidades. O resultado foi a divisão de suas forças e a recusa dos europeus em negociar com eles, sem saber se suas concessões iam continuar sob a Taiping. Hong Xiuquan acabou se matando.

Depois de perder o controle sobre muitas partes da China para líderes militares locais após a morte de Hong Xiuquan, o governo Qing percebeu que não ia conseguir manter o controle a não ser que desse início a algum tipo de programa de modernização. Estudantes foram mandados para o exterior a fim de aprender os costumes ocidentais, fábricas foram construídas de acordo com modelos ocidentais e a ciência ocidental passou a ser estudada. No entanto, as forças do conservadorismo se provaram fortes demais para que qualquer mudança mais significativa fosse implementada.

A essa altura, várias potências europeias já tinham percebido que a China estava enfraquecida e aproveitaram a oportunidade para ganhar território. A Rússia foi a primeira a tirar vantagem da situação, invadindo a Manchúria, no nordeste da China, na década de 1850. A França colonizou o atual Vietnã e estabeleceu um protetorado no Camboja em 1864, e a Grã-Bretanha ganhou o controle da Birmânia (atual Mianmar) em 1885, incorporando-a à Índia e tomando a Malásia apenas por precaução. Os Países Baixos se apossaram das Índias Orientais. O Japão, que já tinha passado por seu próprio programa de modernização, derrotou a China no fim do século, forçando os chineses a reconhecerem o interesse japonês na Coreia e a ceder Taiwan. Por essas e outras razões, os chineses se referem ao século XIX como "o século da vergonha e da humilhação".

Revolução na Índia (1857)

Quase imediatamente após a Guerra da Crimeia, em 1855, os britânicos enfrentaram uma grave rebelião na Índia. Desde a chegada dos europeus ao subcontinente, os interesses da população local geralmente ficavam subordinados aos interesses dos recém-chegados. Missionários cristãos tinham ainda contestado as religiões e os costumes locais, involuntária e inconscientemente alienando grande parte da população. Quando o exército inglês introduziu cartuchos de rifle supostamente lubrificados com gordura de porco e vaca, isso inflamou os sentimentos de muçulmanos e hindus, respectivamente, e a indignação que vinha fermentando havia anos entrou em ebulição.

Em 1857, cem anos depois da Batalha de Plassey, os exércitos indianos treinados pelos europeus se amotinaram em um esforço de retomar dos britânicos o controle sobre seu próprio país. Jurando lealdade ao imperador mogol, eles assassinaram os britânicos que viviam em Delhi, depois do que a insurreição se espalhou rapidamente por toda a Índia. De início um tanto apavorados, os britânicos acabaram conseguindo esmagar a rebelião, que carecia de apoio e de uma boa liderança.

Em 1858, como resultado direto do motim indiano, o governo britânico aboliu a dinastia mogol que havia até então governado a Índia por trezentos anos. O imperador foi exilado na Birmânia e o governo da Grã-Bretanha assumiu a administração direta da Índia, um país com dez vezes a sua população. O domínio britânico na Índia imperou em cerca de dois terços do país pelos noventa anos seguintes no que ficou conhecido como "o Raj", termo derivado do sânscrito *raja*, que quer dizer "rei".

O governo britânico instituiu um vice-rei e dissolveu a Companhia das Índias Orientais. A Índia era valiosa demais para a Grã-Bretanha, tanto por fornecer matérias-primas quanto por seu tamanho como mercado de exportações, para arriscar perdê-la. Para afastar qualquer dúvida sobre quem dominava o subcontinente, a rainha Vitória foi declarada imperatriz da Índia em 1877.

Como o rei algodão levou à guerra civil nos Estados Unidos (1861-1865)

Enquanto em meados do século XIX houve revolução e guerra na Europa, guerra civil na China e revoltas na Índia, entre outros conflitos, os Estados Unidos também experimentariam a sua própria catástrofe, causada por um confronto entre um Norte cada vez mais industrializado e um Sul dependente dos escravos e do algodão.

Na Europa, máquinas mais eficientes tinham levado a um aumento da demanda tanto por algodão cru quanto por algodão acabado — demanda que os mercados tinham dificuldade de atender. Prevendo lucros imensos, um grande número de plantações no Sul começou a se concentrar no algodão. Contudo, mesmo que a descaroçadora de algodão tivesse resolvido o principal problema, de separar o algodão de suas sementes pegajosas, o algodão ainda precisava ser colhido. Os cálculos básicos dos donos das plantações mostraram que quanto mais gente eles tivessem fazendo esse trabalho, maiores seriam as suas colheitas e mais ricos eles ficariam. Como resultado, a demanda por escravos, que tinha passado por um declínio no fim do século XVIII, disparou. A população escrava nos Estados Unidos quase dobrou entre 1810 e 1830, e na década de 1850 os escravos compunham aproximadamente metade da população dos quatro principais estados produtores de algodão.

Em 1840, os Estados Unidos produziam mais algodão do que qualquer outro país no mundo, e o valor das exportações de algodão superava o valor de todos os outros produtos exportados pelos Estados Unidos juntos, efetivamente financiando o desenvolvimento inicial do país. Os plantadores de algodão estavam entre os homens mais ricos dos Estados Unidos. O que eles não previram, no entanto, era que a ênfase no algodão e no escravismo no Sul levara a uma perigosa dependência de uma economia de monocultura e não se esforçara para incentivar a diversificação. O oposto acontecia no Norte (onde o clima não permitia o cultivo de algodão), que tinha se tornado cada vez mais industrializado e, portanto, menos dependente de escravos. Conforme a escravidão foi se tornando cada vez menos aceitável ao redor do mundo, o Sul foi ficando mais isolado, tanto nacional como internacionalmente.

O comércio de escravos com a África tinha sido abolido pelo Reino Unido em 1807[9] e pelos Estados Unidos em 1808. Apesar disso, os escravos existentes na realidade não foram libertados e um comércio interno de escravos tinha se desenvolvido nos estados onde a escravidão predominava; a proibição da importação de escravos serviu apenas para aumentar seu preço. A eleição de Abraham Lincoln para a presidência dos Estados Uni-

---

9   Embora a escravidão só tenha sido finalmente abolida nos domínios britânicos em 1834.

dos em novembro de 1860, derrotando um candidato pró-escravidão, foi a gota d'água para o Sul. Enquanto a grande maioria dos habitantes do Norte era indiferente à questão da escravidão — o movimento pela emancipação era ruidoso, mas uma nítida minoria —, esse assunto era importante o suficiente no Sul para causar bastante apreensão. Liderados pela Carolina do Sul, sete estados deixaram a União em fevereiro de 1861, um mês antes de Lincoln fazer seu discurso inaugural, formando os Estados Confederados da América, com Jefferson Davies como presidente.

Quando forças confederadas atacaram o Forte Sumter, fortaleza da União em uma ilha no porto de Charleston, na Carolina do Sul, em abril de 1861, Lincoln não teve escolha a não ser declarar guerra. Ele estava determinado a fazer tudo que estivesse a seu alcance para impedir que o país fosse despedaçado. Isso era muito mais importante para ele do que a questão da escravidão. Ele inclusive escreveu uma famosa carta na qual declarava que manteria a escravidão se isso pusesse fim à guerra. A escravidão estava longe de ser a única questão que fizeram com que ele fosse eleito no Norte e a maioria dos habitantes dos estados do Norte que lutavam pela União lutavam pelo objetivo principal de preservar a União, não para libertar os escravos. Ao contrário, a grande maioria dos soldados confederados não eram composta de senhores de escravos e tinha pouco interesse em preservar a escravidão. É mais provável que eles tenham lutado porque consideravam os exércitos da União como invasores. Em muitos sentidos, a Guerra Civil foi uma batalha de elites por poder econômico. Onze estados acabariam se juntando à Confederação, dividindo os Estados Unidos em dois.

O Norte estava em uma posição mais forte desde o início. Tinha um exército maior e pelo menos o dobro da população. Também era mais industrializado, o que significava que podia produzir mais material bélico, e tinha uma infraestrutura de transportes melhor, o que significava que tinha mais facilidade em enviar suprimentos para suas tropas. O Norte também controlava a Marinha, que se provou fundamental em impor um bloqueio ao Sul e impedir que auxílio e suprimentos chegassem da Europa. Apesar de tudo isso, o general confederado Robert E. Lee comandou o Sul em vá-

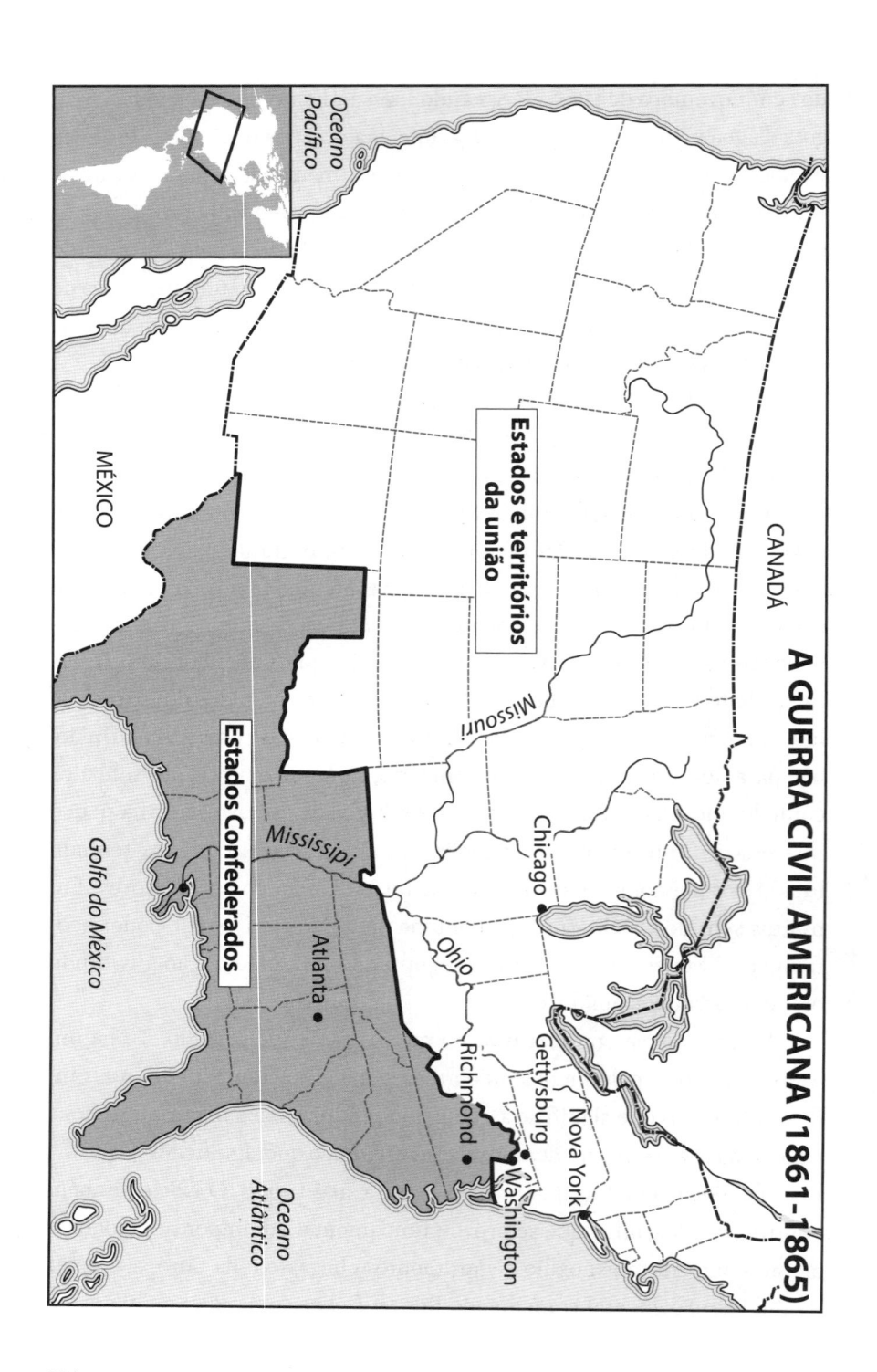

A GUERRA CIVIL AMERICANA (1861-1865)

Estados e territórios da união

Estados Confederados

Oceano Pacífico
MÉXICO
CANADÁ
Golfo do México
Oceano Atlântico
Missouri
Mississipi
Ohio
Chicago
Atlanta
Richmond
Gettysburg
Nova York
Washington

186 BREVE HISTÓRIA DO MUNDO

rias vitórias iniciais, chegando a invadir o Norte em 1862 e 1863. O avanço de Lee, porém, chegou ao fim em julho desse mesmo ano, na sangrenta batalha de três dias em Gettysburg, na Pensilvânia.

Foi lá, muitos meses depois, ao dedicar um novo cemitério a homenagear os que tinham morrido em combate, que Lincoln fez seu famoso discurso do "governo do povo, pelo povo e para o povo", considerado um dos mais célebres discursos da história dos Estados Unidos. Ulysses S. Grant, o general mais veterano da União, que acabaria se tornando o décimo-oitavo presidente dos Estados Unidos, assumiu o comando das forças da União nove meses após Gettysburg e travou uma guerra total contra o Sul até subjugá-lo por completo. A guerra terminou oficialmente em 9 de abril de 1865, quando Lee se rendeu diante de Grant. Lincoln foi assassinado cinco dias depois, aos 56 anos, por um simpatizante sulista.

A Guerra Civil foi o evento mais catastrófico da história dos Estados Unidos; mais de 60 mil norte-americanos morreram, a maioria por causa de doenças, um número maior do que os que tinham morrido em todas as outras guerras dos Estados Unidos juntas, e mais do que as perdas norte-americanas tanto na Primeira quanto na Segunda Guerra Mundial. Centenas de milhares ficaram feridos. O Sul foi destruído, e o período de reconstrução que se seguiu durou mais de dez anos. A devastação econômica durou muito mais, avançando pelo século XX. A guerra, no entanto, de fato pôs fim ao debate sobre a escravidão.

A Expansão dos Estados Unidos (1783-1867)

A independência dos Estados Unidos tinha sido acompanhada de um grande crescimento da população, que dobrou para 8 milhões de pessoas entre 1790 e 1814, e em seguida aumentou para 23 milhões até 1850.

Grande parte desse crescimento posterior se deveu a um afluxo de europeus que queriam deixar a Europa depois de 1815 e foram atraídos pela demanda quase ilimitada por mão de obra em uma economia em expansão. Um número substancial de irlandeses chegou aos Estados

Unidos de 1846 em diante, em uma tentativa de escapar da terrível escassez que ocorreu entre 1846 e 1851 como resultado da devastação das plantações de batata irlandesas. A consequência desse afluxo de pessoas foi um rápido crescimento econômico, que levou à maior expansão dos Estados Unidos para o oeste.

Em 1803, durante o mandato do presidente Jefferson, os Estados Unidos compraram o território da Louisiana — todos os seus 2 milhões de quilômetros quadrados — de Napoleão, que precisava de fundos para travar suas guerras na Europa,[10] e a compra de terras que juntas tinham quase o tamanho da Europa efetivamente dobrou o tamanho do país à época. A anexação do Texas pelos norte-americanos em 1845 deflagrou uma guerra contra os mexicanos, que acabaram forçados a ceder a Califórnia, e o Alasca foi comprado dos russos em 1867 por 7,2 milhões de dólares.[11] Em 1898, depois de uma guerra contra a Espanha que durou dez semanas, os Estados Unidos ganharam Cuba, Porto Rico, Guam e as Filipinas, embora esses territórios nunca tenham se tornado estados norte-americanos.

O crescimento de sua indústria manufatureira e a produção de aço barato, metal que é mais barato de produzir e mais leve e mais resistente que o ferro, permitiram aos norte-americanos construir as estradas de ferro que foram fundamentais para no desbravamento de seu território para o comércio e a colonização. A estrada de ferro, o navio a vapor e o telégrafo reduziram o custo e o tempo dos transportes e da comunicação e ajudaram a criar um novo mercado para os produtos norte-americanos. No fim do século XIX, os Estados Unidos tinham se tornado a maior e mais competitiva nação industrial do mundo. Na Europa, a torrente de alimentos norte-americanos baratos levou à queda das taxas de mortalidade e a um aumento populacional que mais tarde funcionaram como fator motivador para a industrialização do continente.

---

10 Napoleão deu a independência ao Haiti, no Caribe, pela mesma razão.
11 Isso significa, mais ou menos, a dois centavos de dólar por acre, o que equivale a 30 centavos em dinheiro de hoje.

A EXPANSÃO DA AMÉRICA (1783-1867)

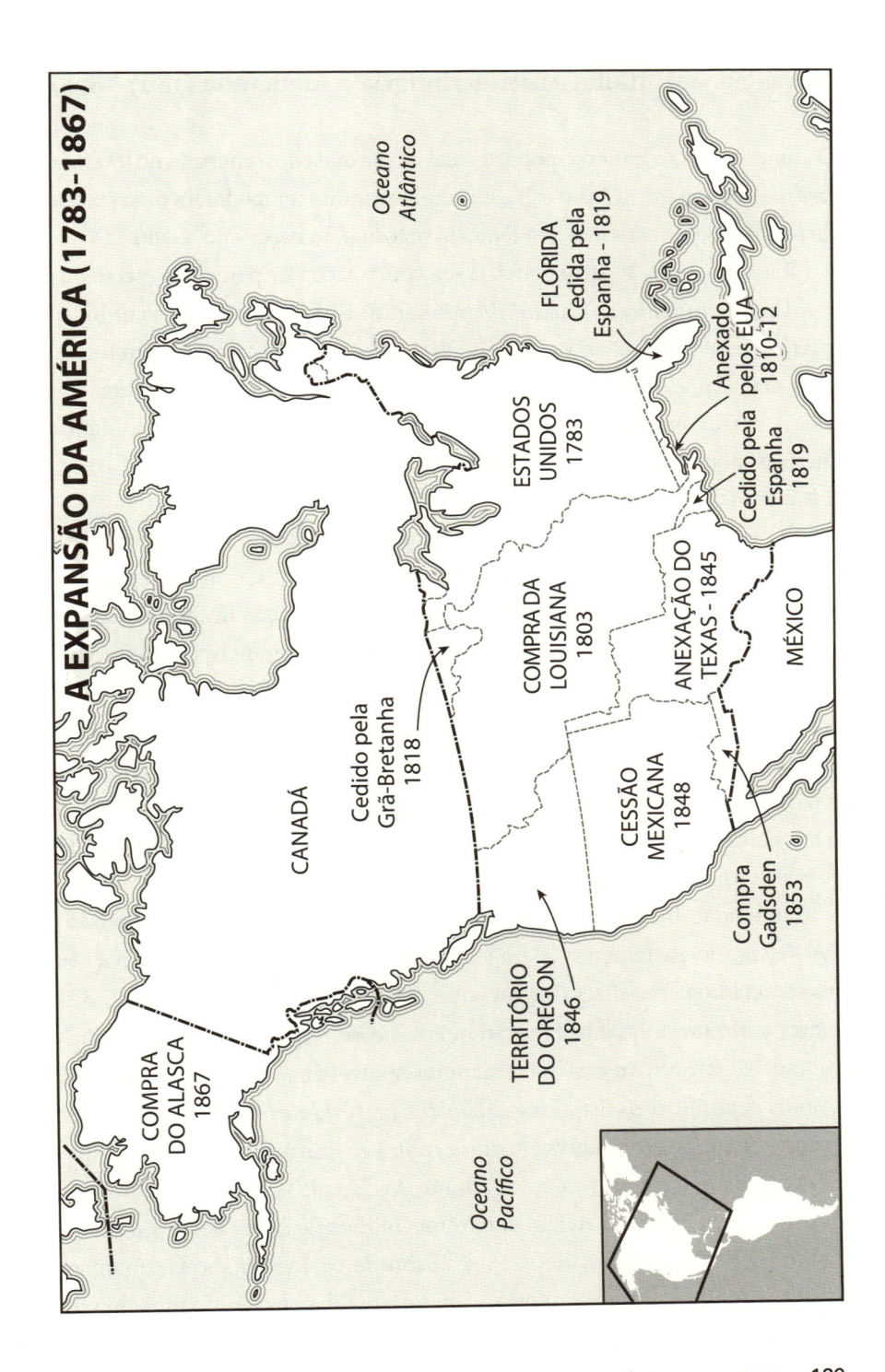

- COMPRA DO ALASCA 1867
- CANADÁ
- Cedido pela Grã-Bretanha 1818
- ESTADOS UNIDOS 1783
- FLÓRIDA Cedida pela Espanha - 1819
- Anexado pelos EUA 1810-12
- Cedido pela Espanha 1819
- COMPRA DA LOUISIANA 1803
- ANEXAÇÃO DO TEXAS - 1845
- MÉXICO
- CESSÃO MEXICANA 1848
- Compra Gadsden 1853
- TERRITÓRIO DO OREGON 1846
- Oceano Atlântico
- Oceano Pacífico

O PERÍODO MODERNO

Novas nações: Itália, Áustria-Hungria e Alemanha (1867-1871)

O aumento do crescimento populacional e uma onda de nacionalismo levaram tanto a Itália quanto a Alemanha, que durante muito tempo foram uma colcha de retalhos de Estados independentes, a se tornarem nações no século XIX.

Em 1848, grande parte da Itália era controlada por potências estrangeiras. Um movimento chamado "risorgimento" tinha como objetivo unificar o país e recuperar sua antiga glória. Vários Estados italianos uniram forças para expulsar a Áustria do controle do norte do território, e os Estados restantes passaram a ficar sob controle italiano por meio de iniciativas diplomáticas. Sob a liderança inspiradora do primeiro-ministro Camillo Cavour, a Itália foi unificada em 1870.

O primeiro passo da Alemanha rumo à unificação fora dado em 1806, quando 16 Estados deixaram o Sacro Império Romano-Germânico para dar origem a uma nova união germânica — a Confederação do Reno — sob a proteção de Napoleão. Um mês depois o imperador Francisco II tinha dissolvido o Sacro Império. No Congresso de Viena, em 1815, nenhuma tentativa foi feita no sentido de restaurá-lo, e a Deutsche Bund, ou "Confederação Germânica", foi criada. A liderança inicialmente coube à Áustria, mas o país não tinha nenhuma intenção de unificar os Estados, que, conforme o nacionalismo ganhava força, se voltaram cada vez mais para a liderança do primeiro-ministro prussiano Otto von Bismarck.

Diplomata brilhante, Bismarck impunha suas reformas por meio do Reichstag, ou parlamento, alemão. Afirmando que "o destino das nações não é decidido com discursos ou votos, mas sim com ferro e sangue", Bismarck enfrentava qualquer nação que tentasse impedir seus planos, derrotando o exército austríaco de maneira notável em apenas sete semanas. Depois de unificar os Estados germânicos protestantes do norte sob a liderança prussiana, uma guerra vitoriosa contra os franceses em 1871 foi o que bastou para que ele unificasse o restante dos Estados germânicos católicos do sul em um Segundo Reich, com o rei Guilherme como kaiser ou imperador. (O Primeiro Reich alemão foi o Sacro Império Romano-Germânico. Hitler ia tentar criar um terceiro.) Uma Alemanha em rápido processo de industrialização na época se tornou a potência militar continental dominante na Europa — possivelmente o desenvolvimento político mais importante no continente europeu entre as revoluções de 1848 e a guerra de 1914.

Destituídos do controle do norte da Itália e expulsos da Federação Alemã depois da derrota para os alemães em 1866, os austríacos se deram conta de que o melhor que podiam fazer era fortalecer sua posição estabelecendo um acordo com o maior grupo nacional de seu império, os húngaros. Chegou-se a um acordo por meio do qual uma monarquia dual austro-húngara foi criada.[12] Francisco José foi declarado rei da Hungria e um parlamento separado foi estabelecido em Budapeste, mas o novo império teria uma política externa, um exército e um sistema monetário unificados. Na teoria isso evitou que o Império Austríaco se desintegrasse ainda mais. Na realidade, a preponderância dos eslavos no novo império causaria problemas no futuro.

A disputa pela África (1880-1914)

Por volta dessa época, a Europa estava ficando cada vez mais interessada no continente africano. Antes de 1870, o interior da África continental tinha sido largamente ignorado pelas potências europeias, em parte devido a uma simples falta de interesse e ema parte devido à falta de resistência a doenças tropicais, problema que rendeu à África o nome de "Túmulo dos Homens Brancos". Suas incursões tinham sido realizadas predominantemente em cidades costeiras que serviam como entrepostos comerciais ou estações de reabastecimento, como no caso da Cidade do Cabo. O interior era desconhecido, e a África também era chamada de "Continente Negro" por essa razão.

Entretanto, conforme a Europa se industrializava, crescia também a necessidade de matérias-primas para alimentar suas fábricas, e mais e mais países passaram a encarar a África como uma nova fonte de suprimentos e ao mesmo tempo um mercado para o qual podiam vender seus novos produtos

---

12 O novo Império Austro-Húngaro tornou-se o segundo maior país da Europa depois do Império Russo.

manufaturados. A descoberta do quinino, que conferia alguma proteção contra a malária, junto com a invenção de novas vacinas, contribuiu para reduzir o grande número de mortes de europeus por causa de doenças e abriu o país para mais explorações. O ímpeto final foi religioso; cristãos europeus viam um novo continente inteiro pronto para receber a palavra de Deus.

Praticamente desde o começo, as nações europeias competiram agressivamente pelas terras. Os franceses tinham perdido território (e orgulho) para os alemães em 1871 e seu império nas Américas não existia mais, em grande parte graças à Grã-Bretanha. Eles também tinham renovado o gosto por possessões coloniais depois de invadirem a Argélia, em 1830. A África representava para eles uma nova oportunidade de expansão.

A Grã-Bretanha procurava expandir seu império, que tinha se reduzido desde a independência de suas colônias norte-americanas. Os britânicos também estavam preocupados com uma Alemanha que se industrializava rapidamente e que estava adotando uma agressiva política de desenvolvimento sob o comando do kaiser Guilherme II. Espremido entre as grandes potências no meio da Europa, o rei Leopoldo II da Bélgica sentiu que aquela era sua única chance de ganhar território de uma forma que não envolvesse a guerra; afinal de contas, mais territórios eram iguais a mais prestígio. Leopoldo acabaria tomando o Congo como sua propriedade particular. Portugal, Itália e diversos outros países também procuraram entrar no jogo.

Em 1882, os britânicos invadiram e ocuparam o Egito, preocupados que a instabilidade por lá afetasse a operação do Canal de Suez — construído em 1869 —, que reduziu de forma significativa o tempo e o custo das viagens à Índia. Em uma tentativa de proteger o Egito de invasões, a Grã-Bretanha conquistou o Sudão, ao sul. Com o porto estratégico da Cidade do Cabo em suas mãos desde o início do século, sua rota para a Índia agora estava segura. Entretanto, em uma reação inevitável a essas ações, as outras potências da Europa se apressaram em ganhar território na África. A velocidade com que se lançaram sobre o continente encorajou Bismarck a convocar uma conferência internacional em Berlim a fim de estabelecer as regras para sua divisão. Nenhum africano foi convidado.

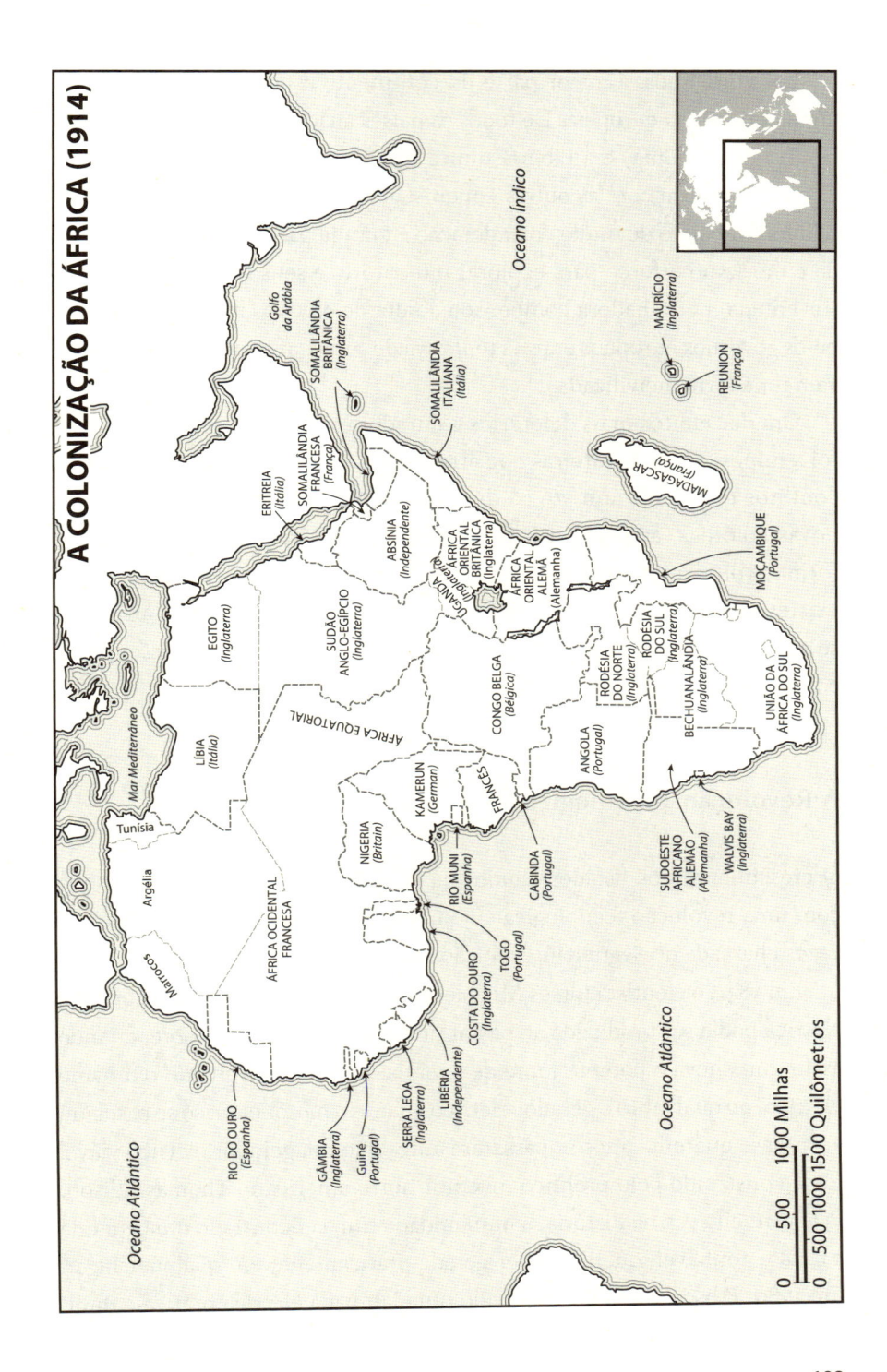

A COLONIZAÇÃO DA ÁFRICA (1914)

Mar Mediterrâneo

Oceano Atlântico

Oceano Índico

Oceano Atlântico

- Tunísia
- Marrocos
- Argélia
- RIO DO OURO *(Espanha)*
- GÂMBIA *(Inglaterra)*
- Guiné *(Portugal)*
- SERRA LEOA *(Inglaterra)*
- LIBÉRIA *(Independente)*
- COSTA DO OURO *(Inglaterra)*
- TOGO *(Portugal)*
- LÍBIA *(Itália)*
- EGITO *(Inglaterra)*
- ERITREIA *(Itália)*
- SOMALILÂNDIA FRANCESA *(França)*
- SOMALILÂNDIA BRITÂNICA *(Inglaterra)*
- Golfo da Arábia
- SOMALILÂNDIA ITALIANA *(Itália)*
- SUDÃO ANGLO-EGÍPCIO *(Inglaterra)*
- ABSÍNIA *(Independente)*
- UGANDA *(Inglaterra)*
- ÁFRICA ORIENTAL BRITÂNICA *(Inglaterra)*
- ÁFRICA ORIENTAL ALEMÃ *(Alemanha)*
- ÁFRICA OCIDENTAL FRANCESA
- ÁFRICA EQUATORIAL FRANCESA
- NIGÉRIA *(Britain)*
- KAMERUN *(German)*
- RIO MUNI *(Espanha)*
- CABINDA *(Portugal)*
- CONGO BELGA *(Bélgica)*
- ANGOLA *(Portugal)*
- SUDOESTE AFRICANO ALEMÃO *(Alemanha)*
- WALVIS BAY *(Inglaterra)*
- RODÉSIA DO NORTE *(Inglaterra)*
- RODÉSIA DO SUL *(Inglaterra)*
- BECHUANALÂNDIA *(Inglaterra)*
- UNIÃO DA ÁFRICA DO SUL *(Inglaterra)*
- MOÇAMBIQUE *(Portugal)*
- MADAGASCAR *(França)*
- MAURÍCIO *(Inglaterra)*
- REUNION *(França)*

Escala: 0 500 1000 Milhas / 0 500 1000 1500 Quilômetros

Em vinte anos, a maior parte do continente estava sob o controle de alguma potência europeia. De todos os países africanos, apenas a Abissínia (mais tarde Etiópia) e a Libéria nunca foram conquistadas por europeus. Como aconteceu com as outras conquistas europeias, os habitantes locais não foram objeto de muita consideração e grande parte deles foi escravizada e morta no esforço para explorar o território e seus recursos. A recém-inventada metralhadora compensou a falta de efetivos militares alocados pelos governos europeus em sua tentativa de subjugar o que eles consideravam uma terra incivilizada.

Um dos efeitos mais deletérios e duradouros da colonização europeia foi a imposição de fronteiras que atravessavam limites tribais e causaram conflitos que perduram até os dias atuais. Na pressa para delinear suas novas colônias, as potências desenharam linhas retas em um mapa de forma arbitrária, ignorando os grupos linguísticos e as lealdades tribais existentes. Levaria mais ou menos meio século até que os países africanos se sentissem confiantes o suficiente para se revoltar contra seus senhores coloniais e exigir independência.

A Revolução Tecnológica

O crescimento dos Estados Unidos na direção oeste se deu em uníssono com uma revolução tecnológica cujo impacto foi tão grande que ela é por vezes chamada de Segunda Revolução Industrial.

Em 1831, o cientista inglês Michael Faraday percebeu que uma corrente elétrica podia ser produzida ao passar um ímã por um fio de cobre, criando assim uma nova e potente fonte de energia. Ele tinha inventado o dínamo elétrico, no qual tanto o gerador elétrico quanto o motor elétrico se baseiam.

Quase quarenta anos se passaram antes que um gerador elétrico viável fosse construído pelo prolífico inventor norte-americano Thomas Edison. Pela primeira vez na história, a humanidade tinha encontrado uma energia barata e confiável, que podia ser gerada praticamente em qualquer lugar. Em 1789, Edison tinha desenvolvido uma lâmpada elétrica prática e durável que mudou a forma como as pessoas viviam. A eletricidade foi rapidamente adotada por todo o mundo, em todos os campos imagináveis, dos transportes e das comunicações até o lar.

Toda uma série de invenções surgiu por volta da virada do século: Alexander Graham Bell inventou o telefone em 1876, em 1885 Karl Benz produziu o primeiro automóvel movido a gasolina e em 1903 os irmãos Wright decolaram no primeiro avião. Os avanços no campo da eletricidade foram acompanhados por grandes avanços na ciência que ajudaram a desvendar os segredos da física e da química. Fertilizantes, fármacos e antissépticos foram apenas alguns dos resultados.

A Ascenção do Japão (1895-1945)

Na virada do século XX, os Estados Unidos e a Alemanha estavam ameaçando a Grã-Bretanha no mercado mundial de produtos industriais. No Oriente, emergia uma nova potência que estava destinada a assumir um lugar de destaque no cenário mundial: o Japão.

Assim como a China, o Japão permanecera fechado aos estrangeiros durante muitos anos, mas o país estava começando a despertar, e com esse despertar vieram ambições imperialistas cada vez maiores. O xogunato Tokugawa tinha proporcionado um período de relativa paz para o país, mas o crescimento da população e uma série de desastres naturais no século XIX levaram a uma inquietação cada vez maior. Tendo testemunhado como a China fora tratada pelo Ocidente, os japoneses buscaram se defender contra ameaças estrangeiras se isolando. No entanto, como acontecera com a China, eles foram forçados a estabelecer relações comerciais, nesse caso, pelos Estados Unidos.

Em 1853, uma frota norte-americana fortemente armada chegou à baía de Tóquio e forçou o país a se submeter aos termos comerciais que os norte-americanos tinham estipulado. A infâmia desses termos comerciais levou prontamente ao colapso de setecentos anos de xogunato e à recondução do imperador ao trono japonês em 1868. Esse período ficou conhecido como "a restauração Meiji", ou período de governo esclarecido. Apesar das tentativas de isolacionistas tradicionais de impedir qualquer mudança no status quo, grandes esforços foram feitos no sentido de modernizar e industrializar o país, de forma que ele pudesse retomar sua independência dos europeus e dos norte-americanos.

Onde a China falhou, o Japão teve sucesso: o recrutamento universal foi introduzido, com os samurais substituídos por um Exército conscripto regular nos moldes do exército prussiano, além de uma Marinha nos moldes da Marinha britânica. Intelectuais japoneses foram mandados para o exterior para estudar a ciência ocidental, estradas de ferro foram construídas e um parlamento no estilo europeu foi instituído. As distinções de classe foram abolidas, a educação foi modernizada e o vestuário ocidental foi adotado. Em poucas décadas o país conseguiu se transformar de uma sociedade agrária e feudal em uma poderosa nação industrializada — uma nação que, para a surpresa de todos, derrotou tanto a China quanto a Rússia em duas guerras na virada do século.

Em 1894, o Japão Meiji derrotou a China Qing em um conflito de interesses sobre a Coreia, que funcionava como um tampão entre as duas nações. Em seguida a uma batalha que demonstrou o atraso do exército chinês, muito maior em contingente, o Japão ganhou o controle sobre Taiwan e o sul da Manchúria, no nordeste da China. A China também foi forçada a reconhecer a independência da Coreia, que o Japão iria anexar em 1910 e governar até 1945. Depois de derrotar a China, o Japão passou a ser reconhecido como uma potência mundial em ascensão.

Rebelião na China e o fim da Dinastia Qing (1900-1911)

A intrusão estrangeira na China cada vez maior por parte das potências europeias, que tinha sido acompanhada de atividades missionárias, da importação forçada de ópio e da aceitação de tratados desiguais por meio dos quais foram concedidas aos estrangeiros imunidades perante a lei chinesa levaram a um violento, levou a um violento confronto xenofóbico e anticristão. Os rebeldes foram chamados pelos observadores estrangeiros de boxers, por causa do punho fechado que estampava sua insígnia. Quando os Qing finalmente apoiaram a revolta, em 1900, ela foi derrotada por um exército estrangeiro de 40 mil soldados formado por tropas dos Estados Unidos, Grã-Bretanha, Alemanha, França, Rússia, Itália e Áustria, todas lideradas pelo Japão. Dezenas de milhares de boxers, soldados Qing e civis foram massacrados e o último imperador Qing acabou abdicando em 1911. Para o grande infortúnio da China, isso não seria o fim das guerras para sua população no século XX, mas apenas o começo.

VII

O SÉCULO XX

O Século Mais Sangrento

Não obstante a rebelião na China, o século XX começou bem: havia paz em geral, uma crescente prosperidade, um aumento do contato entre as nações e a confiança de que fortes laços econômicos acabariam impedindo uma grande guerra. As inovações tecnológicas estavam melhorando gradualmente a vida das populações e o mundo estava progredindo. Mal sabiam as pessoas que, nos cinquenta anos seguintes, duas grandes guerras e uma grande depressão iam derrubar mais de um império mundial, mudar o equilíbrio de poder e evidenciar o fato de que mesmo os maiores progressos não são capazes de impedir a desumanidade do homem com o homem.

O PETRÓLEO E O MOTOR DE COMBUSTÃO INTERNA

O século XX poderia igualmente ser chamado de o século do petróleo. Descoberto pela primeira vez em quantidades significativas nos Estados Unidos em 1859, o petróleo logo se tornou popular tanto como lubrificante para máquinas como os teares mecânicos e as locomotivas, quanto como pela capacidade de um de seus derivados, o querosene, de alimentar lâmpadas. Antes de sua descoberta, o gás e o óleo de baleia eram usados na iluminação, mas eram em geral caros demais, a não ser para os ricos. Foi a descoberta de que o querosene podia ser refinado a partir do petróleo, e de que sua produção era barata, que deu início à busca mundial por petróleo.

Quando Thomas Edison descobriu uma nova e revolucionária forma de fornecer iluminação por meio da eletricidade, em 1879, essa "nova luz" ameaçou por um breve período eclipsar o querosene como forma de iluminar uma casa. A indústria petrolífera recuou rapidamente, entretanto, quando outro dos derivados do petróleo, a gasolina, passou a ser usada para abastecer o motor de combustão interna. Quando isso foi aplicado ao automóvel, da década de 1890, o carro começou lentamente a substituir o cavalo como principal meio de transporte de curta distância, dando início a uma revolução nos transportes que ainda hoje mobiliza a sociedade. Apesar disso, o querosene ainda é usado em grande parte dos países em desenvolvimento na iluminação, na cozinha e no aquecimento das casas.

O século XX testemunhou uma grande mudança na direção do uso de petróleo em todos os setores imagináveis, do voo motorizado à agricultura, na qual o petróleo abastecia os tratores e ajudou a criar o fertilizante usado para aumentar a produtividade da colheita. O aumento resultante da oferta de alimentos contribuiu diretamente para o crescimento da população mundial, de cerca de 1,6 bilhão de pessoas em 1900 para 7 bilhões em 2011.

O petróleo não apenas abasteceu exércitos, mas também teve um importante papel em suas estratégias, incluindo tanto o ataque japonês a Pearl Harbour quanto a investida de Hitler para o leste durante a Segunda Guerra Mundial. A descoberta de petróleo no Oriente Médio no começo do século XX transformou a política da região e foi a causa direta de mais de uma guerra, incluindo a invasão do Iraque pelos Estados Unidos na década de 1990. O uso do petróleo transformou a sociedade humana de tal forma que hoje estaríamos perdidos sem ele.

Embora vivamos em um mundo no qual a energia é barata, as consequências de nossa dependência tanto de um recurso não renovável quanto da riqueza que ele gerou ainda podem nos destruir, já que ficamos cada vez mais vulneráveis à interrupção da oferta de petróleo e aos consequentes aumentos súbitos de preço. Além disso, a queima de combustíveis fósseis aumentou de tal forma a poluição que climatologistas nos informam que, a não ser que tomemos medidas para reduzi-la, vamos enfrentar consequências catastróficas.

A Guerra Russo-Japonesa (1904)

Na virada do século, os sucessos militares do Japão levaram ao aumento do poder e da ambição dos militaristas na corte do imperador. Quando a Rússia se recusou a cumprir um acordo para retirar suas tropas do sul da Manchúria em 1904, esses mesmos militaristas fizeram pressão para declarar guerra. O resultado foi um ataque surpresa à frota russa desferido pela Marinha japonesa em Port Arhur, na costa leste da China. Em seguida houve batalhas em terra e no mar nas quais os japoneses destruíram a frota russa e venceram o mal comandado e mal reforçado exército russo.

Depois da guerra, a Rússia concordou em evacuar o sul da Manchúria, que foi devolvido à China, e reconheceu o controle do Japão sobre a Coreia. A essa altura, entretanto, a China tinha perdido a tal ponto a soberania sobre a região que nem ao menos foi convidada para a conferência de paz entre Rússia e Japão que aconteceu em seguida, apesar de a Manchúria ser parte do território chinês.

A vitória japonesa chocou o mundo, porque o Japão foi a primeira potência asiática a derrotar uma potência europeia nos tempos modernos. Mais importante: mostrou que os europeus não eram onipotentes no fim das contas. A guerra também funcionou como um dos fatores que contribuíram para as revoltas que tomaram conta da Rússia em 1905 e cujos resultados foram a declaração de direitos civis básicos e a criação de um parlamento russo, ou "Duma", no mesmo ano.

A Primeira Guerra Mundial ou "Grande Guerra" (1914-1918)

Na Europa, um crescente nacionalismo levou as principais potências a entrarem novamente em conflito, dessa vez como resultado de movimentos nacionalistas, apoiados pela Rússia, que ameaçavam os interesses austro-húngaros nos Bálcãs. O assassinato do herdeiro do trono do Império Austro-Húngaro dos Habsburgo, o arquiduque Francisco Ferdinando, e de sua mulher por nacionalistas sérvios deu aos austríacos os motivos de que precisavam para esmagar a Sérvia e ameaçar o domínio russo na região. Com uma inequívoca promessa de apoio da Alemanha, eles declararam guerra. Quando a Rússia mobilizou suas tropas, a Alemanha ficou receosa. A França ficou igualmente inquieta quando a Alemanha colocou as suas forças armadas em prontidão. Não demorou muito para que França, Rússia e Grã-Bretanha se aliassem contra as Potências Centrais — Alemanha, Áustria-Hungria e Império Otomano.

A guerra se tornou rapidamente um conflito travado em duas frentes pelos alemães, contra os franceses e britânicos (e seus domínios) no oeste e contra a Rússia no leste, com os navios britânicos e alemães travando uma batalha nos mares. Uma tentativa, em 1915, de abrir outra frente na Turquia, capturando Constantinopla, acabou com o massacre de tropas predominantemente australianas e neozelandesas na península de Galípoli, em um dos maiores desastres para os Aliados na guerra. Embora ainda o neguem oficialmente, os turcos usaram a cobertura de um bloqueio informativo para dizimar a maior parte de sua população cristã armênia, principalmente em marchas da morte forçadas nas quais um grande número de armênios morreu de fome e exaustão. Estima-se que algo entre 1 milhão e 1,5 milhão de armênios e membros de outras minorias étnicas tenham sido mortos ou forçados a fugir entre 1915 e 1923, no que seria o primeiro dos muitos genocídios ocorridos no século XX.

Embora a guerra tenha sido travada principalmente na Europa, ela logo se espalhou para a Ásia, o Oriente Médio e a África. Na Ásia, os Aliados foram apoiados pelo Japão; no Oriente Médio, os britânicos patrocinaram movimentos nacionalistas árabes que se opunham ao domínio otomano na região, apenas para descumprir cinicamente todos os acordos que tinham feito ao final da guerra. Em uma tentativa de fazer com que a comunidade judaica nos Estados Unidos influenciasse o governo norte-americano a entrar na guerra, os britânicos também declararam seu apoio à criação de um Estado judaico na Palestina, declaração[1] que mais tarde se recusaram a honrar. Assim como muitos povos que se viram usados como peões nos jogos de poder mundiais no século XX, os palestinos não foram consultados.

Todos esperavam que a guerra fosse tão curta quanto o último grande conflito, entre a França e a Prússia em 1870-1871, mas os armamentos modernos levaram a um impasse na guerra de trincheiras e mecanizaram o massacre. Mais de um milhão de homens morreram nas fronteiras entre a França e a Alemanha no primeiro ano, muitos deles forçados a empreender ataques no estilo do século XIX contra metralhadoras inimigas e arame farpado por generais incapazes de compreender como a arte da guerra tinha mudado.

Exatamente quanto os alemães tinham subestimado os russos em seguida à Guerra Russo-Japonesa ficou claro em 1915, uma vez que eles tinham sido forçados a comprometer dois terços de suas forças no Front Oriental, precisamente quando o Front Oriental estava paralisado por impasses. Entretanto, os militares russos eram inexperientes e despreparados para a ferocidade da batalha, e embora no papel os russos tivessem o maior exército do mundo, em 1917 esse exército estava à beira do colapso.

---

1 A Declaração de Balfour de 1917.

A Revolução Russa (1917)

A revolução na Rússia eclodiu em Petrogrado (a moderna São Petersburgo) em fevereiro de 1917. O frio, a fome e desgastes relacionados com a guerra em geral levaram o povo às ruas para exigir pão e a paz com a Alemanha. A obsessão da imperatriz Alexandra pelo monge Rasputin,[2] que ela dizia ter curado seu filho, não fazia dela uma figura muito querida pelo povo, nem o seu sangue alemão, para falar a verdade. Como o czar falhou em reprimir a revolta, muitas tropas se juntaram às multidões, atirando em seus próprios regimentos. Finalmente, convencido da severidade da situação, o último czar abdicou em março de 1917, dando fim a trezentos anos de Dinastia Romanov.

Enquanto conselhos operários, ou "sovietes", foram criados para representar as massas, o "governo provisório" que tinha herdado o poder continuou a apoiar a causa dos Aliados. Isso se revelou um erro desastroso. Em abril os alemães deram um golpe de mestre ao ajudar Vladimir Ulyanov (que atendia pelo pseudônimo de "Lenin"), que estava vivendo em um exílio autoimposto na Suíça, a voltar para a Rússia. Líder da facção majoritária bolchevique do Partido Operário Socialdemocrata Russo — que se opunha à facção minoritária composta pelos mencheviques — desde 1903, Lenin vinha pedindo o fim da "guerra imperialista e capitalista" desde que ela começara. Os alemães esperavam que ele fomentasse a agitação necessária para desestabilizar o esforço de guerra russo e talvez até ajudasse a tirar a Rússia da guerra de todo. Isso permitiria que a Alemanha concentrasse seus recursos no Front Ocidental.

Os seis meses seguintes testemunharam uma última ofensiva desesperada por parte dos russos que teve um fim desastroso na forma de uma enxurrada de deserções e caos completo, durante o qual o governo escapou por pouco de sucumbir a uma tentativa de golpe por parte do comandante chefe do Exército. Lenin foi forçado a fugir para a Finlândia depois de ser revelado que ele estava a serviço dos alemães.

---

2 Rasputin acabou sendo assassinado em 1916.

Ainda assim, a situação acabou beneficiando Lenin. Seu apelo por paz, terra e pão e pela transferência de poder para os sovietes se tornou forte demais para que a população exausta resistisse. Voltando mais uma vez para a Rússia, dessa vez disfarçado, Lenin instigou um golpe armado em outubro de 1917. Esse foi o golpe mortal final para o governo provisório e resultou na criação do primeiro governo marxista do mundo. Em 8 de novembro de 1917, Lenin foi eleito pelo Congresso dos Sovietes Russos presidente do Conselho do Comissariado do Povo. Era amplamente reconhecido que esse governo soviete não ia durar muito; ninguém fazia ideia do sofrimento que ele ia infligir ao povo russo nas décadas seguintes.

O novo governo soviete publicou imediatamente dois decretos: o primeiro, "Sobre a Paz", exigia a negociação de um fim para a guerra e ordenava que as tropas cessassem todas as hostilidades no front (o que era parte de um acordo secreto selado entre Lenin e os alemães em troca de Lenin ser mandado de volta para a Rússia); o segundo, "Sobre a Terra", declarava que todas as terras eram propriedade do povo — uma ferramenta de propaganda realmente boa! Eles também nacionalizaram os bancos e se recusaram a pagar as dívidas assumidas pelos Romanov. Na esperança de que trabalhadores em toda a Europa fossem se revoltar em apoio aos seus camaradas na Rússia, eles tentaram impedir mais um avanço alemão assinando um armistício com a Alemanha e a Áustria até a formalização de um tratado de paz.

As classes operárias de Europa, no entanto, não se revoltaram. E assim, desesperada para pôr fim à guerra a qualquer custo — especialmente depois que a Alemanha continuou em sua marcha para o oeste —, em março de 1918 a Rússia foi forçada a aceitar um humilhante armistício que a obrigou a abrir mão do controle sobre a Finlândia, a Polônia, os Estados bálticos, a Ucrânia e a Bielorrússia. Da maneira dissimulada que viria a se tornar a marca registrada dos líderes da União Soviética, Lenin nunca tivera nenhuma intenção de cumprir o tratado, e, ao fim da guerra, a Rússia o declarou nulo. Foi também a gota d'água para as forças antibolcheviques, que tinham sido espoliadas pela capitulação russa. Os três anos seguintes testemunharam uma guerra civil que causou mais de 10 milhões de mortes, mais vidas do que as que seriam perdidas no total por todas as nações durante a Primeira Guerra Mundial.

O Fim da Grande Guerra

A paz no front oriental permitiu uma ofensiva renovada dos alemães no Front Ocidental, mas a decisão da Alemanha de lançar mão de uma guerra submarina irrestrita no Atlântico provou ser tão prejudicial para seus objetivos quanto mandar Lenin para a Rússia se provara proveitoso. O presidente norte-americano Woodrow Wilson considerou isso, além das tentativas da Alemanha de atrair o México para uma aliança contra os Estados Unidos, razões para levar o país, com todas as suas tropas e todos os seus recursos, para a guerra em 6 de abril de 1917. Incapaz de continuar com as batalhas por mais tempo, a Alemanha se rendeu e a paz finalmente foi declarada em 11 de novembro de 1918.

Dos 65 milhões de homens que tinham lutado na guerra, mais de 8 milhões foram mortos, cerca de 20 milhões ficaram feridos — incluindo centenas de milhares de vítimas que ficaram cegas, mutiladas ou paralisadas por causa da guerra química — e muitos milhões de outras foram capturadas e mantidas como prisioneiras de guerra. Para piorar, nos estágios finais do conflito, uma epidemia de gripe, facilitada pelo estado geral de exaustão, se alastrou pelo mundo, matando, segundo as estimativas, 20 milhões de pessoas[3] — pelo menos duas vezes o número de pessoas que tinham morrido na guerra.[4] Chamada de "gripe espanhola" porque a Espanha fora uma das poucas nações a não censurar informações a seu respeito, a gripe acometia predominantemente pessoas jovens e saudáveis e se provou virtualmente impossível de tratar.

Logo depois da guerra, as grandes potências se reuniram em Versalhes, perto de Paris, para lidar com as consequências e para garantir que a Europa não passasse por aquela devastação outra vez. Os alemães e os russos não foram convidados a participar. O tratado que foi assinado

---

[3] Algumas pessoas estimam que a gripe espanhola tenha matado até 40 milhões de pessoas.
[4] Isso não inclui os muitos milhões que morreram de cólera, tifo, disenteria e outras doenças depois da guerra.

em junho de 1919 é mais memorável pela maneira como a Alemanha foi tratada. Apesar de todos os envolvidos desejarem que a Alemanha fosse punida pelo prejuízo que tinha causado, a França queria garantir especificamente que o país nunca mais conseguisse travar uma guerra contra os franceses e se apressou em aprovar termos draconianos e desastrosos. A Alemanha acabou sendo destituída de cerca de 13% por cento de seu território em 1914, incluindo as terras que tinha tomado da França em 1870. Perdeu cerca de 6 milhões de seus habitantes, e suas possessões ultramarinas foram divididas entre as potências vitoriosas. Além disso, seu Exército foi limitado a uma força defensiva de apenas 100 mil homens e o país foi privado do direito de ter aeronaves, armas pesadas e submarinos. Para completar, os franceses também forçaram a Alemanha a pagar enormes reparações de guerra no valor de bilhões de marcos de ouro. Essa humilhação e devastação econômica criaram uma instabilidade na Alemanha que permitiu que Hitler e seus subordinados nazistas ganhassem proeminência e, por fim, assumissem o controle do país.

O Tratado de Versalhes incluía uma cláusula que determinava a criação de um corpo multinacional, a Liga das Nações, destinado a garantir a paz no futuro e a resolver qualquer disputa internacional antes que ela escalasse para uma guerra. Os Estados árabes criaram uma organização equivalente, a Liga Árabe, para cuidar de seus próprios interesses. Um dos objetivos da Liga das Nações era ajudar os territórios libertados do domínio germânico e turco a alcançar a autodeterminação. Como resultado, os impérios multiétnicos austro-húngaro e otomano foram divididos em Estados menores, uma divisão que se baseou de maneira geral nas línguas faladas. Da Áustria-Hungria se originaram a Tchecoslováquia, a Iugoslávia, a Hungria e a nova República da Áustria.[5]

Além de ser forçado a conceder a independência aos Estados bálticos, também fora exigido que o governo soviético devolvesse à Polônia o território que os russos tinham tomado dela durante o czarismo.

---

5 Tanto a Iugoslávia quanto a Tchecoslováquia seriam divididas no fim do século XX.

Entre 1772 e 1795, a antiga Polônia fora dividida entre a Rússia czarista, a Áustria dos Habsburgo e uma Prússia em ascensão, e tinha efetivamente desaparecido do mapa. Com o fim da guerra, uma nova e independente República Polonesa foi reconhecida pela Liga das Nações, e a Rússia e a Alemanha, enfraquecidas, foram forçadas a devolver grande parte das terras que tinham tomado no século anterior. Entretanto, dentro de vinte anos, a Polônia ia sofrer tanto uma brutal invasão alemã quanto uma ocupação soviética sob as quais o país ia mais uma vez ser dividido e milhões de poloneses iam perder a vida.

O Império Otomano, antes tolerado apenas porque um vácuo de poder na região teria sido consideravelmente pior, foi finalmente desmembrado. Ignorando as queixas dos árabes, que tinham apoiado a Grã-Bretanha contra os turcos com a condição de que obtivessem sua independência, o Iraque e a Palestina foram entregues à Grã-Bretanha, e a Síria e o Líbano à França. Para amortecer o golpe, eles foram chamados de territórios sob mandato, em vez de colônias. Mustafa Kemal Pasha (mais tarde chamado de Atatürk, ou Pai dos Turcos) aboliu o califado e proclamou a República Turca em 1921. Desejando transformar a Turquia em uma moderna república secular, Atatürk embarcou em um rápido programa de modernização que incluía a substituição das leis da charia pelo Direito ocidental e do alfabeto árabe pelo latino.

A Emancipação das Mulheres

Um resultado positivo da guerra foi o fato de que os direitos e o status das mulheres melhoraram significativamente, pelo menos no mundo Ocidental. Durante a maior parte da história, o papel das mulheres em uma sociedade dominada pelos homens se resumira a servir e obedecer ao marido e produzir filhos. A maioria das profissões estava tradicionalmente vedada às mulheres e sua educação era limitada. Apesar de todo o discurso sobre justiça e igualdade que impulsionara as revoluções Americana e Francesa, as mulheres ainda não desfrutaram de direitos iguais ao longo de todo o século XIX.

Embora as coisas continuem dessa forma em muitos dos países mais pobres na atualidade, a Europa e a América do Norte testemunharam um crescente movimento pelos direitos das mulheres a partir de meados do século XIX que gradualmente levou a mais educação, empregos e direito de voto. Nos Estados Unidos, o movimento se originou nas campanhas antiescravagistas, muitas das quais tinham sido lideradas por mulheres que começaram a equiparar a opressão das mulheres à escravidão, pois para elas as mulheres não tinham muito mais direitos políticos do que os escravos. Na Europa, as agitações culturais, políticas e econômicas causadas pela Revolução Industrial e por outras revoluções ajudaram a questionar o *status quo* e aumentaram as demandas por reformas. A expansão da alfabetização e da comunicação ajudou as mulheres a verbalizar e promover suas aspirações. Frustradas com o ritmo lento das mudanças, mulheres na Inglaterra conhecidas como Suffragettes recorreram à violência para se fazerem ouvir. Em alguns casos, foi necessário que eclodisse a Primeira Guerra Mundial para que as mulheres provassem que eram trabalhadoras capazes e, portanto, mereciam votar.[6] Muitos avanços com relação aos direitos das mulheres nos Estados Unidos só se concretizaram na década de 1960, como consequência da entrada de um grande número de mulheres no mercado de trabalho a fim de substituir os homens que tinham sido convocados para prestar serviço militar na Segunda Guerra Mundial.

Movimentos de igualdade para as mulheres, porém, continuam a enfrentar resistência em muitos dos países mais pobres e menos industrializados, e a exploração de muitas mulheres analfabetas e incultas ainda prospera em grande parte da África, Ásia, Índia e do Oriente Médio. Nesses países, meninos, que são com frequência considerados uma garantia de segurança econômica na velhice, ainda são com regularidade preferidos

---

6 A Nova Zelândia foi o primeiro país a permitir que as mulheres votassem, em 1893; o Reino Unido deu o direito ao voto a mulheres com mais de 30 anos em 1918, seguido do voto para todas as mulheres com mais de 21 anos em 1928. Liechtenstein foi o último país europeu a dar às mulheres o direito de votar, fazendo-o apenas em 1984. As mulheres do Bahrein só conseguiram o direito ao voto em 2001.

em detrimentos das mulheres, que muitas vezes continuam a não desfrutar mesmo dos direitos mais básicos. É muito provável que isso não mude até que as mulheres recebam o mesmo nível de educação que os homens.

A Guerra Civil Russa (1917-1921)

Apesar de terem feito um pedido de paz durante a guerra, os russos não tiveram descanso durante muitos anos. Forças antibolcheviques "brancas" (versus forças comunistas "vermelhas"), que consistiam de todo tipo de indivíduo, desde monarquistas e católicos até proprietários de terras e mesmo socialistas moderados, declararam sua intenção de derrubar o novo regime ateísta. Afinal, o regime tinha embarcado no experimento radical de destruir uma antiga sociedade na qual eles tinham direitos adquiridos e criar outra, inteiramente nova. Apesar de os bolcheviques terem prometido paz, prosperidade, igualdade e o fim da discriminação étnica, o que eles de fato proporcionaram foi miséria, lutas de classes e guerra civil.

Ainda mais empenhados em sua causa depois que os comunistas executaram o czar e sua família em 1918, os Brancos recebiam apoio tanto material quanto na forma de efetivos militares de várias nações determinadas a sufocar o comunismo em seu nascimento. Essas nações tinham plena consciência de que o objetivo do governo soviete era derrubar todos os outros governos capitalistas.

No fim, os bolcheviques venceram a guerra civil, mas a um custo econômico e humano altíssimo. Eles também não foram ajudados por terrível escassez de alimentos em 1920. Sua vitória se deveu em parte a sua habilidade de assegurar as cidades mais importantes, em parte à eficácia de sua máquina de guerra administrada pelo comissário de guerra Leon Trotski, e em parte ao uso das medidas mais severas, que incutiam medo na população em geral. Mas eles também sobreviveram porque as forças brancas não foram capazes de se unir contra eles.

Ironicamente, o Estado soviético acabou se tornando muito mais opressor do que o Estado czarista que o precedera. Depois que a violência da guerra civil se atenuou, as condições começaram a melhorar apenas depois que Lenin relaxou suas políticas econômicas socialistas puras. Entretanto, com sua morte em 1924 e a ascensão de Stalin ao poder, quaisquer traços de uma sociedade de mercado ou de direitos civis desapareceram. Criando um culto à personalidade, Stalin reprimiu brutalmente qualquer dissidência, verdadeira ou suspeitada, de sua autoridade absoluta. Aqueles que desafiavam o regime eram sumariamente executados, política que caracterizou os regimes comunistas desde então.

A ascensão do fascismo e do totalitarismo

Em seguida à guerra, a Europa viveu um período de inflação, desemprego e atividades revolucionárias menores, embora a população em geral estivesse exausta demais para apoiar qualquer revolta importante. A economia europeia se recuperou gradualmente por meio das demandas de consumo, que cresceram rápido depois das privações da guerra. Apesar disso, havia um fundo de temor entre a comunidade de negócios de que os comunistas se aproveitassem do desassossego para tomar o poder, confiscando bens no processo. Esse medo levaria ao crescimento do poder de grupos ultranacionalistas por toda a Europa.

Na Itália, capitalistas ricos financiaram grupos de criminosos a fim de aterrorizar comunistas e socialistas que tinham instigado uma onda de greves. Um novo movimento antidemocrático fascista ganhou força, recomendando o uso de medidas severas para resolver os problemas do país. O apoio que os fascistas receberam foi tão grande que eles conseguiram angariar poder, sob o comando de seu líder Benito Mussolini, um ex-professor e jornalista que aos poucos instaurou uma ditadura no país.

Na Alemanha, o kaiser tinha abdicado depois da guerra. A República de Weimar que o sucedeu tentou emitir dinheiro para pagar suas dívidas de guerra, mas o resultado foi uma hiperinflação que levou milhões de alemães à ruína financeira. Consequentemente, qualquer um que prometesse restaurar a ordem era recebido de braços abertos.

Adolf Hitler foi um desses indivíduos, um austríaco que tinha servido na Primeira Guerra Mundial. Ele iniciou uma campanha virtualmente solitária para que a Alemanha rejeitasse o Tratado de Versalhes, cujos termos duros tinham desagradado a ele e a muitos alemães. Em 1923, ele proclamou uma revolução e tentou assumir o controle do governo bávaro em Munique com seu exército de seguidores — conhecidos como Putsch da Cervejaria —, uma insurreição fracassada pela qual ele recebeu uma pena de cinco anos de reclusão dos quais cumpriu apenas nove meses.

Foi na prisão que ele escreveu *Mein Kampf*: os judeus eram os responsáveis por todos os problemas do mundo, ele escreveu, particularmente o comunismo e a derrota da Alemanha na guerra. Se fossem deixados por conta própria, eles iam rebaixar a raça germânica pura, assim como os eslavos, na realidade; portanto, precisavam ser eliminados. A Alemanha também precisava de espaço vital, ou *Lebensraum*, e ele sugeriu que esse espaço seria obtido ao conquistarem a Rússia e os países eslavos. Os signatários do Tratado de Versalhes eram traidores que tinham apunhalado a Alemanha pelas costas, e, portanto, precisavam ser destruídos. Considerando as dificuldades econômicas e a hiperinflação na Alemanha, as ideias de Hitler encontraram um público receptivo, e 5 milhões de exemplares do livro foram vendidos antes da Segunda Guerra Mundial. Grandes industriais, que não apoiavam o governo e estavam preocupados com a ameaça comunista, financiaram Hitler, supondo erroneamente que poderiam controlá-lo.

Na Rússia, as precárias condições dos russos foram de mal a pior nas décadas de 1920 e 1930. Antes de sua morte, Lenin tinha expressado receios de ser sucedido por seu colega georgiano e secretário-geral do Partido Comunista Josef Stalin. Não obstante, Stalin logo superou estrategicamente seus rivais e comandou a União Soviética até sua morte, em 1945. Trotski foi declarado inimigo do Estado, destituído de toda autoridade e forçado ao exílio. Muitos dos revolucionários originais que opuseram resistência a Stalin de alguma maneira foram executados ou condenados à prisão em um enorme sistema de campos de trabalhos forçados chamado gulag.

Quando consolidou seu poder, Stalin embarcou em uma linha de ação paralela para alcançar o Ocidente em desenvolvimento econômico e tecnológico.

Em 1928, ele lançou o primeiro de seus planos quinquenais, que incluía a nacionalização da indústria em grande escala e a coletivização da agricultura. Na época, a União Soviética era subdesenvolvida e primariamente agrícola, com poucas indústrias. Uma guerra mundial, uma guerra civil e uma revolução — tudo no intervalo de cinco anos — certamente não tinham ajudado. Stalin percebeu que a União Soviética estava de 50 a 100 anos atrás dos países industrializados mais avançados; se não os alcançasse nos dez anos seguintes, afirmou ele, o país seria esmagado. O objetivo dele, portanto, era transformar o país em um Estado industrializado o mais rápido possível.

Entretanto, o grande número de trabalhadores que isso ia demandar precisava ser alimentado, e o campo enfrentava dificuldades para fornecer alimento suficiente. Stalin e seus camaradas achavam que sabiam por que: havia um limite para o que muitas propriedades pequenas e ineficientes, com maquinário limitado, podiam produzir. Se todas as pequenas fazendas pudessem ser incorporadas em grandes fazendas comunistas, eles argumentaram, então os benefícios seriam muitos. As fazendas iam se tornar mais eficientes, aumentando assim a atividade agrícola, mais grãos seriam fornecidos às cidades, mão de obra seria liberada para trabalhar nas fábricas, e o excedente da produção poderia ser vendido no mercado internacional para financiar mais maquinário. E o mais importante: isso ia ajudar os comunistas a estender seu poder sobre os camponeses conservadores e religiosos que estavam se provando difíceis de controlar.

O principal problema era que Stalin insistia em metas de produção pouco realistas, com os camponeses recebendo apenas o que restava, se restasse alguma coisa. Como as metas estabelecidas eram cada vez mais altas, os camponeses com frequência não recebiam nada e passavam fome. Compreensivelmente, isso não era um grande estímulo para que eles se empenhassem no cultivo. Além disso, os camponeses tinham acabado de receber terras como resultado da revolução e estavam naturalmente relutantes em devolvê-las. Tampouco desejavam deixar a casa da família, onde tinham crescido. Aqueles que tinham terras eram chamados de "*kulaks*" e denunciados como inimigos do Estado.

Quando o Exército Vermelho foi enviado para confiscar grãos, uma rebelião em grande escala eclodiu, com camponeses queimando sua colheita e matando seus animais para não ter de entregá-los ao governo. Aqueles que se opunham à coletivização eram presos, mandados para os gulags ou mortos a tiros, e a produção agrícola foi severamente prejudicada em consequência disso. A Ucrânia foi a que mais sofreu; pelo menos 4 milhões de pessoas morreram entre 1932 e 1933, um período que os ucranianos relembram todos os anos com o nome de "Holodomor" — a versão ucraniana do Holocausto.

Em termos puramente econômicos, a industrialização de Stalin foi bem-sucedida, com um aumento de 50% da capacidade industrial no curso do primeiro plano quinquenal, que incluiu a construção de usinas hidrelétricas, estradas de ferro e canais. Enquanto alguns argumentam que o plano de Stalin foi bem-sucedido em dar à União Soviética uma máquina de guerra capaz de resistir à investida de Hitler cerca de dez anos mais tarde, outros argumentam compreensivelmente que os fins não justificam de maneira nenhuma os meios.

A GRANDE DEPRESSÃO (1929-1932)

Em outubro de 1929, os exuberantes anos 20 tiveram um fim abrupto quando a Bolsa de Nova York quebrou. A depressão econômica resultante dominou a década de 1930. Com a queda drástica do preço das ações e o fechamento de bancos, norte-americanos que vinham emprestando dinheiro e investindo pesadamente na Europa exigiram de volta o dinheiro dos empréstimos. Isso provocou uma série de fechamentos de bancos no mundo inteiro, reduzindo a disponibilidade de dinheiro para investimento em negócios. Como a demanda diminuiu nos anos seguintes, o mesmo aconteceu com a produção industrial, o que, por sua vez, provocou uma grande onda de desemprego. Conforme as coisas ficavam mais difíceis, as pessoas ficavam cada vez mais dispostas a ouvir qualquer um que pudesse prometer uma solução para os problemas que enfrentavam. Para os socialistas e comunistas, parecia que o fim do capitalismo estava próximo; para Adolf Hitler e seu Partido Nazista, foi uma oportunidade única de chegar ao poder.

....

Como se a população soviética já não tivesse sofrido o bastante, a paranoia de Stalin levou-o a instigar uma série de expurgos entre 1934 e 1939, durante os quais milhares de cidadãos soviéticos foram ou executados ou enviados para gulags por serem considerados "inimigos do povo". Os expurgos eram indiscriminados e incluíam qualquer um que pudesse ameaçar o poder de Stalin. O Grande Expurgo atingiu as classes instruídas e profissionais, cientistas, elite intelectual, a maioria dos generais de alta patente do país e a maior parte do corpo de oficiais soviéticos.[7] O espantoso número de mortes entre os militares foi considerado um dos fatores que contribuíram para o sucesso inicial de Hitler contra a União Soviética na Segunda Guerra Mundial. Caracteristicamente insensível, Stalin se limitou a comentar: "A morte de uma pessoa é uma tragédia; a de milhões, uma estatística."

Mudança no Oriente

Se a Europa passou por mudanças significativas no começo do século XX, o mesmo aconteceu com a Ásia, especificamente com a China e o Japão. A China se parecia muito com o que tinha sido nos muitos séculos anteriores, mas havia um crescente descontentamento com a interferência estrangeira e, por associação, com o domínio imperial. Quando o imperador Qing

---

[7] De acordo com várias estimativas, cerca de 15 mil oficiais foram executados a tiros durante o Grande Expurgo.

foi derrubado em 1911, 2 mil anos de domínio imperial chegaram ao fim. Oficialmente, a República da China nasceu, mas na realidade o país passou a ser controlado por líderes militares. Eles só seriam derrotados em 1926, quando um partido nacionalista, o Kuomintang, sob a liderança de Chiang Kai-shek, liderou uma vitoriosa campanha para derrotá-los e unir o país.

Quando os nacionalistas precisaram de dinheiro para pagar as tropas e comprar armas, apenas a União Soviética estava disposta a lhes dar ajuda. Essa ajuda foi dada sob a condição de que eles cooperariam com os comunistas que tinham fundado o Partido Comunista Chinês sob supervisão soviética em 1919. Kai-shek, contudo, sempre se opusera ao comunismo, e logo depois de unir o país, deu início a um expurgo contra membros do partido durante o qual dezenas de milhares de comunistas foram executados.

Embora os comunistas tenham conseguido reconstruir o apoio que tinham nas cidades, onde as disparidades entre pobres e ricos eram maiores, em 1934 as campanhas militares nacionalistas para derrotá-los acabaram forçando cerca de 90 mil comunistas a recuar na histórica Grande Marcha, percorrendo 9.650 quilômetros. Foi durante essa marcha que Mao Zedong se tornou o líder incontestável dos comunistas. Com mais de um terço do grupo tendo morrido apenas durante a marcha, os nacionalistas quase conseguiram eliminar a ameaça comunista. Eles poderiam muito bem ter conseguido eliminá-la por completo se não tivessem enfrentado uma ameaça muito maior vindo do leste: o Japão.

O Oriente em guerra (1931-1945)

Os japoneses vinham alimentando um interesse econômico pelo nordeste da China desde as guerras sino-japonesa e russo-japonesa, na virada do século. Graças à velocidade do seu crescimento e ao fato de ter ficado ao lado dos Aliados durante a Primeira Guerra Mundial, o Japão foi convidado a comparecer como uma grande potência por direito em Versalhes. Foi lá que seus ganhos territoriais na China — muitos dos quais foram obtidos à custa dos derrotados alemães — foram reconhecidos.

O Japão tinha expandido seu interesse no norte da China ao longo da década de 1920 e vinha defendendo seu território na região com atividades militares cada vez mais hostis. Isso foi motivado em primeiro lugar pela pressão de uma população em crescimento que o Japão não conseguia alimentar com suas limitadas terras cultiváveis, e em segundo lugar pelo estímulo dos recursos naturais que existiam na fraca, esparsamente povoada e vizinha Manchúria. O poderio militar japonês significava que eles estavam confiantes de que poderiam lidar com qualquer revolta com as quais pudessem se confrontar nesses territórios. Com a Grande Depressão, o comércio japonês sofreu, assim como sua capacidade de pagar pelos alimentos importados. Os governos ocidentais reagiram com políticas comerciais protecionistas que apenas pioraram a situação no país e aumentaram a influência dos militares no governo.

Em dezembro de 1931, usando a ameaça do crescimento de atividades nacionalistas e de um sentimento antijaponês na região como pretexto, tropas japonesas tomaram a Manchúria. Um governo fantoche foi estabelecido, com o antigo imperador chinês como chefe de Estado, e o território foi subsequentemente batizado com o nome apropriadamente japonês de "Manchukuo". Enquanto Hitler ainda estava apenas falando sobre o fato de a Alemanha precisar de *Lebensraum*, ou espaço vital, no leste, os japoneses já estavam implementando essa política na China. Convencidos de que o país só poderia ser grande caso se tornasse autossuficiente, parecia óbvio para os japoneses que eles precisavam expandir seu território e ganhar acesso a recursos naturais. Além disso, eles tinham investido pesadamente na Manchúria e não estavam dispostos a perder o investimento. A única coisa que as potências ocidentais podiam fazer, enterradas como estavam nas profundezas de seu próprio período pós-depressão, era censurar o Japão por meio da largamente ineficaz Liga das Nações. Em vez de desocupar a Manchúria, o Japão simplesmente se retirou da Liga.

Muitos chineses ficaram enfurecidos e humilhados pela atitude de não resistência assumida pelo governo; Kai-shek considerava que o país não tinha condições de enfrentar um exército superior e sua prioridade era destruir os comunistas primeiro, e só então se concentrar em enfrentar

A EXPANSÃO JAPONESA (1931-1945)

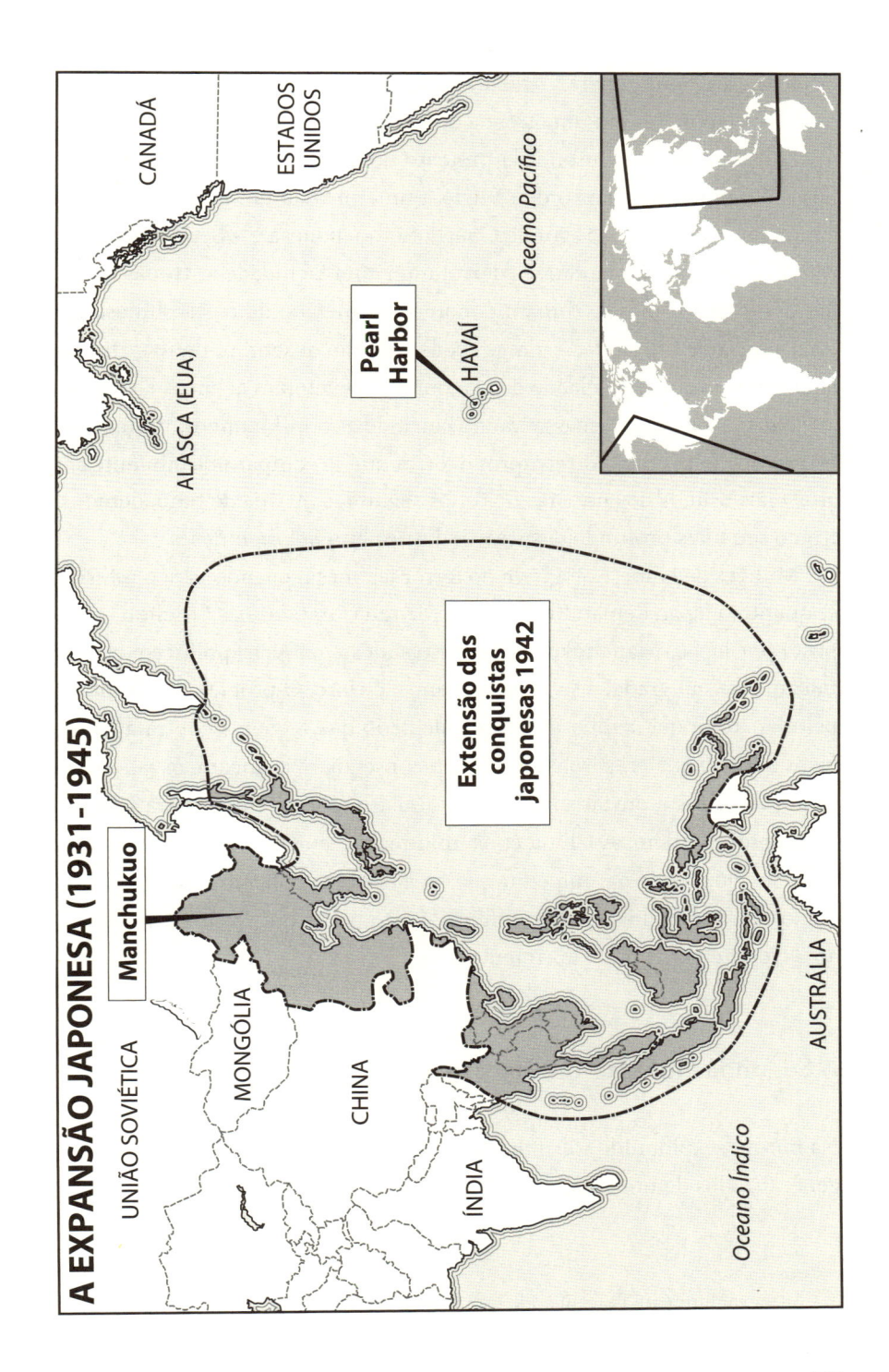

- UNIÃO SOVIÉTICA
- MONGÓLIA
- CHINA
- ÍNDIA
- Manchukuo
- AUSTRÁLIA
- Oceano Índico
- CANADÁ
- ESTADOS UNIDOS
- ALASCA (EUA)
- Oceano Pacífico
- Pearl Harbor
- HAVAÍ
- Extensão das conquistas japonesas 1942

os japoneses. Seus generais acabaram forçando-o a se aliar aos comunistas contra os japoneses em uma trégua difícil.[8]

Em julho de 1937, usando o pretexto de conflitos entre as tropas chinesas e japonesas, o Japão deu início a uma invasão em grande escala da China que deflagrou a Segunda Guerra Sino-japonesa e a Segunda Guerra Mundial na Ásia. Os japoneses derrotaram com facilidade as tropas inimigas e, em cinco meses, tinham conquistado metade da costa chinesa em uma guerra de brutalidade sem precedentes. Em dezembro de 1937, tropas japonesas entraram na cidade de Nanquim e cometeram algumas das piores atrocidades da guerra, massacrando cerca de 300 mil homens, mulheres e crianças em uma orgia de estupros e terror que se equiparou facilmente aos atos mais brutais dos nazistas nos anos seguintes. Acima de tudo, demonstrou o seu mais profundo desprezo e desrespeito pelos chineses.

Milhões de chineses fugiram do terror japonês recuando para o interior, enquanto o Japão demandou a criação de uma Grande Ásia Oriental (composta por Japão, Manchukuo, China e o sudeste da Ásia) política e economicamente integrada, e sob sua liderança, é claro. O problema enfrentado pelo Japão foi que, embora tivesse calculado que a guerra contra a China fosse durar três meses, suas tropas não conseguiam avançar e os japoneses foram forçados a enviar um número ainda maior de tropas para lá a fim de manter a ordem. A China consumiu mais recursos do Japão do que os recursos que fornecia, impediu que os japoneses concentrassem seus recursos em outros lugares e forçou um Japão pobre em recursos a recorrer ao Ocidente para obter suprimentos.

A Segunda Guerra Mundial (1939-1945)

Na Europa, explorando sofrimento do povo alemão, assim como os temores generalizados de um golpe comunista, ao mesmo tempo em que prometia

---

8   A trégua durou até 1941, quando os nacionalistas atacaram os comunistas.

empregos para todos, o Partido Nacional Socialista (ou partido nazista) de Adolf Hitler conquistou 18% do voto popular em 1930. Três anos depois ele foi nomeado chanceler da Alemanha e em 1934 tinha conquistado poder absoluto. O "Reich de Mil Anos" tinha começado. Nos anos seguintes, Hitler ia aterrorizar seus oponentes políticos, eliminar qualquer ameaça ao seu poder e, em um direto descumprimento do Tratado de Versalhes, começou a rearmar a Alemanha. Entre 1936 e 1939, Hitler usou a Guerra Civil Espanhola, que tinha sido deflagrada em 1936 depois de um golpe militar da antiga ordem contra uma coalizão de partidos comunistas e socialistas, como um campo de testes para suas novas forças.[9]

Em 1938, Hitler anexou a Áustria e a região de língua alemã da Tchecoslováquia, a Sudetolândia. Despreparadas para uma guerra, a Grã-Bretanha e a França aceitaram o movimento da Alemanha, assim como tinham aceitado a invasão da Manchúria pelo Japão, em troca de promessas de paz. Ao mesmo tempo, prometeram a uma apreensiva Polônia que iam defendê-la no caso de uma invasão alemã. A essa altura, Hitler já tinha confirmado seus planos de dominação mundial; seu grande plano era restaurar as fronteiras da Alemanha pré-Primeira Guerra Mundial, atacando a Polônia e investindo contra a França, antes de se concentrar em derrotar a União Soviética. Para possibilitar essa estratégia e garantir a segurança das fronteiras orientais da Alemanha enquanto atacava a França, ele assinou um pacto de não agressão com a União Soviética por meio do qual ficou acordado que as duas nações dividiriam a Polônia entre si, além de não atacar uma a outra.

Em 1º de setembro de 1939, Hitler invadiu a Polônia. Cumprindo seu acordo de defender os poloneses, a Grã-Bretanha declarou guerra à Alemanha, exemplo logo seguido por outros países. Poucas semanas depois, a União Soviética atacou a Polônia pelo leste e anexou a Finlândia e o Báltico.

---

9   O general Francisco Franco, que representava a antiga ordem, instaurou uma ditadura e governou a Espanha até sua morte, em 1975.

O MASSACRE DE KATYN (1940)

Muitos prisioneiros de guerra poloneses foram capturados por ambos os lados durante as invasões russa e alemã. Enquanto muitos morreram de inanição e em decorrência de doenças, milhões de outros morreram em campos de extermínio e de trabalhos forçados. Em 1940, por ordem de Stalin, 21.857 prisioneiros de guerra foram executados em uma série de massacres conhecidos coletivamente como "Katyn", por causa do nome da floresta na Rússia onde aconteceram. Os mortos eram predominantemente soldados, mas também havia professores universitários, médicos e advogados. O major-general soviético Vassiliy Blokhin teria atirado pessoalmente em 7 mil prisioneiros com uma pistola de fabricação alemã usada por sua precisão. Quando os alemães descobriram as covas comuns em 1943, ao invadir a Rússia, foram responsabilizados pelos soviéticos pelo massacre. Os soviéticos só assumiram por fim a autoria dos crimes, envergonhados, em 1990.

Hitler só lançou sua grande investida contra a Europa em abril de 1940. Dinamarca, Noruega, Luxemburgo e os Países Baixos capitularam em questão de semanas, assim como a França. Cerca de 225 mil soldados britânicos e 110 mil soldados franceses foram forçados a evacuar pelo porto de Dunquerque duas semanas antes da entrada triunfal de Hitler em Paris, em 14 de junho. Depois disso, a França foi dividida em duas, com um governo de Vichy colaboracionista comandando o sul e o leste, e a Alemanha governando as regiões norte e oeste.

Com a França completamente dominada, Hitler planejou bombardear a Grã-Bretanha até a rendição e depois invadi-la. A ilha conseguiu escapar desse destino por muito pouco, graças à liderança inspirada do novo primeiro-ministro, Winston Churchill — que tinha sido nomeado para o cargo apenas depois que a Alemanha invadiu a Dinamarca — e à bravura de um grupo de pilotos de aviões Spitfire e Hurricane em um combate aéreo que ficou conhecido como Batalha da Grã-Bretanha. Hitler foi forçado a cancelar sua planejada invasão da ilha britânica.

Inspirado pelos sucessos alemães e desesperado para ter seu próprio império no Mediterrâneo e nos Bálcãs, Mussolini declarou guerra à Grã-Bretanha e à França em junho e, em seguida, invadiu o Egito e a Grécia, em setembro e outubro. A Itália também assinou o Pacto Tripartite com o Japão e a Alemanha, selando um acordo militar para redividir o mundo.[10] Em um estilo típico dos militares italianos, as invasões foram fiascos e as tropas de Mussolini tiveram que ser resgatadas pela Wehrmacht alemã. Ambos os territórios eram estrategicamente importantes para a Alemanha devido ao seu acesso a campos de petróleo, portanto Hitler não podia se dar ao luxo de deixar que fossem tomados pelos Aliados. Enquanto a Grécia foi rapidamente subjugada, a batalha no norte da África durou até maio de 1943. A intervenção alemã na Grécia fez com que o ataque à União Soviética tivesse de ser adiado três meses. Esse adiamento acabaria sendo extremamente importante, uma vez que o rigoroso inverno russo se tornou um fator significativo para a lentidão do avanço da Alemanha.

Com a maior parte da Europa sob controle alemão, em junho de 1941 Hitler deu início à Operação Barbarossa, com o plano de subjugar a Rússia. Convencido de que bastava a Alemanha chutar a porta para "que toda a estrutura podre desabasse", como ele disse, e, ignorando completamente o pacto de não agressão que a Alemanha tinha selado com a Rússia, forças alemãs invadiram a União Soviética com 3 milhões de homens na maior operação militar da história.

---

10 A Alemanha, o Japão e a Itália foram as maiores potências do Eixo na luta contra a causa dos Aliados, cujas maiores potências no fim das contas incluíam a Grã-Bretanha, a União Soviética, os Estados Unidos e a China.

Apesar dos diversos alertas de invasão que foram ignorados por Stalin como uma campanha de informações falsas e apesar de um claro aumento de tropas alemãs nas fronteiras russas, a reação de Stalin foi de completa surpresa; ele ficou tão chocado que hesitou por uma semana inteira antes de finalmente dar atenção aos pedidos urgentes de seus generais para que tomasse uma atitude. Com a maioria de seu corpo de oficiais e generais executados nos expurgos, ninguém estava disposto a tomar atitudes sem a aprovação de Stalin, e sem ordens específicas para atirar, as tropas soviéticas não revidaram os ataques durante horas. O resultado foi a captura de um grande número de soldados soviéticos nas primeiras semanas, a maioria dos quais morreu de inanição ou em decorrência de doenças.

Os exércitos de Hitler fizeram um progresso inacreditável, penetrando mais de 300 quilômetros nos primeiros cinco dias, e a Luftwaffe informou ter destruído 2 mil aviões soviéticos apenas nos dois primeiros dias. A incapacidade de Stalin de compreender a situação em campo e sua recusa em ouvir os conselhos de seus comandantes resultaram em várias derrotas devastadoras para as forças soviéticas nos seis primeiros meses.

Na Ucrânia, os alemães foram recebidos de braços abertos como libertadores do terror de Stalin. Entretanto, qualquer boa vontade inicial foi dissipada pelas contraproducentes brutalidades alemãs nos territórios ocupados. Judeus foram reunidos e assassinados, mulheres foram estupradas, vilas foram incendiadas e civis executados. Na verdade, para muitos ucranianos havia pouca diferença entre seus opressores soviéticos e os invasores alemães.

A Guerra no Oriente

Os exércitos de Hitler chegaram às imediações de Moscou em dezembro de 1941 antes de serem contidos por uma determinada resistência soviética e pela chegada do rigoroso inverno russo. Com os alemães finalmente sob controle, a atenção do mundo se voltou para o leste, onde o Japão, em "uma guerra de autodefesa", como a chamavam, atacou a base naval norte-americana de Pearl Harbour, no Havaí, matando mais de 2.200 norte-americanos.

Tendo identificado o imperialismo japonês na China e no Pacífico como uma ameaça militar, os norte-americanos tinham proibido a exportação de petróleo, ferro e borracha para o Japão em julho de 1941, além de congelar os ativos japoneses. Cada vez mais sob a influência de seus militares, o Japão, pobre em recursos, considerara que os Estados Unidos estavam impedindo que o país cumprisse seu destino como um líder na Ásia. Mais importante: com uma máquina de guerra sedenta para alimentar, o Japão julgara que não tinha alternativa a não ser tomar as Índias Orientais Holandesas, ricas em petróleo, algo que apenas a frota norte-americana no Pacífico e forças britânicas simbólicas o impediam de fazer.

O ataque a Pearl Harbour fez com que os Estados Unidos — comandados pelo presidente Franklin D. Roosevelt — entrassem na guerra no dia seguinte e, como na Primeira Guerra Mundial, os recursos que os norte-americanos proporcionaram à causa dos Aliados ajudaram a mudar o rumo da guerra. Até aquele momento, embora tivesse fornecido ajuda aos Aliados, o país se mantivera fora da guerra, tendo adotado uma política isolacionista depois da Primeira Guerra Mundial. Em meados de dezembro o Japão tinha invadido grande parte do sudeste asiático. Os japoneses tomaram as Filipinas dos norte-americanos, a Indonésia dos holandeses, e Birmânia, Singapura e Malásia dos britânicos, com a intenção de conquistar a China e unir toda a Ásia Oriental sob o domínio japonês.

Como os alemães tinham feito na Europa, o Japão obteve rapidamente uma série de vitórias no Oriente — e com igual brutalidade. Em todo território que ocupavam, os japoneses realizavam massacres e ordenavam o trabalho forçado e marchas da morte, que custaram a vida de milhões. As vítimas dos japoneses foram predominantemente chineses, indonésios, coreanos e filipinos, mas também incluíram prisioneiros de guerra ocidentais que eram tratados com desprezo por terem se rendido.

Apesar da entrada dos Estados Unidos na guerra e de uma vitória dos norte-americanos sobre uma frota japonesa na Batalha de Midway naquele verão, os alemães continuaram a fazer avanços significativos na Rússia, ameaçando as reservas de petróleo do Cáucaso. Churchill ficava cada vez mais preocupado com a possibilidade de, caso Hitler conquistasse a União

Soviética, a Europa ser dominada e os alemães ficarem livres para atacar a Grã-Bretanha. Como resultado, ele concordou em ajudar os soviéticos, apesar de não confiar nem um pouco neles.

Foi apenas em 1943 que a guerra finalmente se voltou a favor dos Aliados. O evento mais significativo a favor deles foi a derrota alemã na cidade russa de Stalingrado (atual Volgogrado) na maior batalha terrestre já registrada pela história; a batalha causou mais de um milhão de mortes[11] no total e testemunhou a primeira grande derrota dos exércitos de Hitler. Todo o Sexto Exército alemão foi cercado, se enfraquecendo e se rendendo em massa depois que Hitler se recusou a dar ordens para que recuassem. Depois do vaivém de uma série de contínuas batalhas que se estenderam pelo deserto no norte da África, a maré também mudou no continente africano, de onde os Aliados finalmente expulsaram os alemães e os italianos em maio de 1943.

Voltando para casa vitoriosos, os Aliados deram início a uma invasão do continente europeu pelo sul da Itália naquele verão, e os italianos prontamente depuseram Mussolini e declararam lealdade aos Aliados em outubro de 1943. Mussolini foi imediatamente capturado pelos italianos e aprisionado, mas acabou sendo resgatado por comandos alemães da SS. Enquanto isso, o governo italiano tratou de mudar de lado e declarou guerra à Alemanha em outubro de 1943. Em junho de 1944, os Aliados organizaram a Operação Overlord, uma grande invasão conjunta do norte da França pelas praias da Normandia (o Dia D).

Apesar de mais algumas ofensivas das potências do Eixo, incluindo um ataque fracassado ao Front Ocidental pela floresta das Ardenas que ficou conhecido popularmente como a Batalha do Bulge, a catástrofe era iminente para os alemães. Os meses finais da guerra na Europa envolveram uma corrida entre os Aliados e os russos rumo a Berlim; o avanço russo notabilizando-se pela ferocidade da batalha e por sua extrema brutalidade contra os civis alemães. Em 30 de abril de 1945, apenas dois dias depois de

---

11 No Front Oriental ocorreram cerca de 75% de todas as baixas alemãs.

Mussolini ter sido capturado e morto por guerrilheiros italianos, Hitler se suicidou. Uma semana depois a Alemanha se rendeu e a Europa celebrou o Dia da Vitória no dia seguinte.

Apesar de a guerra na Europa ter chegado ao fim, a guerra na Ásia continuou. Os norte-americanos ganharam a iniciativa no Pacífico e gradualmente forçaram o Japão a recuar, ilha após ilha, com terríveis perdas de ambos os lados. Em troca de ganhos territoriais, os soviéticos também foram persuadidos a entrar na guerra contra o Japão. Em julho, os norte-americanos tinham invadido Okinawa, a ilha mais ao sul da cadeia de ilhas que formam o Japão. Prontos para invadir a principal ilha do Japão e prevendo grandes baixas tanto japonesas quanto norte-americanas, os Estados Unidos exigiram que o Japão se rendesse incondicionalmente ou enfrentasse a destruição. Os japoneses previsivelmente se recusaram, mas o imperador por fim acabou se rendendo incondicionalmente em 14 de agosto de 1945, depois que os norte-americanos lançaram duas bombas atômicas nas cidades de Hiroshima e Nagasaki nos dias 6 e 9 de agosto, respectivamente.

O Pós-Guerra

Cerca de 60 milhões de pessoas morreram em consequência da Segunda Guerra Mundial. Pela primeira vez na história, as perdas civis foram maiores do que as perdas militares. A União Soviética sofreu mais do que qualquer outra nação, com cerca de 20 milhões de mortos,[12] e a Polônia sofreu as maiores perdas per capita (aproximadamente 16%), incluindo 3 milhões de judeus poloneses — dos 6 milhões de judeus que se estima que morreram na guerra.

Embora tivesse levado um longo tempo para que os horrores do regime stalinista viessem à luz e fossem admitidos e de as atrocidades cometidas pelo Japão já terem sido amplamente divulgadas, a desumanidade dos cam-

---

12 Aproximadamente 750 mil russos morreram apenas nos 900 dias de cerco a Leningrado, entre setembro de 1941 e janeiro de 1944.

pos de concentração e de extermínio nazistas chocaram o mundo. Eslavos, ciganos, pessoas com transtornos e deficiências mentais e homens e mulheres homossexuais tinham sido acrescidos às populações predominantemente judias dos campos e mortos em escala industrial, tanto em câmaras de gás quanto em decorrência de exaustão, inanição e hipotermia. Foram essas atrocidades que desempenharam um papel crucial na criação, pelas Nações Unidas[13] do Estado judeu de Israel em território palestino em 1948.

O Japão foi ocupado por tropas dos Aliados — a primeira vez na história em que era ocupado por uma potência estrangeira — e proibido de voltar a ter um Exército. Suas munições foram destruídas e suas indústrias bélicas convertidas para usos civis. O Japão também perdeu todas as suas possessões ultramarinas, incluindo a Manchúria, que foi devolvida à China, e a Coreia, que foi dividida em zonas de ocupação norte-americana e soviética. O imperador do Japão escapou por pouco de ser executado porque os norte-americanos acreditavam que seria mais fácil administrar o país se parecesse que ele estava cooperando com as potências Aliadas de ocupação. Ele foi, entretanto, despojado de poder político. Outros líderes militares não tiveram tanta sorte e foram executados depois de rápidos julgamentos por crimes de guerra. O Japão permaneceu ocupado, predominantemente pelos norte-americanos, até 1952, quando o país se tornou uma democracia parlamentarista.

O Conflito Árabe-Israelense

A criação do Estado judeu de Israel, em 1948, foi recebida com uma ofensiva militar conjunta de países árabes que incluíam Síria, Egito, Iraque e Líbano, mas Israel acabou revertendo a situação e aumentou o território que tinha recebido em um terço. Durante esse conflito, cerca de 500 mil

---

13 As Nações Unidas tinham sido fundadas em junho de 1945 com o objetivo de gerir o fim pacífico de disputas depois da catástrofe da Segunda Guerra Mundial. Todas as decisões mais importantes seriam tomadas pelas Grandes Potências vitoriosas: Estados Unidos, União Soviética, Grã-Bretanha, França e China.

palestinos foram expulsos à força ou fugiram em pânico no que desde então ficou conhecido como "Nakba", a palavra árabe para catástrofe. O plano de partilha da Organização das Nações Unidas se revelou um terrível fracasso e estabeleceu as bases para repetidos conflitos no Oriente Médio, como as guerras árabe-israelenses de 1967 e 1973. Esta última levou ao um aumento global no preço do petróleo que contribuiu diretamente para uma severa recessão mundial.

O problema dos refugiados palestinos ainda não foi resolvido, e cerca de 4 milhões vivem atualmente espalhados pelo mundo, impossibilitados de voltar para casa. Muitos acreditam que a incapacidade de resolver essa espinhosa questão é um importante fator no aumento dos atos de terrorismo islâmico ocorridos em todo o mundo nas décadas recentes. Os conflitos entres os árabes e o recém-fundado Estado de Israel — que era, e ainda é, resolutamente apoiado pelos Estados Unidos — dominou a política internacional durante grande parte do período pós-guerra.

A Nova Ordem Mundial

Dois temas importantes e muitas vezes relacionados dominam a história mundial entre o fim da Segunda Guerra Mundial e a virada do século XXI. Primeiro, a ideológica Guerra Fria entre a democracia liberal ocidental e o comunismo, uma batalha na qual a Europa viu sua posição no centro do mundo ser ocupada pelos Estados Unidos e a União Soviética. Segundo, a luta das colônias das grandes potências para obter a independência.

A derrota do fascismo e do nazismo foi perturbada pelo entrincheiramento do comunismo ao redor do mundo. Os esforços do bloco comunista para difundir sua ideologia causariam outros milhões de mortes e deixariam o mundo à beira de uma guerra nuclear.

Winston Churchill fora forçado pelas circunstâncias de guerra a fazer um acordo com Stalin e foi um dos poucos a compreender o perigo do comunismo. Já em 1946 ele alertava que uma "cortina de ferro" estava descendo sobre o continente e exortou as potências ocidentais a conterem esse inimigo da liberdade. Durante a guerra, a maior parte da Europa oriental já estava sob domínio soviético, e os soviéticos trataram de instaurar regimes comunistas fantoches que reprimissem brutalmente qualquer oposição. Não houve nenhum abrandamento do medo na própria União Soviética, onde um paranoico Stalin, aumentando a repressão, mandou prisioneiros de guerra e refugiados enviados de volta para campos de trabalhos forçados, deportou judeus soviéticos e deu início a mais expurgos.

Um Estados Unidos menos isolacionista financiou grande parte da reconstrução da Europa ocidental com o Plano Marshall, por meio do qual 12,5 bilhões de dólares de ajuda (o equivalente a mais de 100 bilhões hoje) foram distribuídos ao longo dos seis anos seguintes, levando a um boom econômico. Insatisfeita com isso, a União Soviética tentou bloquear Berlim em 1948, acabando de um só golpe com qualquer confiança que tivesse sido construída entre os dois blocos durante a guerra. As potências ocidentais reagiram a essa nova situação criando, em 1949, uma aliança militar defensiva, a Otan (Organização do Tratado do Atlântico Norte), ao que o bloco oriental reagiu, por sua vez, com a criação do Pacto de Varsóvia, o seu equivalente da Otan, em 1955. A corrida armamentista que se seguiu era vista por ambos os blocos como uma forma de proteger seus interesses.

Incapazes ou relutantes em atacar um ao outro diretamente, as duas novas potências globais, Estados Unidos e União Soviética, apoiavam regimes simpatizantes como uma forma de aumentar sua influência mundial. Conflitos militares na China, na Coreia e no Vietnã, entre outros, todos nasceram como resultado direto desse apoio.

Paradoxalmente, foram o Japão e a Alemanha — os países agressores que tinham ambos experimentado a destruição total antes — que acabaram se tornando os maiores vencedores no período pós-guerra. Proibidos de gastar dinheiro com armamentos, ambos investiram na indústria e na reconstrução de sua infraestrutura, o que levou a um rápido crescimento econômico. O crescimento da Alemanha nos anos 1950 foi tão intenso que foi classificado como um *wirtschaftswunder*, ou "milagre econômico", e o país se tornou a economia mais forte da Europa.

Nesse ínterim, o Japão se beneficiou dos investimentos norte-americanos depois da guerra, em uma tentativa dos Estados Unidos de cultivar um aliado no Extremo Oriente a fim de conter o crescimento do comunismo na vizinha China. O Japão se tornou a segunda maior economia do mundo, até ser superado pela China, no século XXI.

A Revolução na China (1949)

Logo depois da derrota do Japão, a guerra civil entre comunistas, apoiados pela União Soviética, e os nacionalistas, apoiados pelos Estados Unidos, recomeçou na China. Apesar dos sucessos iniciais dos nacionalistas, os comunistas rapidamente passaram a levar a melhor, forçando Chiang Kai-shek a renunciar em janeiro de 1949 e a se recolher com seu governo e 2 milhões de pessoas para a ilha de Taiwan, que foi proclamada a capital temporária da China. Seu governo nacionalista foi reconhecido pela maior parte das nações ocidentais como o governo legítimo da China por muitas décadas.

Em outubro de 1949, o Presidente Mao declarou que "o povo chinês resistiu!" e proclamou a República Popular da China, em oposição à República da China (governada de Taiwan). Alguns meses mais tarde, a China e a União Soviética assinaram um tratado sino-soviético de aliança. Quase metade da massa continental do mundo estava agora sob regimes comunistas, com a China se tornando o maior Estado comunista do mundo.

Assim que assumiram o poder na China, os comunistas apoiaram uma tentativa da também comunista Coreia do Norte de ocupar a democrática Coreia do Sul em uma guerra que durou até 1953 e causou 4 milhões de mortes. A Coreia do Sul só conseguiu se defender por causa do apoio ocidental. Cerca de uma década mais tarde, a China também deu apoio significativo ao comunista Vietnã do Norte em sua batalha para se unir ao sul.

A desestalinização e a corrida espacial

Na Rússia, o longo governo do terror de Stalin finalmente chegou ao fim com sua morte em 1953. Ele sofreu um derrame e ficou várias horas sem atendimento, devido ao medo de perturbá-lo ou a uma negligência proposital.

Três anos depois, seu sucessor, Nikita Khrushchev, a portas fechadas e depois publicamente, criticou o governo tirânico de Stalin, condenando os crimes que tinham sido cometidos sob seu comando, e libertou diversos presos políticos. Ele também fomentou uma política de "coexistência pacífica" com o Ocidente, a fim de permitir que a União Soviética desenvolvesse sua economia sem ter de dedicar uma parte tão grande de seu orçamento à defesa do país. Embora essa política tenha sido calorosamente recebida pelos países satélites do Leste Europeu, a diminuição das tensões não durou muito: quando a Hungria implantou um sistema político multipartidário e abandonou o Pacto de Varsóvia, tropas soviéticas invadiram o país.

Na Alemanha, a fuga de cidadãos da Alemanha Oriental para a Alemanha Ocidental foi contida com a construção do Muro de Berlim em 1961. Nas décadas seguintes, apesar de cerca de 5 mil alemães orientais terem conseguido escapar para o lado ocidental, pelo menos 170 foram mortos enquanto tentavam. Em 1968, quando a Tchecoslováquia ousou permitir que alguns de seus cidadãos viajassem para o exterior, o país acabou sendo ocupado por tropas soviéticas.

O lançamento do Sputnik 1, o primeiro satélite do mundo, enviado para o espaço pelos soviéticos em 1957, foi um choque para os norte-americanos, pois isso significava que a mesma tecnologia poderia ser usada para atingir alvos nos Estados Unidos. Começou então uma corrida espacial que levou a União Soviética a mandar o primeiro homem para o espaço (Yuri Gagarin) em 1961[14] e os Estados Unidos a levar os primeiros homens à Lua (Neil Armstrong e Buzz Aldrin) oito anos depois, em julho de 1969, inacreditavelmente apenas 66 anos depois que os irmãos Wright conseguiram colocar o primeiro avião no ar.

---

14 A União Soviética mandou um cachorro para o espaço no mês seguinte.

O MUNDO COMUNISTA (1946-1989)

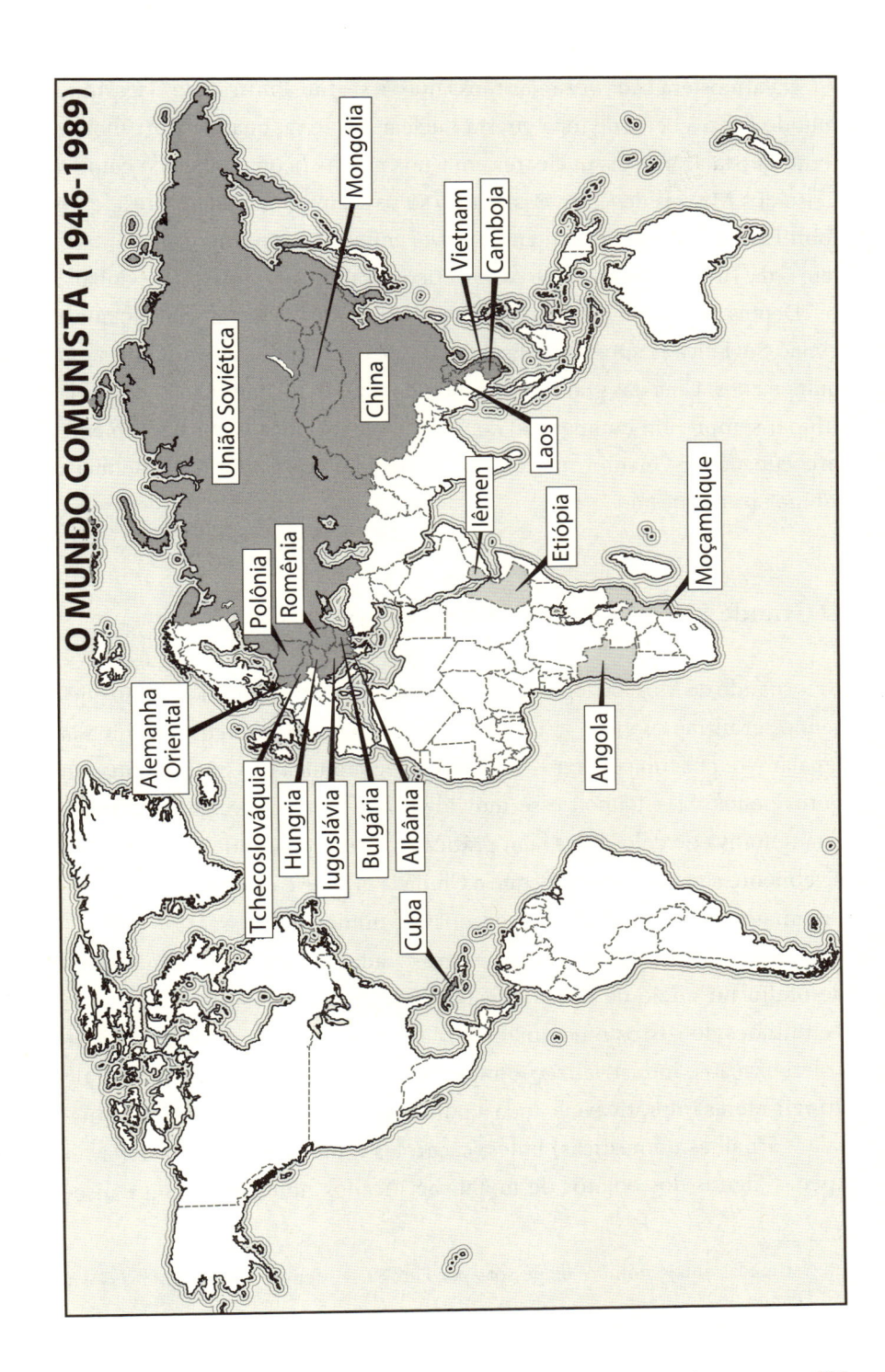

O SÉCULO XX

Na atmosfera cada vez mais tensa que se seguiu à missão de Gagarin, o mundo ficou à beira de uma guerra nuclear em 1962, quando Khrushchev tentou instalar mísseis nucleares em Cuba no que ficou conhecido como a Crise dos Mísseis de Cuba. A situação só se acalmou quando o presidente John F. Kennedy concordou em remover mísseis norte-americanos (obsoletos) da Turquia em troca de os soviéticos tirarem seus mísseis de Cuba.

Depois do lançamento do Sputnik, Khrushchev se vangloriou de que a União Soviética ia superar os Estados Unidos em produção econômica em quinze anos. Uma das grandes tragédias do mundo foi que Mao Zedong, da China, sempre em competição com a Rússia soviética e constantemente preocupado em "manter sua reputação", decidiu que seria uma boa ideia a China fazer o mesmo.

O Grande Salto Adiante na China (1958-1962)

Retornando de Moscou logo depois do lançamento do Sputnik 1, e não querendo ser ultrapassado pela União Soviética, Mao declarou que a China ia igualar — e por fim superar — a produção econômica da Grã-Bretanha em quinze anos. Ele chamou esse movimento de "O Grande Salto Adiante". Sua tentativa de colocar isso em prática acabou provocando o que foi possivelmente a maior catástrofe que a China já viveu e causou a morte — predominantemente de fome — de dezenas de milhões de pessoas.[15]

Ignorando as terríveis privações provocadas pelos planos quinquenais de Stalin no início da década de 1930, que tinham resultado na morte de milhões de russos e ucranianos, Mao implementou um programa de coletivização e industrialização rápida e planejada. Em uma tentativa de atingir metas impraticáveis, toda a população foi mobilizada a fim de instalar fornalhas domésticas; bules, caçarolas e utensílios agrícolas foram apenas alguns dos objetos de metal sacrificados no esforço para conse-

---

15 Estimadas em 45 milhões de pessoas por Frank Dikötter em seu livro *Mao's Great Famine*.

guir aço, que era sempre de qualidade questionável. Para alimentar as fornalhas, florestas foram derrubadas e casas, destruídas. Milhões foram forçados a ir para comunas de terras agrícolas coletivizadas e milhões de outros foram mobilizados para tomar parte em grandes, e em geral malsucedidos, projetos de irrigação por todo o país.

O resultado final foi uma escassez de trabalhadores agrícolas para cuidar das colheitas e uma falta de instrumentos com os quais realizá-las. Com as metas sendo continuamente elevadas, elas foram se tornando cada vez mais impossíveis de atingir. Isso fez com que cascas de arroz fossem encharcadas de água para aumentar seu peso e acabassem apodrecendo devido a uma infraestrutura calamitosamente inadequada para reunir as colheitas. Ainda pior, para comprar maquinário estrangeiro e provar que a China estava perto de se tornar o paraíso comunista, os poucos grãos que eram coletados com frequência eram exportados em grandes quantidades em uma tentativa de esconder a grande escassez. Quantidades significativas de grãos também foram doadas para regimes comunistas em todo o mundo.

Uma má administração em escala colossal levou a uma severa escassez de grãos, que resultou em massas famintas por todo o país. O gado que não era exportado com frequência acabava morrendo de fome junto com as pessoas. O algodão não escapou das cotas de exportação e grande parte da população vivia em farrapos em consequência disso. Apesar dos problemas evidentes, os comunistas chineses adotaram a tática stalinista de prender e/ou matar qualquer um que ousasse criticar "O Grande Salto Adiante", culpando os contrarrevolucionários por todos os problemas. Com um menosprezo pela vida humana que o equiparava a Hitler e Stalin, Mao respondia aos problemas dizendo: "Quando não há o suficiente para comer, as pessoas morrem de fome. É preferível deixar metade do povo morrer, para que a outra metade possa comer até se fartar."

Como se a população não tivesse sofrido o bastante, em uma tentativa de reafirmar sua autoridade, em 1966 Mao deu início à Revolução Cultural. Grupos de jovens revolucionários eram encorajados a percorrer o país e destruir os "Quatro Velhos": velhos costumes, velhos hábitos, velha cultura e velhas ideias. Velhas figuras de autoridade sofreram ataques verbais e físicos, e o Partido Comunista foi expurgado. Milhões de "contrarrevolucionários" foram subsequentemente mandados para campos de trabalhos forçados no interior.

As relações políticas e ideológicas entre a China e a União Soviética já vinham se deteriorando antes da Revolução Cultural, conforme Pequim começou a substituir Moscou como líder ideológica do movimento comunista mundial e continuou a se deteriorar. Mao, que apoiara Stalin política e ideologicamente, apesar de Stalin tratá-lo como um irmão mais novo inferior, tinha começado a se preocupar tanto com as tentativas de Khrushchev de desestalinização quanto com sua defesa da coexistência pacífica entre as nações comunistas e capitalistas. Isso era considerado por Mao uma traição do marxismo e um claro recuo na luta para estabelecer um comunismo global. Em 1960, os soviéticos retiraram sua ajuda à China, no que ficou conhecido como a ruptura sino-soviética, e em 1969 os dois países chegaram a ver um conflito militar em suas fronteiras. As relações sino-soviéticas só voltaram a melhorar nos anos 1980, depois da morte de Mao.

Vietnã e Camboja

Enquanto isso, a China estava dando um apoio significativo ao comunista Vietnã do Norte, que estava tentando unificar o Vietnã do Norte e o Vietnã do Sul à força e em grande parte contra a vontade do Vietnã do Sul, onde havia grandes bolsões de católicos e minorias não vietnamitas. Preocupados que do Vietnã o comunismo se espalhasse para outras partes do mundo, os Estados Unidos e outras nações anticomunistas apoiaram o Sul democrático tanto financeira como militarmente. O apoio dos Estados Unidos se intensificou nos oito anos seguintes, levando a uma verdadeira guerra não declarada em 1965, quando o presidente norte-americano Lyndon B. Johnson destinou mais de meio milhão de soldados para ajudar o Vietnã do Sul. A guerra durou até os Estados Unidos negociarem um cessar-fogo e retirarem suas tropas, em 1975. Enquanto os Estados

Unidos perderam cerca de 60 mil soldados — incluindo 2 mil "desaparecidos em combate" —, os vietnamitas, tanto no Sul quanto no Norte, perderam pelo menos vinte vezes esse número.

O vizinho Camboja também sofreu terrivelmente como resultado da guerra. Em 1969, os Estados Unidos começaram a bombardear rotas de suprimentos dos vietcongues no país, matando 500 mil civis cambojanos e levando milhares a se juntar ao Khmer Vermelho, um fraco exército de guerrilha na época, e a fugir para as cidades. O Khmer Vermelho acabou tomando o poder em 1975, invadindo a cidade de Phnom Penh, capital do Camboja. Eles em seguida forçaram populações de cidades inteiras a irem para o campo, onde deram início a uma política de extermínio em campos de execução que ficaram conhecidos como Campos da Morte.

Ao longo dos quatro anos seguintes, aproximadamente 2 milhões de pessoas — ou cerca de um terço da população do país — morreram de inanição, exaustão ou em execuções durante uma tentativa do Khmer Vermelho de transformar o Camboja em uma sociedade puramente agrária. A brutalidade generalizada e sistemática adotada pelo Khmer Vermelho sob o comando de seu líder Pol Pot e de seus homens de confiança se equiparava facilmente, se não superava, às piores atrocidades da SS nazista, dos soviéticos e dos japoneses durante a Segunda Guerra Mundial. Pol Pot sobreviveu e continuou vivo até 1998, e alguns de seus homens de confiança foram finalmente levados a julgamento apenas em 2011.

O HOLOCAUSTO COMUNISTA (1917-1991)

Os regimes comunistas foram responsáveis por um número maior de mortes do que qualquer outro movimento na história, com tortura, execuções em massa, fome, terror, campos de trabalhos forçados e assassinatos, tudo justificado pela causa de uma utopia comunista. Em seus esforços para produzir a maior das felicidades humanas, os comunistas produziram um grande sofrimento humano. Os números de mortes são assombrosos; se incluirmos as 50 milhões de mortes que se calcula que tenham ocorrido em decorrência da fome, como resultado de políticas agrícolas equivocadas e políticas governamentais deliberadas, de acordo com as estimativas o comunismo foi a causa direta de mais de 100 milhões de mortes no século XX ou, para colocar as coisas em perspectiva, mais do que todas as mortes ocorridas em todas as guerras, revoluções e conflitos do século juntos.

Os comunistas chineses e soviéticos executaram o maior número de seus cidadãos, enquanto os comunistas cambojanos assassinaram a maior porcentagem de sua própria população. Três dos quatro piores ditadores que o mundo conheceu em termos de número de mortes causadas por eles eram comunistas — Mao, Stalin e Pol Pot. Apesar disso, regimes comunistas ainda existem hoje, incluindo a moralmente falida Coreia do Norte, onde uma rede de campos de trabalhos forçados continua a funcionar. China, Cuba, Vietnã e Laos ainda tinham regimes nominalmente comunistas em 2012.

....

O microchip e a revolução digital

Se a máquina a vapor e a eletricidade são as responsáveis por revolucionar a forma como trabalhamos e vivemos, a invenção do microchip, em meados do século XX, também deve ganhar seu lugar como uma das mais importantes invenções de todos os tempos. Calculadoras, computadores, a internet e os telefones celulares, todos existem graças ao microchip, e o mundo viveria em um ritmo consideravelmente mais lento sem eles. O que costumava levar semanas para ser comunicado hoje leva segundos, e a tecnologia mudou a maneira como vivemos e fazemos negócios. Se nós controlamos a tecnologia ou se é ela que nos controla é outra questão.

Descolonização: o fim dos impérios ultramarinos

Outro grande movimento global desde do fim da Segunda Guerra Mundial foi a descolonização de grande parte do mundo. A Índia britânica — que tinha estado sob o controle dos britânicos por noventa anos quando a guerra terminou — foi uma das primeiras a se tornar independente. Mohandas "Mahatma" Gandhi, um advogado que estudara na Inglaterra, tornou-se a principal figura de um movimento que encorajou hindus e muçulmanos a se unirem em sua luta por independência e autonomia. A Grã-Bretanha, que tinha feito investimentos significativos em projetos de infraestrutura de grande escala e que tinha a Índia como um grande mercado para os seus produtos e um fornecedor de um grande exército permanente de baixo custo, de início reagiu negativamente, prendendo Gandhi e seus companheiros. Os britânicos não sabiam que isso só ia contribuir para o sucesso do movimento de independência no longo prazo.

Gandhi não teve tanto sucesso em acabar com a divisão entre as populações muçulmana e hindu da Índia, que entrava em conflito com cada vez mais frequência. Logo ficou claro para todos que uma independência bem-sucedida só aconteceria se os indianos muçulmanos recebessem seu próprio território. Ema gosto de 1947, depois de quase 350 anos de presença colonial no país, as novas nações de uma Índia predominantemente hindu e sikh e um Paquistão predominantemente muçulmano foram criadas.

O que deveria ter sido uma ocasião alegre foi arruinado pela violência sectária, com a morte de centenas de milhares de ambos os lados enquanto as pessoas se estabeleciam em seus novos países.

Na Ásia, muitas colônias foram incialmente devolvidas a seus antigos governantes depois da guerra, e só obtiveram independência muito tempo depois. A França, que tinha lutado para construir um império colonial depois da derrota de Napoleão, deu a independência ao Camboja e ao Laos depois da Segunda Guerra Mundial, mas tentou com particular afinco manter outros territórios coloniais. Enviou um exército para o Vietnã, mas acabou decididamente derrotada em 1954, em Dien Bien Phu e, não tendo aprendido a lição, deu início a uma sangrenta e fracassada guerra contra os insurgentes na Argélia que durou dez anos e por fim forçou Charles de Gaulle a retirar as desacreditadas tropas francesas do país em 1962.

A Argélia foi apenas um dos países africanos encorajados por um crescente movimento global de independência a demandar autonomia. Muitos países receberam apoio em sua luta por independência de potências ocidentais do bloco comunista, que esperavam ganhar influência na região. Na África do Sul, um governo predominantemente branco se recusava a dar à população majoritariamente negra qualquer direito de participar da administração do país sob um regime de *apartheid*, que, apesar do opróbio internacional, continuou até 1991. As pressões internacionais resultaram em um boicote econômico e em um isolamento que desempenharam um importante papel em forçar a mudança na África do Sul, combinados à resistência paciente e não violenta liderada por Nelson Mandela, que na época estava preso. A liderança inspiradora de Mandela criou um governo que possibilitou uma transição do apartheid a uma coexistência pacífica em vez de uma sangrenta guerra civil, anos de instabilidade e aumento da pobreza, que são o resultado mais comum dessas transições.

Quando necessário, nações ocidentais podiam se unir para defender seus interesses estratégicos, como aconteceu no Egito quando tropas francesas, britânicas e israelenses invadiram o país em uma tentativa frustrada de proteger o Canal de Suez da nacionalização durante o governo do presidente egípcio Gamal Abdel Nasser. Eles também conspiraram no Oriente Médio, onde, em 1953, britânicos e norte-americanos se encarregaram de fazer com que o extremamente popular e democraticamente eleito *premier* iraniano Mohammed Mossadegh fosse substituído pelo xá anteriormente deposto depois que Mossadegh nacionalizou a Anglo-Persian Oil Company. O xá acabou sendo deposto em 1979, dando lugar a um governo muçulmano fundamentalista que continua a ser um dos grandes apoiadores dos grupos terroristas do Oriente Médio.

Em 1980, restavam poucas colônias ocidentais. A maior parte do Leste Europeu, por outro lado, onde o domínio alemão antes do fim da Segunda Guerra fora substituído por um domínio soviético depois dela, teve que esperar até a dissolução do Império Soviético para poder experimentar a verdadeira liberdade.

O colapso da União Soviética (1991)

O colapso da União Soviética era inevitável, uma vez que ela se tornara moral e financeiramente falida; moralmente falida por meio da contínua repressão de seu povo e financeiramente falida por meio de sua incapacidade de se equiparar aos Estados Unidos em gastos militares. Suas deficiências eram representadas por uma economia estagnada, uma escassez de bens de consumo e uma inquietação generalizada com relação ao governo.

Para reanimar a economia, em meados de 1980, o *premier* russo e empenhado comunista Mikhail Gorbachev lançou um programa de reformas econômicas ("Perestroika") e abertura ("Glasnost") orientadas para o mercado, sem se dar conta nem por um minuto que isso levaria à dissolução da União Soviética dentro de seis anos. Apesar dos crescentes problemas da economia para os quais não havia solução rápida, a popularidade de Gorbachev disparou, em grande parte graças ao fato de que as pessoas passaram a ter menos medo de falar abertamente. Ele tinha tomado um caminho sem volta.

O colapso do bloco comunista oriental foi súbito e praticamente sem derramamento de sangue em se tratando de uma revolução. A Polônia se tornou o primeiro governo não comunista do Leste Europeu. Na Tchecoslováquia, um defensor dos direitos humanos, Vaclav Havel, foi eleito presidente. Em outubro de 1989, o líder da Alemanha Oriental, Erich Honecker, renunciou sob pressão e a Alemanha Oriental abriu suas fronteiras. Milhares de europeus orientais foram para o lado ocidental, sem saber por quanto tempo as fronteiras ficariam abertas. Em um mês o odiado Muro de Berlim tinha sido derrubado, e a Alemanha foi unificada no ano seguinte.

Em agosto de 1991, os partidários de uma linha dura dentro do governo soviético que estavam insatisfeitos com as mudanças e tinham perdido o contato com o povo que governavam, tentaram dar um golpe. Entretanto, grandes manifestações lideradas pelo prefeito de Moscou, Boris Yeltsin, se sucederam e as barricadas erguidas pelo povo em torno do Parlamento russo deram fim ao golpe em questão de dias. Depois de terem provado os frutos da liberdade, ainda que limitados, as pessoas, compreensivelmente, não tinham nenhuma intenção de voltar ao velho sistema. No dia de Natal de 1991,

Gorbachev renunciou à presidência e a União Soviética foi oficialmente desmembrada, dando lugar a quinze países independentes. Os russos tinham perdido a Guerra Fria. Como Ian Morris relata em seu livro *Why the West Rules for Now*: "o fim foi quase perfeito demais: a caneta soviética de Gorbachev não escrevia e ele teve de tomar uma emprestada com um câmera da CNN".[16]

Para as novas nações que surgiram depois da dissolução do bloco comunista, a vida não foi o mar de rosas que eles esperavam; despreparadas para a independência e com pouca experiência em administrar uma economia de mercado, elas enfrentaram dificuldades sob condições econômicas penosas e um grande aumento da criminalidade. Quase imediatamente, a Iugoslávia se desintegrou em uma brutal e sangrenta guerra civil. Os conflitos territoriais e étnicos se intensificaram por toda parte e o terrorismo se tornou cada vez mais comum.

A Guerra Fria funcionara como uma tampa sobre disputas latentes, uma vez que a ordem fora mantida "por meio do domínio de superpotências sobre dois blocos e da influência de superpotências no Terceiro Mundo".[17] Muitas nações adquiriram armamentos altamente sofisticados e até mesmo armas nucleares, que algumas viam como a única política efetiva de desafiar potências que não tinham chance de derrotar em um campo de batalha convencional. De fato, foi a ameaça do desenvolvimento de armas nucleares no Iraque que os Estados Unidos usaram como pretexto para invadir o país rico em petróleo em 2003.

O pêndulo se move: a Europa perde sua hegemonia

Depois da Segunda Guerra Mundial, a Europa "finalmente conseguiu de forma pacífica o que os Habsburgo, os Bourbon, Napoleão e Hitler não conseguiram por meio da violência",[18] entretanto, no fim do século XX,

---

16 Ian Morris, *Why the West Rules for Now*. Londres: Profile Books, 2010.
17 Samuel Huntington, *The Clash of Civilizations*. Nova York: Touchstone, 1997 [ed. bras.: *O choque de civilizações*. Rio de Janeiro: Objetiva, 1997].
18 Ian Morris, *Why the West Rules for Now*. Londres: Profile Books, 2010.

a Europa ocidental já podia ver sua hegemonia nas questões mundiais começar a enfraquecer. Embora tenha se unido em 1957 sob a bandeira da Comunidade Econômica Europeia e sob uma moeda comum cerca de quatro décadas mais tarde, a Europa tem sido cada vez menos capaz de competir com o crescimento dinâmico testemunhado em outras partes do mundo, especificamente na China, que de acordo com alguns está retomando o lugar que ocupava antes no mundo. O centro de gravidade do poder mundial parece estar lentamente se transferindo do Ocidente de volta para o Oriente.

O crescimento das economias na Ásia foi a história de sucesso durante grande parte da década de 1990. Na verdade, essa década viu um crescimento tão grande das economias de Hong Kong, Singapura, Coreia do Sul e Taiwan que esses países passaram a ser chamados de "Tigres Asiáticos". O crescimento então passou à China e a outros países na Ásia.

Enquanto muitos dos países asiáticos se tornaram mais capitalistas e democráticos com crescimento de sua economia, a China conseguiu introduzir com sucesso uma mistura de capitalismo e autoritarismo que fez com que sua economia crescesse mais rápido do que qualquer outra no mundo. Na verdade, o baixo custo da mão de obra na China manteve o custo de vida baixo no restante do mundo e foi amplamente responsável pelo crescimento, por menor que tenha sido, das economias do Ocidente.

Ainda assim a China era (e ainda é) um estado autocrático e continuou a dar pouca importância aos direitos humanos, atitude claramente demonstrada pelo massacre de centenas de manifestantes democráticos na Praça da Paz Celestial, em Pequim, em 1989. Quando governos ocidentais tentaram estabelecer uma ligação entre o comércio e o recrudescimento da atitude do país em relação aos direitos humanos, a China reagiu irritada, alegando que o monitoramento dos direitos humanos tinha violado a soberania do Estado. Sacrificando vergonhosamente o respeito pelos direitos humanos em favor de interesses econômicos, os governos ocidentais rapidamente capitularam. O poder econômico estava se tornando cada vez mais importante.

O recrudescimento do Islã

A era pós-Guerra Fria também testemunhou um ressurgimento das religiões nos antigos Estados comunistas, divididos entre o Cristianismo Ortodoxo e o Islamismo, e na Ásia, onde a China viu um grande crescimento no número de convertidos ao Cristianismo. O mundo islâmico em particular, encorajado pelo relativo declínio do poder e do prestígio ocidentais, se tornaram cada vez mais hostis ao Ocidente. A Guerra Fria entre duas superpotências foi substituída por uma "Guerra Fria civilizatória entre o Islã e o Ocidente". Samuel Huntington, em sua seminal obra *O choque de civilizações*, afirmou que "Ressurgimento Islâmico" era pelo menos tão relevante quanto a Reforma Protestante e as revoluções Francesa, Americana e Russa. Diversos Estados islâmicos, devido a sua localização estratégica, grande população e recursos petrolíferos, se tornaram cada vez mais influentes nas questões mundiais. Rejeitando o secularismo, a decadência e a imoralidade ocidentais, movimentos islâmicos começaram a dominar a oposição a governos autocráticos em seus países. O sucesso desses movimentos levou os governos a promoverem práticas islâmicas e a afirmarem a natureza islâmica do Estado.

O grande crescimento populacional em países islâmicos e o significativo aumento no número de pessoas migrando para as cidades provocaram um crescimento do desemprego e das agitações sociais. Extremistas conseguiram tirar partido do ódio resultante. A primeira década do século XXI presenciou um aumento dos ataques terroristas realizados por extremistas islâmicos convencidos de que era dever de todos os muçulmanos travar uma guerra contra os infiéis. Isso incluiu um devastador ataque ao World Trade Center em Nova York, em 11 de setembro de 2001, e atentados a bomba em Bali (2002), Madri (2004) e Londres (2005), entre outros ataques ao redor do mundo. Os Estados Unidos reagiram ao atentado ao World Trade Center iniciando uma "guerra global ao terror" e invadindo o Afeganistão.

O QUE VEM EM SEGUIDA?

No século XX escalamos as montanhas mais altas, visitamos os extremos da Terra e até pousamos uma máquina em outro planeta. O que conseguimos realizar como espécie é realmente espetacular. Em muitos sentidos, vivemos hoje no melhor dos tempos; temos energia ilimitada e barata a nosso dispor, temos acesso a uma medicina sem paralelos na história da humanidade, podemos visitar qualquer parte do planeta em 24 horas e os custos cada vez menores dos computadores e das formas de comunicação contribuíram para derrubar barreiras de todos os formatos e maneiras ao redor do mundo. Na teoria, deveríamos estar no auge da nossa existência.

Paradoxalmente, no entanto, o último século também testemunhou as piores guerras da história e mesmo com as nossas melhores mentes ainda não conseguimos libertar a vasta maioria da população mundial da "armadilha da pobreza". Apesar de todos os avanços na ciência, na educação e nas comunicações, a escravidão moderna, na forma do tráfico de seres humanos, continua a afligir o mundo no qual vivemos e está se tornando uma das atividades criminosas de crescimento mais rápido. De acordo com um relatório da ONU de 2003, estimava-se que 2,5 milhões de pessoas estavam sendo submetidas a trabalho forçado naquele ano, das quais 1,2 milhão eram crianças sendo traficadas para ganho comercial.[1] Nossa ânsia interminável por riqueza e posses materiais levou a uma explosão de endividamento e a uma crise de nosso sistema financeiro. Não estamos mais próximos do sistema político perfeito do que os gregos antigos.

---

1   Ver: <http://www.unglobalcompact.org>.

O ressurgimento da militância islâmica ameaça as bases sobre as quais a moderna sociedade ocidental foi construída: a liberdade de pensamento, a democracia e o Estado de Direito. Também ameaça o suprimento de petróleo, grande parte do qual está em países islâmicos como Arábia Saudita, Irã, Iraque e Kuwait. Se essas reservas forem ameaçadas, o Ocidente e seus parceiros comerciais vão sofrer as consequências, e o resultado vai ser mais instabilidade e mais conflitos.

Ainda assim há uma ameaça muito maior à prosperidade global e à paz mundial do que dificuldades econômicas ou um suprimento de petróleo instável, por mais sérias que essas questões sejam. Essa ameaça é a mudança climática. Embora haja claras evidências das consequências de fazê-lo, continuamos poluindo o frágil meio ambiente no qual vivemos, destruindo inadvertidamente os recursos naturais dos quais dependemos como espécie. Em uma busca interminável por lucro, destruímos as florestas necessárias para produzir oxigênio e reduzir o dióxido de carbono — um dos grandes responsáveis pelo aquecimento do planeta — na atmosfera, e por meio da nossa dependência de hidrocarbonetos, continuamos a poluir o ar que respiramos e a água que bebemos.

Muitas sociedades anteriores sucumbiram por terem explorado à exaustão seus recursos naturais. É exatamente o que estamos fazendo agora, mas em uma escala muito maior, global. Sabemos dos problemas que estamos criando para nós mesmos no futuro, mas nossa constante abordagem de curto prazo e a falta de vontade política de tomar decisões impopulares nos impedem de fazer algo a respeito. Vivemos em um estado de negação.

Podemos ser imensamente adaptáveis como espécie, mas com a população mundial chegando a 7 bilhões de pessoas e ainda crescendo, está se tornando cada vez mais provável que a competição por recursos como água vá aumentar até chegar a um nível crítico. A não ser que comecemos a pensar no longo prazo, em vez de apenas no curto, e façamos alguma coisa para preservar nossos preciosos recursos naturais, vamos acabar disputando-os, e então o futuro provavelmente vai ser um tempo de intolerância, guerras, fome e genocídio, como foi o passado.

LEITURAS RECOMENDADAS

Se quiser ler relatos mais detalhados sobre a história mundial, recomendo fortemente os seguintes livros:

- *A Splendid Exchange*, de W. Bernstein
  [ed. bras.: *Uma mudança extraordinária*. Rio de Janeiro: Campus, 2008]
- *Guns, Germs and Steel*, de Jared Diamond
  [ed. bras.: *Armas, germes e aço*. Rio de Janeiro: Record, 2001]
- *The Rise and Fall of Great Powers*, de Paul Kennedy
- *The Wealth and Poverty of Nations*, de David Landes
  [ed. bras.: *A riqueza e a pobreza das nações*. Rio de Janeiro: Campus, 1998]
- *Why the West Rules for Now*, de Ian Morris
- *Worlds at War*, de Anthony Pagden
  [ed. bras.: *Mundos em guerra*. São Paulo: Novo Século, 2010]

Outros livros que recomendo são:

- *Collapse*, de Jared Diamond
  [ed. bras.: *Colapso*. Rio de Janeiro: Record, 2005]
- *The Fall of the West*, de Adrian Goldsworthy
- *The House of Wisdom*, de Jonathan Lyons
  [ed. bras.: *A casa da sabedoria*. Rio de Janeiro: Zahar, 2011]
- *Mao's Great Famine*, de Frank Dikötter
- *The Prize – The Epic Quest for Oil, Money and Power*, de Daniel Yergin

INFORMAÇÕES ADICIONAIS

Comentários

Com um assunto tão extenso para cobrir, é obviamente difícil agradar a todos. Comentários e/ou correções serão aceitos pelo autor com gratidão. Por favor, envie-os para:
info@lascelleshistory.com

Cronologia e mapas

Para mais informações sobre *Breve história do mundo* e para ver os mapas deste livro com mais detalhes, além da Cronologia Lascelles, por favor, visite:
www.lascelleshistory.com

Twitter

Você pode receber fatos históricos regularmente seguindo Christopher Lascelles no Twitter:
@historymeister

Este livro foi editado na cidade de São Sebastião
do Rio de Janeiro pela Edições de Janeiro.
O texto foi composto com as tipografias Whitman
e History e impresso em papel Pólen Soft 70/m²
nas dependências da gráfica Edelbra.